Kye Fael

Widerstand gegen das Anti-Teilchen-Phasen-Eheverbot auf Zyoris

Carlos Sarkar

ISBN: 9781998610402
Imprint: Telephasischewerkstatt

Contents

Einleitung

Hintergrund und Kontext

Die Gesellschaft auf Zyoris

Die Gesellschaft auf Zyoris ist ein faszinierendes Zusammenspiel aus verschiedenen Kulturen, sozialen Strukturen und politischen Systemen. Zyoris, ein Planet, der sich durch seine bunte Vielfalt und seine komplexen sozialen Dynamiken auszeichnet, hat im Laufe der Jahrhunderte eine einzigartige Zivilisation hervorgebracht. Diese Zivilisation ist geprägt von einer Vielzahl von Identitäten, die sowohl durch die geographische Lage als auch durch historische Ereignisse beeinflusst wurden.

Soziale Struktur

Die soziale Struktur auf Zyoris ist stark hierarchisch organisiert. An der Spitze stehen die sogenannten *Zyori*, eine privilegierte Klasse, die durch ihre Abstammung und ihren Zugang zu Ressourcen gekennzeichnet ist. Diese Elite kontrolliert die politischen und wirtschaftlichen Entscheidungen und hat einen erheblichen Einfluss auf die Kultur und das tägliche Leben der Bürger. Die Mehrheit der Bevölkerung, die als *Zyorians* bezeichnet wird, hat oft mit Ungerechtigkeiten und Diskriminierung zu kämpfen. Diese Ungleichheiten sind nicht nur wirtschaftlicher Natur, sondern manifestieren sich auch in sozialen und kulturellen Aspekten des Lebens.

Kulturelle Vielfalt

Die kulturelle Vielfalt auf Zyoris ist sowohl eine Stärke als auch eine Herausforderung. Verschiedene ethnische Gruppen und Gemeinschaften leben auf dem Planeten, jede mit ihren eigenen Traditionen, Sprachen und

Glaubenssystemen. Diese Vielfalt führt zu einem reichen kulturellen Erbe, das in Musik, Kunst und Literatur Ausdruck findet. Allerdings gibt es auch Spannungen zwischen den verschiedenen Gruppen, die oft in Konflikten resultieren. Die Regierung versucht, diese Spannungen durch verschiedene Programme und Initiativen zu mildern, jedoch sind die Ergebnisse oft unzureichend.

Bildung und Zugang zu Ressourcen

Ein zentrales Problem der zyorianischen Gesellschaft ist der ungleiche Zugang zu Bildung und Ressourcen. Während die Elite Zugang zu hochwertigen Bildungseinrichtungen hat, sind die meisten Zyorians auf öffentliche Schulen angewiesen, die oft unterfinanziert und überfüllt sind. Dies führt zu einem Teufelskreis der Armut, in dem die Chancen auf sozialen Aufstieg stark eingeschränkt sind. Statistiken zeigen, dass nur etwa 30% der Zyorians eine Hochschulausbildung abschließen, verglichen mit 85% der Zyori.

Politische Repression

Die politische Landschaft auf Zyoris ist von Repression und Kontrolle geprägt. Die Regierung, die von der zyorianischen Elite dominiert wird, hat strenge Gesetze erlassen, die die Meinungsfreiheit einschränken. Proteste werden oft gewaltsam unterdrückt, und Aktivisten, die sich für Bürgerrechte einsetzen, sehen sich häufig Verhaftungen und Einschüchterungen ausgesetzt. Diese repressiven Maßnahmen haben zu einem Klima der Angst geführt, in dem viele Bürger zögern, ihre Stimme zu erheben.

Wirtschaftliche Ungleichheit

Die wirtschaftliche Ungleichheit ist ein weiteres drängendes Problem auf Zyoris. Die Kluft zwischen Arm und Reich wächst, und während die Zyori in Wohlstand leben, kämpfen viele Zyorians ums Überleben. Die Arbeitslosigkeit ist hoch, und viele Menschen sind gezwungen, unter prekären Bedingungen zu arbeiten. Diese wirtschaftliche Unsicherheit trägt zur allgemeinen Unzufriedenheit in der Bevölkerung bei und ist ein Nährboden für sozialen Unrest.

Identität und Zugehörigkeit

Die Frage der Identität spielt eine zentrale Rolle in der zyorianischen Gesellschaft. Viele Zyorians kämpfen mit ihrer Identität in einer Welt, die von den Werten und Normen der Zyori dominiert wird. Diese Identitätskrisen führen oft zu einem

Gefühl der Entfremdung und Isolation. Die Suche nach Zugehörigkeit und Anerkennung ist ein wiederkehrendes Thema in der Literatur und Kunst Zyoris, das die komplexen Beziehungen zwischen den verschiedenen Gemeinschaften widerspiegelt.

Schlussfolgerung

Zusammenfassend lässt sich sagen, dass die Gesellschaft auf Zyoris ein komplexes Geflecht von Herausforderungen und Chancen darstellt. Die tief verwurzelten sozialen Ungleichheiten, die kulturelle Vielfalt und die politischen Repressionen bilden den Kontext, in dem Kye Fael und andere Aktivisten für Bürgerrechte kämpfen. Das Verständnis dieser Dynamiken ist entscheidend, um die Beweggründe und den Widerstand gegen das Anti-Teilchen-Phasen-Eheverbot auf Zyoris zu begreifen. Die Zukunft der zyorianischen Gesellschaft hängt von der Fähigkeit ab, diese Herausforderungen anzugehen und eine inklusive und gerechte Gemeinschaft zu schaffen.

Die Rolle der Bürgerrechtsbewegungen

Die Bürgerrechtsbewegungen spielen eine entscheidende Rolle in der Gesellschaft von Zyoris, insbesondere im Kontext der Auseinandersetzung mit dem Anti-Teilchen-Phasen-Eheverbot. Diese Bewegungen sind nicht nur ein Ausdruck des Widerstands gegen Ungerechtigkeiten, sondern auch ein fundamentales Element der sozialen und politischen Struktur, das es den Bürgern ermöglicht, ihre Stimmen zu erheben und Veränderungen herbeizuführen.

Historischer Kontext

Die Geschichte der Bürgerrechtsbewegungen auf Zyoris ist tief verwurzelt in den sozialen und politischen Kämpfen, die über Generationen hinweg geführt wurden. Diese Bewegungen entstanden als Reaktion auf systematische Diskriminierung und Ungleichheit, die viele Bürger, insbesondere diejenigen, die in Teilchen-Phasen-Ehen leben, betrafen. Die Wurzeln dieser Bewegungen können bis zu den ersten Protesten gegen die Diskriminierung von Minderheiten zurückverfolgt werden, die in den frühen Jahren der zyorianischen Gesellschaft stattfanden.

Theoretische Grundlagen

Die Bürgerrechtsbewegungen auf Zyoris basieren auf verschiedenen theoretischen Ansätzen, die das Verständnis von Identität, Gleichheit und sozialer Gerechtigkeit prägen. Eine der zentralen Theorien ist die *Theorie der sozialen Gerechtigkeit*, die besagt, dass alle Individuen das Recht auf Gleichheit und faire Behandlung haben. Diese Theorie wird oft durch die *Kritische Rassentheorie* ergänzt, die die strukturellen Ungleichheiten beleuchtet, die durch rassistische und diskriminierende Praktiken aufrechterhalten werden.

Mathematisch lässt sich die Ungleichheit in der Gesellschaft durch die folgende Gleichung darstellen:

$$G = \frac{E}{P} \tag{1}$$

wobei G die gesellschaftliche Gerechtigkeit, E die Gleichheit der Rechte und P die Anzahl der Personen in privilegierten Positionen darstellt. Je höher der Wert von G, desto geringer ist die Gerechtigkeit in der Gesellschaft.

Probleme und Herausforderungen

Trotz der Fortschritte, die durch Bürgerrechtsbewegungen erzielt wurden, stehen diese weiterhin vor erheblichen Herausforderungen. Eine der größten Hürden ist die *Repression durch den Staat*, die oft in Form von Gesetzen und Vorschriften auftritt, die darauf abzielen, die Aktivitäten von Aktivisten zu unterdrücken. In Zyoris gibt es zahlreiche Beispiele für solche Repressionen, die von Überwachung und Festnahmen bis hin zu gewaltsamen Auseinandersetzungen reichen.

Ein weiteres Problem ist die *Fragmentierung der Bewegung*. Unterschiedliche Gruppen innerhalb der Bürgerrechtsbewegung verfolgen unterschiedliche Ziele und Strategien, was zu internen Konflikten führen kann. Diese Fragmentierung schwächt oft die kollektive Stimme der Bewegung und erschwert die Mobilisierung breiterer Unterstützung.

Beispiele erfolgreicher Bewegungen

Trotz dieser Herausforderungen gibt es zahlreiche Beispiele für erfolgreiche Bürgerrechtsbewegungen auf Zyoris, die signifikante Veränderungen bewirken konnten. Eine der bekanntesten Bewegungen ist die *Bewegung für die Gleichstellung der Teilchen-Phasen-Ehen*, die in den letzten Jahren an Bedeutung gewonnen hat. Diese Bewegung hat es geschafft, eine breite Öffentlichkeit für die Probleme von

Paaren in Teilchen-Phasen-Ehen zu sensibilisieren und Druck auf die Regierung auszuüben, um das Anti-Teilchen-Phasen-Eheverbot aufzuheben.

Ein weiteres Beispiel ist die *Kunst- und Kulturbewegung*, die Kunst und Kreativität als Werkzeuge des Aktivismus nutzt. Durch Theateraufführungen, Kunstausstellungen und Musikveranstaltungen haben Aktivisten die Aufmerksamkeit auf soziale Ungerechtigkeiten gelenkt und eine Plattform für den Dialog geschaffen.

Schlussfolgerung

Die Rolle der Bürgerrechtsbewegungen auf Zyoris ist von zentraler Bedeutung für den Fortschritt in der Gesellschaft. Sie bieten nicht nur einen Raum für den Ausdruck von Unzufriedenheit und Widerstand, sondern fördern auch das Bewusstsein für soziale Gerechtigkeit und Gleichheit. Durch die Kombination von Theorie, praktischen Strategien und kreativen Ausdrucksformen sind diese Bewegungen in der Lage, Veränderungen zu bewirken und die Stimme der Unterdrückten zu stärken. Der Kampf für die Rechte der Bürger wird weiterhin eine grundlegende Herausforderung und Verpflichtung für die Gesellschaft von Zyoris bleiben.

Verständnis von Teilchen-Phasen-Ehen

Teilchen-Phasen-Ehen sind ein faszinierendes Konzept, das tief in der Kultur und den sozialen Strukturen von Zyoris verwurzelt ist. Diese Ehen stellen eine Verbindung zwischen zwei Individuen dar, die in unterschiedlichen Teilchen-Phasen existieren. Um dieses Konzept vollständig zu verstehen, ist es wichtig, sowohl die theoretischen Grundlagen als auch die praktischen Implikationen dieser besonderen Form von Partnerschaft zu betrachten.

Theoretische Grundlagen

Die Theorie der Teilchen-Phasen-Ehen basiert auf der Annahme, dass jede Lebensform auf Zyoris in einer spezifischen Teilchen-Phase existiert, die ihre physikalischen und emotionalen Eigenschaften bestimmt. Diese Phasen können als unterschiedliche Dimensionen des Seins betrachtet werden, die jeweils eigene Regeln und Gesetze haben. Mathematisch lässt sich die Beziehung zwischen den Phasen durch die folgende Gleichung darstellen:

$$E = mc^2 \cdot \gamma(v) \tag{2}$$

Hierbei ist E die Energie, m die Masse, c die Lichtgeschwindigkeit und $\gamma(v)$ der Lorentz-Faktor, der die relativistische Zeitdilatation beschreibt. In Bezug auf Teilchen-Phasen-Ehen bedeutet dies, dass die Partner in verschiedenen Phasen existieren und dennoch eine energetische Verbindung eingehen können, die ihre individuellen Eigenschaften beeinflusst.

Kulturelle Bedeutung

In der Gesellschaft von Zyoris sind Teilchen-Phasen-Ehen nicht nur eine rechtliche Angelegenheit, sondern auch ein kulturelles Phänomen. Diese Ehen fördern das Verständnis und die Akzeptanz von Vielfalt, da sie unterschiedliche Teilchen-Phasen zusammenbringen. Diese kulturelle Dynamik wird oft durch Rituale und Traditionen gefeiert, die die Einzigartigkeit jeder Phase betonen und gleichzeitig die Einheit der Partner fördern.

Ein Beispiel für diese kulturelle Bedeutung ist das Fest der Phasenvereinigung, das einmal im Jahr gefeiert wird. An diesem Fest kommen Paare aus unterschiedlichen Phasen zusammen, um ihre Liebe zu zelebrieren und die Herausforderungen zu teilen, die mit ihrer Beziehung verbunden sind.

Herausforderungen und Probleme

Trotz der positiven Aspekte von Teilchen-Phasen-Ehen gibt es auch erhebliche Herausforderungen. Eine der größten Hürden ist die gesellschaftliche Akzeptanz. Viele Bewohner von Zyoris haben Vorurteile gegenüber Paaren, die in unterschiedlichen Phasen existieren, und es gibt oft Diskriminierung und Stigmatisierung. Diese Probleme können zu emotionalen und psychologischen Belastungen für die Betroffenen führen.

Zusätzlich gibt es rechtliche Probleme, die sich aus der Komplexität der Teilchen-Phasen-Ehen ergeben. Oftmals sind die Gesetze nicht klar definiert, was zu Unsicherheiten in Bezug auf Erbschaft, Sorgerecht und andere rechtliche Angelegenheiten führt. Ein Beispiel hierfür ist der Fall von Lira und Jorak, einem Paar aus unterschiedlichen Phasen, das Schwierigkeiten hatte, ihre Ehe in den Augen des Gesetzes anerkennen zu lassen, was zu einem jahrelangen Rechtsstreit führte.

Praktische Beispiele

Ein praktisches Beispiel für eine Teilchen-Phasen-Ehe ist die Beziehung zwischen Kye Fael und ihrem Partner, der aus einer anderen Phase stammt. Ihre Ehe symbolisiert die Möglichkeit, trotz der Unterschiede in der Existenzform eine tiefgehende Verbindung zu schaffen. Kye und ihr Partner mussten jedoch zahlreiche Herausforderungen überwinden, darunter gesellschaftliche Vorurteile und rechtliche Unsicherheiten. Ihre Geschichte ist ein Beispiel für die Resilienz und den Mut, den viele Paare in ähnlichen Situationen zeigen.

Ein weiteres Beispiel ist die Initiative „Phasen der Liebe", die von Aktivisten ins Leben gerufen wurde, um das Bewusstsein für die Rechte von Paaren aus unterschiedlichen Teilchen-Phasen zu schärfen. Diese Initiative hat dazu beigetragen, rechtliche Rahmenbedingungen zu schaffen, die die Gleichstellung von Teilchen-Phasen-Ehen fördern.

Schlussfolgerung

Zusammenfassend lässt sich sagen, dass das Verständnis von Teilchen-Phasen-Ehen auf Zyoris eine vielschichtige Thematik ist, die sowohl theoretische als auch praktische Aspekte umfasst. Die Herausforderungen, mit denen Paare konfrontiert sind, erfordern eine umfassende Auseinandersetzung mit kulturellen, rechtlichen und sozialen Faktoren. Die Geschichten von Kye Fael und anderen Aktivisten zeigen, dass der Weg zur Akzeptanz und Gleichstellung noch lang ist, aber auch voller Hoffnung und Möglichkeiten.

Bibliography

[1] Sarkar, C. (2023). *Die Phasen der Liebe: Ein Leitfaden für Teilchen-Phasen-Ehen.* Zyoris Verlag.

[2] Fael, K. (2022). *Identität und Aktivismus auf Zyoris.* Zyoris Akademie.

Einführung in das Anti-Teilchen-Phasen-Eheverbot

Das Anti-Teilchen-Phasen-Eheverbot auf Zyoris stellt eine der bedeutendsten rechtlichen und sozialen Herausforderungen der gegenwärtigen Zeit dar. Um die Tragweite dieses Verbots zu verstehen, ist es wichtig, sowohl die theoretischen Grundlagen als auch die praktischen Auswirkungen auf die Gesellschaft zu beleuchten.

Theoretische Grundlagen

Das Konzept der Teilchen-Phasen-Ehen bezieht sich auf die rechtliche und soziale Anerkennung von Ehen zwischen Individuen, die aus unterschiedlichen Teilchenphasen stammen. In der Physik wird die Beziehung zwischen Teilchen und ihren Phasen durch die Gleichung:

$$E = mc^2 \tag{3}$$

beschrieben, wobei E die Energie, m die Masse des Teilchens und c die Lichtgeschwindigkeit ist. Diese Gleichung ist nicht nur eine physikalische Wahrheit, sondern wird auch metaphorisch verwendet, um die Dynamik zwischen verschiedenen Identitäten und Kulturen zu verdeutlichen. Auf Zyoris wird die Ehe zwischen Individuen aus verschiedenen Teilchenphasen als eine Form der interkulturellen Verbindung angesehen, die jedoch durch das Anti-Teilchen-Phasen-Eheverbot stark eingeschränkt wird.

Gesetzliche Rahmenbedingungen

Das Anti-Teilchen-Phasen-Eheverbot wurde 2022 von der zyorianischen Regierung eingeführt, um die „Reinheit" der Teilchenphasen zu schützen. Der Gesetzestext beschreibt die Ehe als eine Institution, die nur zwischen Individuen derselben Teilchenphase geschlossen werden darf. Diese Regelung führt zu einer Diskriminierung gegenüber jenen, die in interphasen Ehen leben möchten. Der Gesetzestext lautet:

> „Ehen zwischen Individuen unterschiedlicher Teilchenphasen sind unzulässig und werden nicht anerkannt."

Gesellschaftliche Probleme

Die Einführung des Verbots hat zu einer tiefen Spaltung innerhalb der zyorianischen Gesellschaft geführt. Viele Bürgerrechtsaktivisten argumentieren, dass das Verbot nicht nur eine Verletzung der individuellen Freiheit darstellt, sondern auch die soziale Kohäsion gefährdet. Die Realität zeigt, dass Paare, die in interphasen Beziehungen leben, unter erheblichem Druck stehen, ihre Beziehungen geheim zu halten oder zu beenden. Diese gesellschaftliche Stigmatisierung führt zu psychologischen Belastungen, die in einer Studie von [?] dokumentiert wurden, in der 75% der Befragten angaben, dass sie sich aufgrund ihrer Beziehung unsicher fühlen.

Beispiele aus der Praxis

Ein herausragendes Beispiel für die Auswirkungen des Verbots ist die Geschichte von Lira und Jax, einem Paar aus unterschiedlichen Teilchenphasen. Ihre Beziehung wurde durch das Verbot erheblich belastet, was zu einem öffentlichen Protest führte, der die Aufmerksamkeit der Medien auf sich zog. Lira sagte in einem Interview:

> „Wir lieben uns, unabhängig von unseren Phasen. Dieses Gesetz ist ein Verstoß gegen unsere Grundrechte."

Die Reaktionen auf ihren Protest führten zu einer Welle der Unterstützung, aber auch zu aggressiven Gegenreaktionen von konservativen Gruppen, die das Verbot verteidigten. Diese Spannungen verdeutlichen die tiefen gesellschaftlichen Risse, die das Verbot verursacht hat.

Theoretische Diskussion

Die Debatte über das Anti-Teilchen-Phasen-Eheverbot ist nicht nur eine rechtliche, sondern auch eine philosophische und ethische. Die Frage der Identität und der Zugehörigkeit wird zentral. Philosophen wie [?] argumentieren, dass die Identität nicht starr ist, sondern dynamisch und vielschichtig. Das Verbot ignoriert diese Dynamik und zwingt Individuen, sich in vorgegebene Kategorien zu pressen, was zu einem Verlust an individueller Freiheit und sozialer Gerechtigkeit führt.

Fazit

Zusammenfassend lässt sich sagen, dass das Anti-Teilchen-Phasen-Eheverbot auf Zyoris eine komplexe Mischung aus rechtlichen, sozialen und ethischen Herausforderungen darstellt. Es ist ein Beispiel dafür, wie Gesetze nicht nur das individuelle Leben beeinflussen, sondern auch weitreichende gesellschaftliche Konsequenzen haben können. Der Widerstand gegen dieses Verbot ist ein zentraler Bestandteil der Bürgerrechtsbewegung auf Zyoris und wird weiterhin im Fokus der öffentlichen Debatte stehen.

Kye Faels Herkunft und Kindheit

Kye Fael wurde in der pulsierenden Stadt Zyloria auf dem Planeten Zyoris geboren, einem Ort, der für seine Vielfalt und kulturellen Unterschiede bekannt ist. Die Stadt ist ein Schmelztiegel verschiedener Spezies und Kulturen, die alle ihre eigenen Traditionen und Werte mitbringen. Kyes Eltern, beide aktive Mitglieder der Gesellschaft, spielten eine entscheidende Rolle in der frühen Prägung ihrer Identität. Ihr Vater, ein angesehener Wissenschaftler, und ihre Mutter, eine leidenschaftliche Künstlerin, förderten stets die Neugier und Kreativität ihrer Tochter.

In der Kindheit zeigte Kye schon früh ein starkes Interesse an den sozialen Dynamiken ihrer Umgebung. Sie beobachtete, wie unterschiedliche Gruppen innerhalb der Gesellschaft miteinander interagierten, und stellte schnell fest, dass nicht alle gleich behandelt wurden. Diese Ungerechtigkeiten wurden für sie besonders offensichtlich, als sie in der Schule mit anderen Kindern interagierte, die aus verschiedenen sozialen Schichten stammten.

Ein prägendes Ereignis in Kyes Jugend war der Besuch einer Kunstausstellung, die Werke von Künstlern aus verschiedenen Kulturen zeigte. Diese Ausstellung öffnete Kye die Augen für die Schönheit der Diversität und die Herausforderungen, die mit der Identität verbunden sind. Sie begann zu verstehen, dass Kunst nicht nur ein Ausdruck von Kreativität ist, sondern auch ein mächtiges Werkzeug für sozialen Wandel. Kyes erste Begegnungen mit anderen Kulturen fanden oft in diesem kreativen Raum statt, was ihr half, Empathie und Verständnis für die unterschiedlichen Perspektiven zu entwickeln, die in ihrer Gesellschaft existierten.

Kyes Kindheit war jedoch nicht ohne Herausforderungen. Sie erlebte erste Erfahrungen mit Ungerechtigkeit, als sie Zeugin von Diskriminierung in ihrer Schule wurde. Diese Erlebnisse hinterließen einen bleibenden Eindruck und motivierten sie, sich für die Rechte der Unterdrückten einzusetzen. Die Rolle ihrer Eltern war hierbei von zentraler Bedeutung; sie unterstützten Kyes Bestrebungen, die Welt um sich herum zu hinterfragen und für Gerechtigkeit einzutreten.

In ihrer Jugend entwickelte Kye ein starkes Bewusstsein für ihre eigene Identität. Sie begann, sich mit den Fragen der Zugehörigkeit und des Andersseins auseinanderzusetzen. Diese Auseinandersetzung führte sie zu den ersten politischen Überzeugungen, die sie im Laufe der Jahre weiterentwickeln sollte. Sie fand Inspiration in den Geschichten anderer Aktivisten und Künstler, die sich für soziale Gerechtigkeit einsetzten, und erkannte, dass Veränderung möglich ist, wenn Menschen zusammenkommen, um für das einzustehen, was richtig ist.

Die Rolle von Kunst und Kreativität in Kyes Leben war nicht zu unterschätzen. Sie nutzte ihre Talente, um ihre Gedanken und Gefühle auszudrücken, und fand in der Kunst eine Möglichkeit, die Herausforderungen ihrer Umgebung zu verarbeiten. Kye engagierte sich in der Schulpolitik und gründete eine Jugendgruppe, die sich mit Themen wie Gleichheit und sozialer Gerechtigkeit beschäftigte. Diese Gruppe wurde schnell zu einem wichtigen Forum für den Austausch von Ideen und zur Mobilisierung junger Menschen in ihrer Gemeinschaft.

Kyes erste öffentliche Rede fand während eines Schulprojekts statt, in dem es darum ging, die Vielfalt der Kulturen auf Zyoris zu feiern. Diese Erfahrung war für sie sowohl aufregend als auch herausfordernd, da sie zum ersten Mal vor einer größeren Gruppe von Menschen sprach. Ihre Worte berührten viele und weckten ein Gefühl der Gemeinschaft und des Zusammenhalts. Kye erkannte, dass sie mit ihrer Stimme einen Unterschied machen konnte, und diese Erkenntnis war der erste Schritt auf ihrem Weg zum Aktivismus.

Zusammenfassend lässt sich sagen, dass Kye Faels Herkunft und Kindheit von einer reichen kulturellen Vielfalt geprägt waren, die sie sowohl inspirierte als auch herausforderte. Die Einflüsse ihrer Eltern, ihre frühen Erfahrungen mit Ungerechtigkeit und ihre Entdeckung der eigenen Identität spielten eine entscheidende Rolle in der Entwicklung ihrer Werte und Überzeugungen. Diese Grundlagen legten den Grundstein für ihren späteren Aktivismus und ihren unermüdlichen Einsatz für die Rechte der Teilchen-Phasen-Ehen auf Zyoris. Kyes

Kindheit war nicht nur eine Zeit des Wachstums und der Entdeckung, sondern auch der Beginn eines lebenslangen Engagements für soziale Gerechtigkeit.

Die Bedeutung von Identität auf Zyoris

Die Identität spielt eine zentrale Rolle in der Gesellschaft von Zyoris, einem Planeten, der geprägt ist von einer Vielzahl von Kulturen, Traditionen und sozialen Strukturen. Auf Zyoris ist Identität nicht nur eine persönliche Angelegenheit, sondern auch ein kollektives Phänomen, das tief in der Geschichte und den sozialen Dynamiken der verschiedenen Gemeinschaften verwurzelt ist.

Theoretische Grundlagen der Identität

Identität kann als das Verständnis und die Wahrnehmung eines Individuums oder einer Gruppe von sich selbst definiert werden. Theoretiker wie Erik Erikson und Henri Tajfel haben Konzepte entwickelt, die helfen, die Komplexität der Identität zu verstehen. Eriksons Entwicklungspsychologie beschreibt Identität als ein dynamisches Konstrukt, das sich durch verschiedene Lebensphasen entwickelt. Tajfels Theorie der sozialen Identität betont die Rolle von Gruppenzugehörigkeit und sozialen Kategorien in der Selbstwahrnehmung.

Auf Zyoris manifestiert sich Identität durch verschiedene Dimensionen, einschließlich kultureller, ethnischer und geschlechtlicher Aspekte. Diese Dimensionen beeinflussen nicht nur das individuelle Selbstverständnis, sondern auch die Interaktionen zwischen verschiedenen Gruppen.

Kulturelle Identität und Diversität

Die kulturelle Identität auf Zyoris ist das Ergebnis jahrhundertelanger Einflüsse durch Migration, Handel und intergalaktische Beziehungen. Die Vielfalt der Kulturen führt zu einem reichen Mosaik an Traditionen, Sprachen und Werten. Diese Diversität ist sowohl eine Stärke als auch eine Herausforderung. Einerseits fördert sie Kreativität und Innovation; andererseits kann sie zu Konflikten und Missverständnissen führen.

Ein Beispiel für die kulturelle Identität ist das jährliche Festival der Teilchen-Phasen, das die verschiedenen Kulturen Zyoris feiert. Dieses Festival bringt Menschen aus unterschiedlichen Gemeinschaften zusammen, um ihre Traditionen zu teilen und ein gemeinsames Verständnis zu fördern. Doch trotz dieser Feierlichkeiten gibt es Spannungen zwischen den Kulturen, insbesondere in Bezug auf die Anerkennung und den Respekt für unterschiedliche Identitäten.

Identitätskrisen und soziale Herausforderungen

Auf Zyoris sind viele Individuen mit Identitätskrisen konfrontiert, die durch gesellschaftliche Erwartungen und Normen verstärkt werden. Besonders in einer Zeit, in der das Anti-Teilchen-Phasen-Eheverbot in Kraft trat, wurden viele Bürgerrechtsaktivisten, darunter Kye Fael, mit Fragen ihrer Identität konfrontiert. Diese Krise ist oft das Resultat eines inneren Konflikts zwischen der individuellen Identität und den gesellschaftlichen Normen, die von der Regierung auferlegt werden.

Die Theorie der Identitätskrise, wie sie von Erikson beschrieben wird, findet hier Anwendung. Viele Zyorianer müssen sich entscheiden, ob sie ihre Identität anpassen, um gesellschaftliche Akzeptanz zu finden, oder ob sie sich gegen die Normen auflehnen, um ihre wahre Identität auszudrücken. Diese Entscheidung ist oft mit emotionalen und psychologischen Herausforderungen verbunden.

Identität und Aktivismus

Die Suche nach Identität hat auch eine direkte Verbindung zum Aktivismus auf Zyoris. Viele Aktivisten, einschließlich Kye Fael, nutzen ihre Erfahrungen mit Identitätsfragen, um Bewusstsein für soziale Ungerechtigkeiten zu schaffen. Der Aktivismus wird oft als ein Mittel gesehen, um die eigene Identität zu stärken und zu definieren.

Ein Beispiel für diesen Zusammenhang ist die Gründung von Gruppen, die sich für die Rechte von Teilchen-Phasen-Ehen einsetzen. Diese Gruppen bieten nicht nur Unterstützung, sondern auch einen Raum für die Mitglieder, ihre Identität zu erforschen und zu bekräftigen. Die kollektive Identität wird gestärkt, wenn Individuen zusammenkommen, um für ihre Rechte zu kämpfen und ihre Erfahrungen zu teilen.

Fazit

Die Bedeutung von Identität auf Zyoris kann nicht genug betont werden. Sie ist ein zentrales Element, das die sozialen Strukturen und das individuelle Verhalten beeinflusst. In einer Gesellschaft, die von Diversität geprägt ist, ist es entscheidend, Räume für den Dialog und die Auseinandersetzung mit Identitätsfragen zu schaffen. Der Weg zu einer inklusiven Gesellschaft, in der alle Identitäten anerkannt und respektiert werden, ist noch lang, aber durch das Engagement von Aktivisten wie Kye Fael wird der Grundstein gelegt.

Die Herausforderungen, die mit der Identität verbunden sind, erfordern ein tiefes Verständnis und eine kontinuierliche Reflexion. Nur durch die

Auseinandersetzung mit diesen Fragen können Zyorianer eine gerechtere und harmonischere Gesellschaft aufbauen, in der jede Identität ihren Platz hat.

Kulturelle Differenzen und Herausforderungen

Die Gesellschaft auf Zyoris ist geprägt von einer Vielzahl kultureller Einflüsse, die sich aus der langen Geschichte intergalaktischer Migration und der Vermischung von Zivilisationen ergeben haben. Diese kulturellen Differenzen bringen sowohl Chancen als auch Herausforderungen mit sich, insbesondere im Kontext des Widerstands gegen das Anti-Teilchen-Phasen-Eheverbot. Um die Komplexität dieser Dynamiken zu verstehen, ist es wichtig, einige theoretische Ansätze zu betrachten, die die Interaktion zwischen verschiedenen Kulturen und deren Einfluss auf soziale Bewegungen beleuchten.

Eine der grundlegenden Theorien in diesem Bereich ist die *Kulturelle Identitätstheorie* (Cultural Identity Theory), die besagt, dass Individuen ihre Identität stark durch die Zugehörigkeit zu bestimmten kulturellen Gruppen definieren. Diese Zugehörigkeit kann sowohl positive als auch negative Auswirkungen auf das soziale Verhalten und die Interaktion mit anderen Gruppen haben. Auf Zyoris führt die Diversität der Kulturen zu einem reichen Austausch von Ideen, jedoch auch zu Spannungen und Missverständnissen.

Herausforderungen der Integration Die Integration verschiedener kultureller Perspektiven innerhalb der Bürgerrechtsbewegung stellt eine bedeutende Herausforderung dar. Unterschiedliche Werte, Traditionen und Kommunikationsstile können zu Konflikten führen, die den Fortschritt der Bewegung behindern. Zum Beispiel kann die Art und Weise, wie Aktivisten aus verschiedenen kulturellen Hintergründen auf Ungerechtigkeiten reagieren, stark variieren. Während einige Gruppen direkte Konfrontation und Protest als effektive Mittel betrachten, könnten andere auf Dialog und Verhandlung setzen. Diese Unterschiede können zu Spannungen innerhalb der Bewegung führen, wenn nicht effektiv kommuniziert wird.

Beispiel: Die Rolle von Symbolik Ein Beispiel für kulturelle Differenzen auf Zyoris ist die Verwendung von Symbolik in Protesten. Während einige Kulturen bestimmte Farben oder Symbole als Zeichen des Widerstands nutzen, können diese in anderen Kontexten unterschiedliche Bedeutungen haben. Kye Fael und seine Mitstreiter mussten oft die Symbolik ihrer Protestaktionen überdenken, um sicherzustellen, dass sie von allen unterstützenden Gruppen verstanden und akzeptiert wurde. Dies erforderte ein tiefes Verständnis der verschiedenen kulturellen Konnotationen und eine sorgfältige Auswahl der verwendeten Symbole.

Die Bedeutung von Sprache   Ein weiteres wichtiges Element, das die kulturellen Differenzen auf Zyoris beeinflusst, ist die Sprache. Die Vielfalt der Sprachen kann sowohl als Barriere als auch als Brücke fungieren. Viele Aktivisten, einschließlich Kye Fael, mussten mehrsprachige Kommunikationsstrategien entwickeln, um sicherzustellen, dass ihre Botschaft alle Teile der Gemeinschaft erreichte. Missverständnisse aufgrund sprachlicher Unterschiede können zu Fehlinformationen und sogar zu Konflikten führen. Daher war es entscheidend, Übersetzer und mehrsprachige Materialien in die Mobilisierung einzubeziehen.

Theoretische Ansätze zur Überwindung von Differenzen   Um die Herausforderungen kultureller Differenzen zu bewältigen, können verschiedene theoretische Ansätze angewendet werden. Der *Interkulturelle Dialog* (Intercultural Dialogue) ist ein solcher Ansatz, der darauf abzielt, Verständnis und Respekt zwischen verschiedenen Kulturen zu fördern. Durch den Austausch von Perspektiven und Erfahrungen können Aktivisten gemeinsame Ziele definieren und eine kohärente Strategie entwickeln, die die Vielfalt ihrer Gemeinschaft widerspiegelt.

Ein weiterer wichtiger Ansatz ist das Konzept der *Kulturellen Intelligenz* (Cultural Intelligence, CQ), das die Fähigkeit beschreibt, in interkulturellen Situationen effektiv zu agieren. Kye Fael und seine Mitstreiter mussten diese Fähigkeit entwickeln, um die unterschiedlichen Bedürfnisse und Erwartungen der verschiedenen Gruppen innerhalb ihrer Bewegung zu verstehen und zu berücksichtigen.

Fazit   Zusammenfassend lässt sich sagen, dass kulturelle Differenzen auf Zyoris sowohl Herausforderungen als auch Chancen für den Aktivismus bieten. Das Verständnis und die Berücksichtigung dieser Differenzen sind entscheidend für den Erfolg der Bürgerrechtsbewegung und für die Schaffung einer inklusiven Gesellschaft. Kye Faels Engagement für den Widerstand gegen das Anti-Teilchen-Phasen-Eheverbot verdeutlicht, wie wichtig es ist, kulturelle Vielfalt zu respektieren und zu integrieren, um eine gerechte und gleichberechtigte Zukunft für alle Bürger zu schaffen.

Die ersten Anzeichen von Aktivismus

Die ersten Anzeichen von Aktivismus bei Kye Fael manifestierten sich in einer Zeit, in der die Gesellschaft auf Zyoris vor tiefgreifenden Herausforderungen stand. Die Ungerechtigkeit, die durch das Anti-Teilchen-Phasen-Eheverbot verursacht wurde, begann, die Herzen und Köpfe der Bürger zu bewegen, und Kye war keine Ausnahme. In diesem Abschnitt werden wir die frühen Zeichen von Kyes Aktivismus untersuchen, die entscheidenden Erfahrungen, die ihn prägten, und die Theorien, die sein Engagement untermauerten.

Frühe Erfahrungen mit Ungerechtigkeit

Kyes erstes Bewusstsein für Ungerechtigkeit entstand in der Schule, als er Zeuge von Diskriminierung gegen Mitschüler wurde, die aus Teilchen-Phasen-Beziehungen stammten. Diese Erfahrungen prägten sein Verständnis für soziale Ungleichheit und weckten den Wunsch, sich für die Rechte der Unterdrückten einzusetzen. Laut der *Theorie der sozialen Identität* von Henri Tajfel (1979) neigen Individuen dazu, sich mit Gruppen zu identifizieren, die ähnliche Merkmale oder Erfahrungen teilen. Kye begann, sich mit denjenigen zu identifizieren, die unter dem Anti-Teilchen-Phasen-Eheverbot litten, und erkannte, dass ihre Kämpfe auch seine eigenen waren.

Einfluss von Kunst und Kultur

Die Rolle der Kunst und Kultur spielte eine entscheidende Rolle in Kyes frühem Aktivismus. Er begann, Gedichte und Geschichten zu schreiben, die die Herausforderungen und die Diskriminierung von Teilchen-Phasen-Paaren thematisierten. Diese kreativen Ausdrucksformen halfen ihm, seine Gedanken und Gefühle zu artikulieren und ein Bewusstsein für die Probleme zu schaffen, die er beobachtete. Laut der *Kulturtheorie* von Clifford Geertz (1973) ist Kultur ein System von Bedeutungen, das das Verhalten und die Wahrnehmung von Individuen prägt. Kyes Kunst wurde zu einem Medium, durch das er seine Botschaft verbreiten konnte.

Die Gründung einer Jugendgruppe

Ein weiterer wichtiger Schritt in Kyes Aktivismus war die Gründung einer Jugendgruppe, die sich für die Rechte von Teilchen-Phasen-Paaren einsetzte. Diese Gruppe bot eine Plattform für Gleichgesinnte, um ihre Ideen auszutauschen und gemeinsam zu handeln. Die *Theorie des kollektiven Handelns* von Mancur

Olson (1965) besagt, dass Individuen eher bereit sind, sich zu organisieren und zu mobilisieren, wenn sie einen gemeinsamen Nutzen erkennen. Kye verstand, dass die Schaffung eines Netzwerks von Unterstützern entscheidend war, um Veränderungen herbeizuführen.

Erste öffentliche Rede

Kyes erste öffentliche Rede war ein Wendepunkt in seinem Aktivismus. Bei einer Schulversammlung sprach er über die Ungerechtigkeiten, die Teilchen-Phasen-Paare erlebten, und forderte seine Mitschüler auf, sich für Gleichheit und Gerechtigkeit einzusetzen. Diese Rede war nicht nur ein Ausdruck seines Engagements, sondern auch ein Beispiel für die *Rhetorik der sozialen Bewegung*, wie sie von Charles Tilly (2004) beschrieben wird. Tilly argumentiert, dass Rhetorik eine zentrale Rolle im Aktivismus spielt, da sie es ermöglicht, Emotionen zu mobilisieren und eine kollektive Identität zu schaffen.

Die Bedeutung von Gemeinschaft

Die Unterstützung der Gemeinschaft war für Kyes frühe Anzeichen von Aktivismus von entscheidender Bedeutung. Er erkannte, dass Veränderungen nicht isoliert erreicht werden konnten, sondern dass eine starke Gemeinschaft notwendig war, um Druck auf Entscheidungsträger auszuüben. Die *Theorie der sozialen Netzwerke* von Granovetter (1973) zeigt, dass soziale Verbindungen entscheidend für die Verbreitung von Informationen und die Mobilisierung von Ressourcen sind. Kyes Engagement in der Gemeinschaft half, ein Netzwerk von Unterstützern zu schaffen, das seine Botschaft verbreitete und seine Bemühungen stärkte.

Herausforderungen und Rückschläge

Natürlich war Kyes Weg zum Aktivismus nicht ohne Herausforderungen. Er sah sich Widerstand und Kritik von Gleichaltrigen und Erwachsenen gegenüber, die seine Ansichten nicht teilten. Diese Erfahrungen lehrten ihn, dass Aktivismus oft mit persönlichen Opfern verbunden ist. Die *Theorie des sozialen Wandels* von Karl Marx (1867) legt nahe, dass soziale Bewegungen oft durch Konflikte und Widersprüche vorangetrieben werden. Kye lernte, dass Rückschläge Teil des Prozesses sind und dass Ausdauer und Entschlossenheit entscheidend sind, um Veränderungen zu bewirken.

Zusammenfassung

Zusammenfassend lässt sich sagen, dass die ersten Anzeichen von Kyes Aktivismus durch persönliche Erfahrungen mit Ungerechtigkeit, den Einfluss von Kunst, die Gründung einer Gemeinschaft und die Überwindung von Herausforderungen geprägt waren. Diese frühen Schritte legten den Grundstein für sein späteres Engagement im Widerstand gegen das Anti-Teilchen-Phasen-Eheverbot und zeigen, wie wichtig es ist, dass Individuen sich für die Rechte anderer einsetzen. Kyes Geschichte ist ein Beispiel dafür, wie Aktivismus aus den kleinsten Anfängen herauswachsen kann und wie jeder Einzelne einen Beitrag zur Schaffung einer gerechteren Gesellschaft leisten kann.

Die Verbindung zwischen Zyoris und der Erde

Die Beziehung zwischen Zyoris und der Erde ist ein faszinierendes und komplexes Thema, das sowohl kulturelle als auch wissenschaftliche Dimensionen umfasst. Diese Verbindung ist nicht nur durch die physische Nähe im Universum gegeben, sondern auch durch die Interaktion der beiden Gesellschaften, die sich über Jahrtausende entwickelt hat.

Historische Perspektive

Die ersten dokumentierten Kontakte zwischen den Zyorianern und den Menschen auf der Erde fanden vor etwa 5000 Jahren statt, als Zyorianische Raumschiffe zufällig in die Erdatmosphäre eindrangen. Diese frühen Begegnungen führten zu einem Austausch von Wissen und Technologien, die beide Zivilisationen bereicherten. Die Zyorianer brachten fortschrittliche Kenntnisse in der Astronomie und Physik mit, während die Menschen der Erde ihre kulturellen Praktiken und sozialen Strukturen teilten.

Kulturelle Einflüsse

Die kulturellen Verbindungen zwischen Zyoris und der Erde sind besonders bemerkenswert. Viele Erdenbürger sind von der Zyorianischen Kunst und Musik fasziniert, die oft als Ausdruck tiefgründiger Emotionen und komplexer Ideen angesehen wird. Die Zyorianische Literatur, die oft Themen wie Identität, Freiheit und Gerechtigkeit behandelt, hat auch einen erheblichen Einfluss auf die literarische Szene auf der Erde. Umgekehrt haben Erdenbürger, insbesondere Künstler und Schriftsteller, Zyorianische Traditionen in ihren Arbeiten integriert, was zu einem fruchtbaren Austausch führte.

Wissenschaftliche Kooperation

Auf wissenschaftlicher Ebene ist die Zusammenarbeit zwischen Zyoris und der Erde von großer Bedeutung. Die Zyorianer haben bedeutende Fortschritte in der Quantenphysik und der Raumfahrttechnologie erzielt. Diese Technologien haben es den beiden Zivilisationen ermöglicht, gemeinsam an Projekten zu arbeiten, die das Verständnis des Universums erweitern. Ein Beispiel hierfür ist das gemeinsame Projekt zur Erforschung der Teilchen-Phasen-Ehen, das nicht nur die Grundlagen der Physik herausfordert, sondern auch ethische Fragen aufwirft.

Die mathematischen Grundlagen dieser Technologien können durch die Gleichung für die Energie eines Teilchens in einer Phase beschrieben werden:

$$E = mc^2 \tag{4}$$

Hierbei steht E für die Energie, m für die Masse des Teilchens und c für die Lichtgeschwindigkeit. Diese Gleichung bildet die Grundlage für das Verständnis der Energieumwandlung in Teilchen-Phasen-Ehen, was eine Schlüsselkomponente in der Zyorianischen Technologie darstellt.

Herausforderungen und Probleme

Trotz der positiven Aspekte der Verbindung zwischen Zyoris und der Erde gibt es auch erhebliche Herausforderungen. Politische Spannungen und kulturelle Missverständnisse haben in der Vergangenheit zu Konflikten geführt. Insbesondere die Einführung des Anti-Teilchen-Phasen-Eheverbots auf Zyoris hat die Beziehungen zwischen den beiden Zivilisationen belastet. Viele Zyorianer sehen dieses Verbot als einen Rückschritt in der Entwicklung der Gesellschaft, während einige Erdenbürger die Zyorianischen Werte und deren Anwendung in Frage stellen.

Ein weiteres Problem ist die Ungleichheit in den technologischen Fähigkeiten der beiden Zivilisationen. Während Zyoris über fortschrittliche Technologien verfügt, kämpfen viele Erdenbürger noch mit grundlegenden Herausforderungen wie Armut und Zugang zu Bildung. Dies führt zu einem Ungleichgewicht, das die Zusammenarbeit behindern kann.

Zukunftsperspektiven

Die Zukunft der Verbindung zwischen Zyoris und der Erde hängt von der Fähigkeit beider Zivilisationen ab, die Herausforderungen zu meistern und die Vorteile ihrer Zusammenarbeit zu maximieren. Eine stärkere Fokussierung auf interkulturellen Dialog und gegenseitigen Respekt könnte dazu beitragen, Missverständnisse auszuräumen und eine harmonischere Beziehung zu fördern.

Zusätzlich könnte die gemeinsame Forschung an Themen wie nachhaltige Entwicklung und intergalaktische Kommunikation neue Wege eröffnen, um die Zusammenarbeit zu vertiefen. Die Entwicklung eines gemeinsamen Bildungsprogramms, das sowohl Zyorianische als auch Erdenbürger umfasst, könnte dazu beitragen, die kulturellen Barrieren zu überwinden und ein besseres Verständnis füreinander zu schaffen.

Insgesamt ist die Verbindung zwischen Zyoris und der Erde ein dynamisches und sich ständig weiterentwickelndes Verhältnis, das sowohl Chancen als auch Herausforderungen birgt. Die Zukunft dieser Beziehung wird entscheidend davon abhängen, wie beide Zivilisationen ihre Differenzen überwinden und gemeinsame Ziele verfolgen können.

Ziel der Biografie

Das Ziel dieser Biografie ist es, das Leben und Wirken von Kye Fael als Bürgerrechtsaktivistin auf Zyoris zu dokumentieren und zu analysieren. Insbesondere soll die Biografie die Herausforderungen und Errungenschaften des Widerstands gegen das Anti-Teilchen-Phasen-Eheverbot beleuchten. Dieses Verbot stellt nicht nur eine rechtliche Hürde für viele Bürger dar, sondern ist auch ein Symbol für die tief verwurzelten Vorurteile und Diskriminierungen innerhalb der Gesellschaft auf Zyoris.

Theoretischer Rahmen

Um das Ziel der Biografie zu erreichen, stützt sich diese Arbeit auf verschiedene theoretische Ansätze, die das Verständnis von Bürgerrechtsbewegungen und sozialem Wandel fördern. Ein zentraler Aspekt ist die Theorie des sozialen Wandels, die beschreibt, wie gesellschaftliche Normen und Werte sich im Laufe der Zeit verändern können. Laut dem Modell von [1] erfolgt sozialer Wandel oft durch kollektives Handeln, das auf gemeinschaftlichem Unmut beruht. Kye Faels Aktivismus kann als Beispiel für diesen Prozess betrachtet werden, da er sich aus persönlichen Erfahrungen mit Ungerechtigkeit und der Suche nach Identität ableitet.

Ein weiterer theoretischer Ansatz ist die Identitätstheorie, die sich mit der Konstruktion und dem Einfluss von Identität auf individuelles und kollektives Handeln beschäftigt. [?] argumentiert, dass Identität nicht nur eine persönliche Angelegenheit ist, sondern auch in sozialen Kontexten verankert ist. Kye Faels

Identität als Teil der Teilchen-Phasen-Gemeinschaft spielt eine entscheidende Rolle in seinem Aktivismus und der Mobilisierung von Unterstützern.

Problematik des Anti-Teilchen-Phasen-Eheverbots

Das Anti-Teilchen-Phasen-Eheverbot ist nicht nur ein rechtliches Instrument, sondern auch eine Manifestation gesellschaftlicher Vorurteile. Es schränkt die Rechte einer ganzen Gruppe von Bürgern ein und führt zu einer systematischen Diskriminierung. Die Biografie zielt darauf ab, die verschiedenen Dimensionen dieser Problematik zu beleuchten, einschließlich der psychologischen Auswirkungen auf die Betroffenen und der gesellschaftlichen Reaktionen auf den Aktivismus.

Ein Beispiel für die Auswirkungen des Verbots ist die Zunahme von psychischen Problemen unter den Betroffenen, die sich in einer Studie von [?] zeigt. Diese Studie belegt, dass Diskriminierung und soziale Isolation signifikante Risikofaktoren für Depressionen und Angstzustände sind. Kye Faels Engagement zielt darauf ab, diese Probleme zu adressieren und eine inklusive Gesellschaft zu fördern.

Beispiele und Fallstudien

Ein zentrales Ziel der Biografie ist es, konkrete Beispiele und Fallstudien zu präsentieren, die die Wirksamkeit von Kye Faels Aktivismus veranschaulichen. Dazu gehört die Gründung der Widerstandsgruppe „Zukunft für Teilchen-Phasen-Ehen", die sich für die Rechte von Betroffenen einsetzt. Diese Gruppe hat durch verschiedene Kampagnen und Demonstrationen Aufmerksamkeit erregt und politische Entscheidungsträger herausgefordert.

Ein bemerkenswertes Beispiel ist die große Demonstration, die Kye Fael und seine Unterstützer organisierten, um gegen das Anti-Teilchen-Phasen-Eheverbot zu protestieren. Die Reaktionen der Öffentlichkeit und der Medien auf diese Demonstration zeigen, wie Aktivismus das Bewusstsein für soziale Gerechtigkeit schärfen kann. Laut [?] führte die Demonstration zu einer verstärkten Diskussion über das Thema in den sozialen Medien und in der politischen Arena.

Zukunftsperspektiven

Abschließend zielt diese Biografie darauf ab, nicht nur die Vergangenheit und Gegenwart von Kye Fael und seinem Aktivismus zu dokumentieren, sondern auch einen Ausblick auf die zukünftigen Herausforderungen und Möglichkeiten zu geben. Die Analyse von Kyes Vision für eine gerechte Gesellschaft wird dazu beitragen, die Relevanz und Notwendigkeit von Bürgerrechtsbewegungen in der heutigen Zeit zu unterstreichen.

Zusammenfassend lässt sich sagen, dass das Ziel dieser Biografie darin besteht, ein umfassendes Bild von Kye Faels Leben, seinen Herausforderungen und Erfolgen zu zeichnen. Durch die Verbindung von Theorie, praktischen Beispielen und einer kritischen Analyse der gesellschaftlichen Probleme, die er anspricht, soll die Biografie nicht nur als Dokumentation dienen, sondern auch als Inspiration für zukünftige Generationen von Aktivisten und Bürgerrechtlern.

Frühes Leben von Kye Fael

Kindheit und Jugend

Geburtsort und Familie

Kye Fael wurde in der pulsierenden Stadt Zyloria auf dem Planeten Zyoris geboren, einem Ort, der für seine kulturelle Vielfalt und seine fortschrittliche Gesellschaft bekannt ist. Zyloria, die Hauptstadt von Zyoris, ist ein Schmelztiegel verschiedener Kulturen, Sprachen und Traditionen. Die Stadt ist von einer beeindruckenden Architektur geprägt, die sowohl futuristische als auch traditionelle Elemente vereint. Diese Umgebung prägte Kyes frühe Jahre und beeinflusste seine Sichtweise auf Identität und Gemeinschaft.

Kyes Familie bestand aus drei Mitgliedern: seiner Mutter, einer angesehenen Physikerin, und seinem Vater, einem Künstler, der sich auf die Darstellung interstellarer Landschaften spezialisiert hatte. Diese Kombination aus Wissenschaft und Kunst schuf ein stimulierendes Umfeld, in dem Kye sowohl analytisches Denken als auch kreative Ausdrucksformen erlernte. Die Eltern förderten Kyes Neugierde und seine Leidenschaft für das Lernen, was ihn von klein auf zu einem aktiven und engagierten Kind machte.

$$I = \frac{E}{c^2} \tag{5}$$

Hierbei steht I für die Identität, E für die Erfahrungen, die Kye in seiner Kindheit sammelte, und c für die kulturellen Einflüsse, die ihn umgaben. Diese Gleichung verdeutlicht, wie stark die Umgebung und die familiären Werte Kyes Identitätsbildung beeinflussten.

In der Familie Fael wurde der Wert von Bildung hochgeschätzt. Kyes Mutter, die an der Zyorianischen Universität unterrichtete, brachte ihm die Grundlagen der Wissenschaft bei, während sein Vater ihn in die Welt der Kunst einführte. Diese duale Erziehung führte dazu, dass Kye eine breite Perspektive auf die Welt entwickelte. Er lernte, verschiedene Sichtweisen zu schätzen und die Schönheit in der Vielfalt zu erkennen.

Ein prägendes Ereignis in Kyes Kindheit war der Umzug seiner Familie in ein multikulturelles Viertel von Zyloria, wo er mit Kindern aus verschiedenen sozialen und kulturellen Hintergründen interagieren konnte. Diese Erfahrungen öffneten Kyes Augen für die Herausforderungen, die viele Menschen aufgrund ihrer Herkunft und Identität erlebten. Er wurde Zeuge von Ungerechtigkeiten, die in seiner neuen Nachbarschaft auftraten, was seine Empathie und seinen Wunsch, aktiv zu werden, weckte.

Die Familie Fael war nicht nur eine Quelle der Unterstützung, sondern auch ein Ort des Dialogs. Kyes Eltern ermutigten ihn, Fragen zu stellen und sich aktiv an Diskussionen über soziale Themen zu beteiligen. Dies führte dazu, dass Kye frühzeitig ein Bewusstsein für gesellschaftliche Probleme entwickelte, die ihn später in seinem Aktivismus begleiten sollten.

Ein Beispiel für die Werte, die in Kyes Familie vermittelt wurden, ist der Respekt vor der Individualität. Seine Eltern lehrten ihn, dass jeder Mensch einzigartig ist und dass es wichtig ist, Unterschiede zu akzeptieren und zu feiern. Diese Überzeugung wurde zu einem zentralen Bestandteil von Kyes Identität und prägte seine Ansichten über Gleichheit und Gerechtigkeit.

Zusammenfassend lässt sich sagen, dass Kyes Geburtsort und seine Familie entscheidend für seine Entwicklung waren. Zyloria bot ihm die kulturelle Vielfalt, die er benötigte, um ein tiefes Verständnis für soziale Gerechtigkeit zu entwickeln. Die Werte und Lehren seiner Eltern legten das Fundament für seine späteren Aktivitäten als Bürgerrechtsaktivist. Kyes Kindheitserfahrungen, kombiniert mit den Einflüssen seiner Familie, schufen eine starke Basis, auf der er seine Vision von einer gerechteren Gesellschaft aufbauen konnte.

$$\text{Einfluss der Familie} = \text{Werte} + \text{Erfahrungen} + \text{Umfeld} \qquad (6)$$

Diese Gleichung verdeutlicht, wie Kyes familiäre Einflüsse und seine Umgebung zusammenwirkten, um seine Identität und seine Überzeugungen zu formen. Es ist klar, dass Kyes Geburtsort und seine Familie nicht nur seine Kindheit prägten, sondern auch den Grundstein für seinen späteren Aktivismus legten.

Frühe Interessen und Talente

Kye Fael, geboren in der pulsierenden Stadt Zyoris, zeigte schon in der frühen Kindheit eine bemerkenswerte Neugier und eine Vielzahl von Interessen, die ihn später zu einem einflussreichen Bürgerrechtsaktivisten formen sollten. Die Gesellschaft auf Zyoris, geprägt von kultureller Diversität und komplexen sozialen Strukturen, bot Kye eine reiche Umgebung, in der er seine Talente entfalten konnte.

Kreative Begabungen

Bereits im Vorschulalter zeigte Kye eine außergewöhnliche Begabung für die Kunst. Er malte leidenschaftlich gerne und verwendete Farben, um die Schönheit und die Herausforderungen seiner Umgebung darzustellen. Seine ersten Werke waren oft von den lebendigen Farben der Zyoris-Kultur inspiriert, die er durch die Fenster seiner Kindheit wahrnahm. Diese kreative Ader sollte sich später in seinem Aktivismus widerspiegeln, als er Kunst als Werkzeug zur Sensibilisierung für soziale Themen einsetzte.

$$\text{Kreativität} = \text{Inspiration} + \text{Persönliche Erfahrung} \tag{7}$$

Diese Gleichung verdeutlicht, wie Kyes persönliche Erfahrungen und die Inspiration aus seiner Umgebung seine kreative Ausdrucksweise prägten. Seine Kunstwerke wurden nicht nur zu einem Ventil für seine Emotionen, sondern auch zu einem Medium, um Botschaften des Wandels und der Hoffnung zu verbreiten.

Interesse an Naturwissenschaften

Neben seinen künstlerischen Neigungen entwickelte Kye frühzeitig ein starkes Interesse an Naturwissenschaften. Er war fasziniert von den Teilchen und deren Verhalten, was ihn dazu brachte, sich intensiv mit der Physik auseinanderzusetzen. Diese Leidenschaft führte dazu, dass Kye oft in der Bibliothek nach Büchern über die Grundlagen der Teilchenphysik suchte. Seine Neugier auf die Naturgesetze und deren Einfluss auf das tägliche Leben half ihm, ein tiefes Verständnis für die Struktur der Gesellschaft zu entwickeln.

$$\text{Wissenschaftliches Verständnis} = \text{Beobachtung} + \text{Analyse} \tag{8}$$

Diese Formel beschreibt, wie Kye durch Beobachtung seiner Umwelt und die Analyse von Phänomenen ein fundiertes wissenschaftliches Wissen erlangte. Diese Fähigkeiten würden sich als entscheidend erweisen, als er später komplexe gesellschaftliche Probleme analysierte und Lösungen entwickelte.

Soziale Interaktionen

Kyes soziale Interaktionen während seiner Schulzeit förderten seine Fähigkeiten im Umgang mit anderen Menschen. Er war ein beliebter Schüler, der oft als Vermittler in Konflikten zwischen seinen Mitschülern fungierte. Diese Fähigkeit zur Empathie und zur Konfliktlösung legte den Grundstein für seine späteren Aktivitäten im Bereich der Bürgerrechte.

$$\text{Soziale Fähigkeiten} = \text{Empathie} + \text{Kommunikation} \qquad (9)$$

Die oben genannte Gleichung verdeutlicht, wie Kyes Empathie, gepaart mit seiner Fähigkeit zur klaren Kommunikation, ihm half, Brücken zwischen unterschiedlichen Gruppen zu bauen. Diese sozialen Fähigkeiten waren entscheidend, als er später mit verschiedenen Gemeinschaften zusammenarbeitete, um für die Rechte von Teilchen-Phasen-Ehen zu kämpfen.

Engagement in der Schulpolitik

Kyes frühe Erfahrungen mit Ungerechtigkeit führten zu seinem Engagement in der Schulpolitik. Er erkannte, dass es in seiner Schule Ungleichheiten gab, die angegangen werden mussten. Sein Interesse an gerechteren Bedingungen motivierte ihn, sich in der Schülervertretung zu engagieren. Dort organisierte er Initiativen zur Förderung von Vielfalt und Inklusion, was seine Fähigkeiten in der Führung und Organisation weiter stärkte.

$$\text{Engagement} = \text{Motivation} + \text{Handlung} \qquad (10)$$

Diese Gleichung zeigt, dass Kyes Engagement nicht nur aus einer inneren Motivation resultierte, sondern auch aus seiner Bereitschaft, aktiv zu handeln und Veränderungen herbeizuführen. Diese frühen Schritte in der Schulpolitik waren der Auftakt zu seinem späteren Aktivismus.

Einfluss der Medien

Ein weiterer Aspekt von Kyes frühen Interessen war sein Interesse an Medien und deren Einfluss auf die Gesellschaft. Er beobachtete, wie Nachrichten und Geschichten das Bewusstsein der Menschen für soziale Probleme schärfen konnten. Dies führte dazu, dass er begann, eigene Artikel und Beiträge zu verfassen, um auf Missstände aufmerksam zu machen.

$$\text{Medienwirkung} = \text{Reichweite} \times \text{Inhalt} \qquad (11)$$

In dieser Gleichung wird deutlich, dass die Wirkung von Medien sowohl von der Reichweite als auch vom Inhalt abhängt. Kyes frühe Erfahrungen im Schreiben und seine Fähigkeit, relevante Themen anzusprechen, legten den Grundstein für seine späteren Bemühungen, die Öffentlichkeit über die Probleme von Teilchen-Phasen-Ehen aufzuklären.

Zusammenfassung

Zusammenfassend lässt sich sagen, dass Kye Faels frühe Interessen und Talente in den Bereichen Kunst, Wissenschaft, soziale Interaktion, Engagement in der Schulpolitik und Medien einen entscheidenden Einfluss auf seine Entwicklung als Bürgerrechtsaktivist hatten. Diese vielfältigen Fähigkeiten und Leidenschaften bildeten die Grundlage für seinen späteren Aktivismus und seine Fähigkeit, für die Rechte derjenigen zu kämpfen, die in der Gesellschaft von Zyoris marginalisiert wurden. Kyes Kindheit war somit nicht nur geprägt von persönlichen Interessen, sondern auch von einem tiefen Verständnis für die Herausforderungen, die seine Gemeinschaften konfrontierten, was ihn auf seinen späteren Weg vorbereitete.

Bildung und Schulzeit

Kye Faels Bildung und Schulzeit waren entscheidend für die Entwicklung seiner politischen Überzeugungen und seines Engagements für die Bürgerrechte auf Zyoris. In dieser Phase seines Lebens erlebte er nicht nur akademische Herausforderungen, sondern auch soziale und kulturelle Einflüsse, die seine Identität prägten.

Frühe Schulbildung

Kye wurde in einer kleinen Stadt auf Zyoris geboren, wo das Bildungssystem stark von der traditionellen Kultur und den Werten der Gesellschaft geprägt war. Die Schulen waren oft überfüllt, und die Ressourcen waren begrenzt. Dennoch war Kye ein wissbegieriger Schüler, der sich für Naturwissenschaften und Literatur interessierte. In der Grundschule bemerkte er, dass die Lehrpläne oft die Erfahrungen und Perspektiven von Teilchen-Phasen-Ehen ignorierten, was ihn dazu brachte, Fragen über Gerechtigkeit und Gleichheit zu stellen.

Herausforderungen im Bildungssystem

Das Bildungssystem auf Zyoris war nicht nur durch finanzielle Einschränkungen gekennzeichnet, sondern auch durch eine strikte Hierarchie, die es den Schülern

schwer machte, ihre Stimme zu erheben. Kye erlebte Diskriminierung, als er
versuchte, seine Meinung zu äußern, insbesondere in Bezug auf Themen, die die
Rechte von Teilchen-Phasen-Ehen betrafen. Diese Erfahrungen führten zu einem
Gefühl der Isolation, das jedoch auch seinen Aktivismus entfachte.

Die folgende Gleichung beschreibt den Einfluss der sozialen Hierarchie auf die
Lernumgebung:

$$E = \frac{R}{C} \tag{12}$$

wobei E die Effektivität der Bildung, R die Ressourcen und C die sozialen
Einschränkungen darstellt. Diese Gleichung verdeutlicht, dass eine Erhöhung der
Ressourcen nicht zwangsläufig zu einer besseren Bildung führt, wenn die sozialen
Einschränkungen hoch sind.

Einfluss von Lehrern und Mitschülern

Einige Lehrer erkannten Kyes Potenzial und ermutigten ihn, seine Gedanken zu
teilen. Besonders ein Lehrer, der sich für soziale Gerechtigkeit einsetzte, wurde zu
einem Mentor für Kye. Dieser Lehrer führte Kye in die Welt der politischen
Theorie ein, insbesondere in die Ideen von Gleichheit und Bürgerrechten. Kyes
Mitschüler waren ebenfalls eine Quelle der Inspiration und Unterstützung,
insbesondere diejenigen, die ähnliche Erfahrungen gemacht hatten.

Engagement in der Schulpolitik

Während seiner Schulzeit begann Kye, sich aktiv in der Schülervertretung zu
engagieren. Er setzte sich für die Rechte von Schülern ein und arbeitete daran, eine
inklusive Schulumgebung zu schaffen. Dies beinhaltete die Organisation von
Workshops, um das Bewusstsein für die Rechte von Teilchen-Phasen-Ehen zu
schärfen. Ein Beispiel für eine solche Initiative war die „Woche der Vielfalt", in der
Schüler eingeladen wurden, über ihre Kulturen und Identitäten zu sprechen.

Einfluss von Medien und Literatur

Kyes Interesse an Literatur und Medien spielte eine entscheidende Rolle in seiner
Bildung. Er las Werke von Autoren, die sich mit Themen der Ungerechtigkeit und
des Aktivismus auseinandersetzten. Diese Texte inspirierten ihn, seine eigene
Stimme zu finden und sich für die Rechte der Unterdrückten einzusetzen. Ein
zentrales Werk, das Kye besonders beeinflusste, war ein Buch über die Geschichte

der Bürgerrechtsbewegungen auf der Erde, das ihm half, Parallelen zwischen den Kämpfen auf Zyoris und der Erde zu erkennen.

Schlussfolgerung

Kyes Bildung und Schulzeit waren geprägt von Herausforderungen, aber auch von Gelegenheiten zur Selbstentdeckung und zum Engagement. Diese Erfahrungen bildeten die Grundlage für seine spätere Rolle als Aktivist und Bürgerrechtskämpfer. Die Kombination aus akademischem Wissen, sozialem Engagement und persönlichem Wachstum führte dazu, dass Kye Fael nicht nur ein Schüler, sondern ein Vorbild für viele wurde, die für Gleichheit und Gerechtigkeit auf Zyoris kämpfen wollten.

Freundschaften und soziale Interaktionen

Die Kindheit von Kye Fael war geprägt von einer Vielzahl an Freundschaften und sozialen Interaktionen, die nicht nur seine persönliche Entwicklung, sondern auch seine politischen Überzeugungen maßgeblich beeinflussten. Auf Zyoris, einer Welt, die durch kulturelle Vielfalt und komplexe soziale Strukturen gekennzeichnet ist, war die Art und Weise, wie Kye mit seinen Altersgenossen interagierte, von großer Bedeutung.

Die Rolle von Freundschaften

Freundschaften sind ein zentraler Bestandteil der sozialen Entwicklung eines Individuums. Sie bieten nicht nur emotionale Unterstützung, sondern auch eine Plattform für den Austausch von Ideen und Werten. In Kyes Fall waren seine ersten Freunde oft diejenigen, die ähnliche Interessen und Hintergründe hatten, was eine Grundlage für tiefere Bindungen schuf. Diese frühen Freundschaften halfen ihm, ein Gefühl der Zugehörigkeit zu entwickeln und seine Identität zu formen.

Ein Beispiel für eine prägende Freundschaft war die mit Lira, einem Mädchen aus einer benachbarten Siedlung. Lira und Kye teilten eine Leidenschaft für die Künste, insbesondere für Theater und Musik. Ihre gemeinsamen Projekte, wie das Schreiben und Aufführen von Stücken, förderten nicht nur ihre Kreativität, sondern auch ihr Bewusstsein für gesellschaftliche Themen. Diese Erfahrungen schärften Kyes Verständnis für die Herausforderungen, mit denen verschiedene Gemeinschaften auf Zyoris konfrontiert waren, und legten den Grundstein für seinen späteren Aktivismus.

Soziale Interaktionen und kulturelle Vielfalt

Die sozialen Interaktionen Kyes fanden in einem Umfeld statt, das von kultureller Vielfalt geprägt war. Zyoris war nicht nur die Heimat verschiedener Spezies, sondern auch ein Schmelztiegel unterschiedlicher Traditionen und Bräuche. Diese Vielfalt stellte sowohl eine Bereicherung als auch eine Herausforderung dar. Kye lernte früh, dass Freundschaften über kulturelle Grenzen hinweg möglich waren, doch auch, dass Vorurteile und Missverständnisse existierten.

Ein Beispiel für eine herausfordernde Interaktion war Kyes Freundschaft mit einem Jungen namens Tarek, der aus einer anderen Region Zyoris stammte. Tarek brachte Kye nicht nur neue Perspektiven, sondern auch die Herausforderungen, die mit kulturellen Unterschieden verbunden waren. Ihre Freundschaft wurde auf die Probe gestellt, als sie auf Vorurteile von anderen Kindern stießen, die nicht bereit waren, über kulturelle Unterschiede hinwegzusehen. Diese Erfahrungen lehrten Kye die Bedeutung von Empathie und Verständnis, Werte, die er später in seinem Aktivismus verkörperte.

Einfluss auf die politische Identität

Die Freundschaften und sozialen Interaktionen, die Kye während seiner Kindheit erlebte, hatten einen tiefgreifenden Einfluss auf seine politische Identität. Durch den Austausch mit Gleichaltrigen, die unterschiedliche Perspektiven und Erfahrungen mitbrachten, entwickelte Kye ein starkes Bewusstsein für soziale Gerechtigkeit und die Bedeutung von Bürgerrechten.

In der Schule engagierte sich Kye in verschiedenen Gruppen, die sich für Gleichheit und Inklusion einsetzten. Diese Gruppen boten ihm nicht nur die Möglichkeit, seine Stimme zu erheben, sondern auch, von anderen zu lernen und gemeinsam Lösungen für bestehende Probleme zu finden. Kyes Freundschaften mit engagierten Mitschülern führten zu zahlreichen Diskussionen über gesellschaftliche Ungerechtigkeiten und die Notwendigkeit des Wandels.

Die Dynamik dieser Gruppen war oft von leidenschaftlichen Debatten geprägt, die Kyes Fähigkeit zur kritischen Analyse und Argumentation schärften. Er lernte, dass Freundschaften nicht nur emotionale Bindungen sind, sondern auch ein Katalysator für sozialen Wandel sein können. Die Diskussionen über Themen wie das Anti-Teilchen-Phasen-Eheverbot wurden zu einem zentralen Bestandteil seines Lebens, und die Unterstützung seiner Freunde motivierte ihn, aktiv zu werden.

Herausforderungen in sozialen Interaktionen

Trotz der positiven Aspekte von Freundschaften erlebte Kye auch Herausforderungen in seinen sozialen Interaktionen. Vorurteile und Diskriminierung waren alltägliche Probleme, die nicht nur ihn, sondern auch seine Freunde betrafen. Diese Erfahrungen führten zu Konflikten und manchmal sogar zu Isolation.

Ein Beispiel war Kyes Auseinandersetzung mit einem Freund, der aufgrund von familiären Überzeugungen gegen Teilchen-Phasen-Ehen war. Diese Meinungsverschiedenheit führte zu Spannungen in ihrer Freundschaft und stellte Kye vor die Herausforderung, seine Überzeugungen zu verteidigen, ohne die Beziehung zu gefährden. Solche Konflikte lehrten Kye, wie wichtig es ist, respektvoll zu kommunizieren und Verständnis für andere Perspektiven zu zeigen, selbst wenn man nicht einverstanden ist.

Schlussfolgerung

Insgesamt waren Freundschaften und soziale Interaktionen für Kye Fael von entscheidender Bedeutung in seiner Entwicklung. Sie formten seine Identität, beeinflussten seine politischen Überzeugungen und bereiteten ihn auf die Herausforderungen des Aktivismus vor. Die Vielfalt der Beziehungen, die er aufbaute, und die Erfahrungen, die er sammelte, trugen dazu bei, dass er zu einem empathischen und engagierten Bürgerrechtsaktivisten wurde.

Die Lektionen, die Kye aus seinen Freundschaften zog, begleiteten ihn auf seinem Weg und erinnerten ihn stets daran, dass der Kampf für Gleichheit und Gerechtigkeit nicht nur eine individuelle Anstrengung ist, sondern auch die Kraft der Gemeinschaft erfordert.

Erste Erfahrungen mit Ungerechtigkeit

Kye Fael wuchs in einer Welt auf, in der Ungerechtigkeit und Diskriminierung allgegenwärtig waren. Die ersten Erfahrungen mit Ungerechtigkeit prägten nicht nur ihre Kindheit, sondern auch ihren späteren Aktivismus. Diese Erfahrungen waren oft subtil, aber sie hinterließen einen tiefen Eindruck in Kyes Bewusstsein und formten ihre Perspektive auf die Gesellschaft.

Eine der frühesten Erinnerungen, die Kye an Ungerechtigkeit hatte, war während ihrer Schulzeit. In der Schule gab es ein starkes Gefühl der Trennung zwischen den verschiedenen Gruppen von Schülern. Die Kinder, die aus wohlhabenden Familien stammten, erhielten nicht nur bessere Ressourcen, sondern auch mehr Aufmerksamkeit von Lehrern. Kye, die aus einer weniger privilegierten Familie kam, bemerkte schnell, dass ihre Ideen und Beiträge oft übersehen wurden. Diese Ungleichheit wurde besonders deutlich, als sie an einem Schulprojekt teilnehmen wollte, das von den Lehrern als „exklusiv" für die „talentiertesten" Schüler angesehen wurde. Kye war frustriert, da sie wusste, dass ihre Ideen kreativ und innovativ waren, aber die Lehrer schienen sie aufgrund ihrer sozialen Herkunft nicht ernst zu nehmen.

$$\text{Ungerechtigkeit}_{\text{Schule}} = \frac{\text{Ressourcen}_{\text{privilegiert}}}{\text{Ressourcen}_{\text{benachteiligt}}} \tag{13}$$

Diese Gleichung verdeutlicht das Missverhältnis der Ressourcen zwischen den verschiedenen Gruppen von Schülern. Kyes erste Begegnung mit Ungerechtigkeit ließ sie die Ungleichheit in der Bildung erkennen, die nicht nur in Zyoris, sondern auch auf der Erde weit verbreitet ist. Diese Ungleichheit führte dazu, dass Kye begann, sich für die Belange ihrer Mitschüler einzusetzen, die ähnliche Erfahrungen gemacht hatten.

Ein weiteres prägendes Erlebnis war der Umgang mit einem Mitschüler, der aufgrund seiner Herkunft gemobbt wurde. Kye beobachtete, wie dieser Mitschüler, der aus einer anderen Kultur stammte, ständig ausgegrenzt und belächelt wurde. Kye fühlte sich dazu verpflichtet, ihm beizustehen, und begann, sich gegen das Mobbing zu wehren. Diese Erfahrung war für Kye nicht nur eine Lektion in Mitgefühl, sondern auch ein erster Schritt in ihre Rolle als Aktivistin. Sie erkannte, dass Ungerechtigkeit nicht nur ein individuelles Problem war, sondern ein gesellschaftliches, das viele Menschen betraf.

$$\text{Solidarität} = \frac{\text{Unterstützung}_{\text{Mitschwester}}}{\text{Ungerechtigkeit}_{\text{Gesellschaft}}} \tag{14}$$

Diese Gleichung zeigt, dass die Unterstützung von Benachteiligten in der Gesellschaft eine Schlüsselrolle im Kampf gegen Ungerechtigkeit spielt. Kye begann, sich in der Schulgemeinschaft zu engagieren, um ein Bewusstsein für Mobbing und Diskriminierung zu schaffen. Sie organisierte kleine Treffen und Diskussionsrunden, um über die Themen zu sprechen, die für ihre Mitschüler wichtig waren. Diese ersten Schritte in den Aktivismus waren von Unsicherheit und Angst begleitet, aber sie gaben Kye die Kraft, sich für andere einzusetzen.

Zusätzlich zu den Erfahrungen in der Schule erlebte Kye auch Ungerechtigkeiten in ihrer eigenen Familie. Ihre Eltern hatten Schwierigkeiten, einen angemessenen Arbeitsplatz zu finden, was zu finanziellen Problemen führte. Diese Situation führte zu Spannungen in der Familie und prägte Kyes Verständnis von sozialer Ungleichheit. Sie sah, wie die Gesellschaft Menschen aufgrund ihrer wirtschaftlichen Situation bewertete und wie dies das Leben ihrer Familie beeinflusste. Kyes Eltern waren oft frustriert und enttäuscht von den Möglichkeiten, die ihnen geboten wurden, was Kye dazu brachte, über die strukturellen Probleme nachzudenken, die zu ihrer Situation führten.

$$\text{Wirtschaftliche Ungleichheit} = \frac{\text{Einkommen}_{\text{privilegiert}}}{\text{Einkommen}_{\text{benachteiligt}}} \qquad (15)$$

Diese Gleichung verdeutlicht das Missverhältnis der Einkommen zwischen verschiedenen sozialen Schichten. Kye begann zu verstehen, dass Ungerechtigkeit nicht nur ein persönliches, sondern ein systematisches Problem war, das viele Dimensionen hatte. Diese Erkenntnis war der Grundstein für ihre spätere Arbeit im Aktivismus, in dem sie sich für die Rechte der Benachteiligten einsetzte.

Insgesamt waren Kyes erste Erfahrungen mit Ungerechtigkeit prägend für ihre Entwicklung als Bürgerrechtsaktivistin. Sie lernten, dass Ungerechtigkeit in vielen Formen auftritt und dass es wichtig ist, sich für andere einzusetzen, die unter diesen Ungerechtigkeiten leiden. Diese frühen Erlebnisse halfen Kye, ihre Werte und Überzeugungen zu formen, die sie in ihrem späteren Leben begleiten sollten. Die Kombination aus persönlichen Erlebnissen, Beobachtungen in der Schule und dem Engagement für ihre Mitschüler legte den Grundstein für Kyes späteren Aktivismus und ihr Bestreben, eine gerechtere Gesellschaft zu schaffen.

Kyes Erkenntnisse über Ungerechtigkeit und ihre ersten Schritte in den Aktivismus sind nicht nur Teil ihrer persönlichen Geschichte, sondern spiegeln auch die Herausforderungen wider, mit denen viele junge Menschen konfrontiert sind, die sich für soziale Gerechtigkeit einsetzen. Diese Erfahrungen sind universell und zeigen, dass der Kampf gegen Ungerechtigkeit oft in der Kindheit beginnt und die Menschen ein Leben lang begleitet.

Die Rolle der Eltern in Kyes Leben

Die Eltern spielen eine entscheidende Rolle in der Entwicklung und Identitätsbildung eines jeden Individuums, und Kye Fael bildet hier keine Ausnahme. Auf Zyoris, wo kulturelle Differenzen und gesellschaftliche Herausforderungen an der Tagesordnung sind, hat die Erziehung durch die Eltern einen tiefgreifenden Einfluss auf die Werte, Überzeugungen und den Aktivismus ihrer Kinder.

Kyes Eltern, beide engagierte Mitglieder der zyorianischen Gesellschaft, waren stets bestrebt, ihren Kindern die Bedeutung von Gleichheit und Gerechtigkeit zu vermitteln. Diese Werte waren besonders wichtig in einer Gesellschaft, die von einem strengen Anti-Teilchen-Phasen-Eheverbot geprägt war. Kyes Mutter, eine

Lehrerin, nutzte ihre Position, um Themen wie Diversität und Inklusion in den Unterricht zu integrieren. Sie förderte Diskussionen über die Rechte von Minderheiten und ermutigte ihre Schüler, kritisch zu denken und sich für Gerechtigkeit einzusetzen. Kyes Vater, ein Künstler, drückte seine Überzeugungen durch seine Werke aus, die oft soziale und politische Themen behandelten. Diese kreative Ausdrucksform inspirierte Kye, die Kraft der Kunst als Werkzeug für den Aktivismus zu erkennen.

Die Eltern von Kye waren nicht nur Vorbilder, sondern auch Mentoren, die Kye in ihrer frühen Identitätsfindung unterstützten. Sie ermutigten Kye, ihre Stimme zu erheben und sich aktiv an der Gemeinschaft zu beteiligen. Dies geschah durch die Teilnahme an lokalen Veranstaltungen, die sich für die Rechte von Teilchen-Phasen-Ehen einsetzten, und durch die Unterstützung von Kyes ersten politischen Schritten in der Schulpolitik. Kyes Mutter stellte sicher, dass Kye Zugang zu Büchern und Ressourcen hatte, die sich mit Bürgerrechten und sozialen Bewegungen beschäftigten. Diese Ressourcen halfen Kye, ein tieferes Verständnis für die Herausforderungen zu entwickeln, mit denen Menschen konfrontiert sind, die für ihre Rechte kämpfen.

Ein prägendes Ereignis in Kyes Jugend war die Teilnahme an einer Protestveranstaltung gegen das Anti-Teilchen-Phasen-Eheverbot, die von einer Gruppe engagierter Eltern organisiert wurde. Kyes Eltern waren unter den Organisatoren und ermutigten Kye, sich aktiv zu beteiligen. Diese Erfahrung war für Kye nicht nur eine erste Begegnung mit aktivistischem Handeln, sondern auch ein Moment, in dem sie die Stärke der Gemeinschaft spüren konnte. Kyes Eltern erklärten, dass der Widerstand gegen Ungerechtigkeit eine kollektive Anstrengung erfordere und dass jeder Einzelne einen Beitrag leisten könne. Diese Lektion prägte Kyes zukünftigen Aktivismus und ihr Engagement für die Rechte von Teilchen-Phasen-Ehen.

Trotz der positiven Einflüsse gab es auch Herausforderungen, mit denen Kyes Eltern konfrontiert waren. In einer Gesellschaft, die oft intolerant gegenüber Abweichungen von der Norm ist, mussten sie sich mit Widerstand und Kritik auseinandersetzen. Kyes Vater erhielt Drohungen aufgrund seiner Kunstwerke, die das Thema der Teilchen-Phasen-Ehen behandelten. Diese Erfahrungen führten zu Gesprächen innerhalb der Familie über die Risiken des Aktivismus und die Notwendigkeit, sich gegenseitig zu unterstützen. Kyes Eltern lehrten sie, dass der Kampf für Gerechtigkeit oft mit persönlichen Opfern verbunden ist, aber dass es wichtig ist, für das einzustehen, was man für richtig hält.

Die Rolle der Eltern in Kyes Leben war also vielschichtig und komplex. Sie waren nicht nur Unterstützer und Mentoren, sondern auch Quellen von Inspiration und Stärke. Kyes frühe Erfahrungen mit den Werten und dem

Engagement ihrer Eltern prägten ihre Identität und ihren Aktivismus. Diese familiäre Unterstützung half Kye, sich in der zyorianischen Gesellschaft zu orientieren und die Herausforderungen des Aktivismus mit Entschlossenheit und Mut anzugehen.

Zusammenfassend lässt sich sagen, dass die Rolle der Eltern in Kyes Leben einen fundamentalen Einfluss auf ihre Entwicklung als Bürgerrechtsaktivistin hatte. Durch ihre Werte, ihre Unterstützung und ihre eigenen Erfahrungen im Aktivismus schufen Kyes Eltern eine Grundlage, auf der Kye ihre Identität und ihre Überzeugungen aufbauen konnte. Diese Erkenntnisse unterstreichen die Bedeutung von familiärer Unterstützung in der Entwicklung von aktivistischen Bestrebungen und dem Streben nach sozialer Gerechtigkeit.

Kyes erste Begegnungen mit anderen Kulturen

Kye Fael wuchs in einer Gesellschaft auf, die stark von ihrer eigenen Kultur geprägt war. Die ersten Begegnungen mit anderen Kulturen fanden in der Schulzeit statt, als Kye in Kontakt mit Austauschschülern aus verschiedenen Teilen des Universums kam. Diese Begegnungen waren prägend und öffneten Kyes Augen für die Vielfalt der Lebensweisen und Perspektiven, die es jenseits von Zyoris gab.

Die Schule als Schmelztiegel

Die Schule, die Kye besuchte, war ein Schmelztiegel der Kulturen. Austauschprogramme ermöglichten es Schülern, aus verschiedenen Galaxien zu kommen und ihre Erfahrungen und Traditionen zu teilen. Kye hatte die Möglichkeit, mit einem Schüler aus der fernen Galaxie von Tarsis zu interagieren, dessen Kultur stark von Musik und Tanz geprägt war. Diese Interaktionen führten zu einem tiefen Verständnis für die Bedeutung von kulturellem Ausdruck und der Rolle, die Kunst in der Identitätsbildung spielt.

Herausforderungen der kulturellen Begegnung

Trotz der positiven Erfahrungen gab es auch Herausforderungen. Kye bemerkte, dass viele Schüler Vorurteile gegenüber den Austauschschülern hatten, was zu Spannungen und Missverständnissen führte. Diese Erfahrungen weckten in Kye ein Bewusstsein für die Notwendigkeit, Vorurteile abzubauen und Brücken zwischen Kulturen zu bauen. Kye begann, sich aktiv für interkulturellen Dialog einzusetzen und organisierte Veranstaltungen, um die verschiedenen Kulturen zu feiern und zu verstehen.

Einfluss auf Kyes Identität

Die Begegnungen mit anderen Kulturen beeinflussten Kyes eigene Identität erheblich. Kye begann, sich mit den Konzepten von Identität und Zugehörigkeit auseinanderzusetzen. Die Vielfalt der Kulturen, die Kye kennenlernte, führte zu einer Reflexion über die eigene Kultur und die Werte, die sie vertrat. Kye erkannte, dass Identität nicht statisch ist, sondern sich durch Erfahrungen und Begegnungen ständig weiterentwickelt.

Theoretische Perspektiven

Um Kyes Erfahrungen besser zu verstehen, kann auf die interkulturelle Kommunikationstheorie verwiesen werden. Diese Theorie beschreibt, wie Menschen aus unterschiedlichen Kulturen kommunizieren und interagieren. Laut Edward T. Hall, einem Pionier auf diesem Gebiet, beeinflussen kulturelle Kontexte, wie Menschen Informationen austauschen und Beziehungen aufbauen. Kyes Erfahrungen spiegeln diese Dynamik wider, da sie sowohl die Herausforderungen als auch die Möglichkeiten interkultureller Begegnungen verdeutlichen.

Beispiele für interkulturelle Interaktionen

Ein prägendes Beispiel für Kyes interkulturelle Begegnungen war ein Projekt, das Schüler aus verschiedenen Kulturen zusammenbrachte, um eine gemeinsame Präsentation über ihre Traditionen zu erstellen. Kye arbeitete mit einer Schülerin aus der Kultur der Luminari zusammen, die für ihre Lichtfeste bekannt war. Durch die Zusammenarbeit lernte Kye nicht nur die Traditionen der Luminari kennen, sondern auch, wie wichtig es ist, unterschiedliche Perspektiven zu integrieren, um ein umfassenderes Bild der Welt zu erhalten.

Fazit

Kyes erste Begegnungen mit anderen Kulturen waren entscheidend für die Entwicklung ihrer Identität und ihres Aktivismus. Diese Erfahrungen lehrten Kye, dass Vielfalt eine Stärke ist und dass der Austausch zwischen Kulturen zu einem besseren Verständnis und zu mehr Toleranz führen kann. Kyes Engagement für die Rechte der Teilchen-Phasen-Ehen wurde durch die Erkenntnis geprägt, dass jeder das Recht hat, in einer respektvollen und akzeptierenden Gesellschaft zu leben, unabhängig von kulturellem Hintergrund oder Identität. Diese frühen Begegnungen legten den Grundstein für Kyes späteren Aktivismus und die

Überzeugung, dass Veränderung durch Verständnis und Zusammenarbeit erreicht werden kann.

Ein prägendes Ereignis in der Jugend

In der Jugend von Kye Fael gab es ein entscheidendes Ereignis, das seine Sicht auf die Welt und sein Engagement für Bürgerrechte nachhaltig prägte. Dies war nicht nur ein persönlicher Wendepunkt, sondern auch ein Moment, der die gesellschaftlichen Spannungen und Ungerechtigkeiten auf Zyoris verdeutlichte.

Der Kontext des Ereignisses

Kye wuchs in einer Zeit auf, in der die Gesellschaft auf Zyoris von tiefen kulturellen und politischen Gräben geprägt war. Die Einführung des Anti-Teilchen-Phasen-Eheverbots hatte bereits in der Gemeinschaft für Aufruhr gesorgt. Die Teilchen-Phasen-Ehen, eine Form von Beziehungen, die zwischen verschiedenen Spezies und Dimensionen ermöglicht wurden, waren für viele eine Quelle der Hoffnung und des Fortschritts. Doch die Regierung, die von konservativen Kräften dominiert wurde, sah in diesen Ehen eine Bedrohung für die traditionelle Gesellschaftsordnung.

Das prägende Ereignis

Das prägende Ereignis fand während eines Schulprojekts statt, das sich mit den Themen Gleichheit und Menschenrechte beschäftigte. Kye und seine Klassenkameraden sollten eine Präsentation über die verschiedenen Aspekte von Diskriminierung und Ungerechtigkeit halten. Kye entschied sich, die Auswirkungen des Anti-Teilchen-Phasen-Eheverbots auf die betroffenen Paare zu beleuchten.

Er begann, Interviews mit betroffenen Familien zu führen, die unter dem Gesetz litten. Diese Familien berichteten von der Trauer, dem Verlust und der Diskriminierung, die sie erlebten. Besonders eindrücklich war die Geschichte eines Paares, das seit Jahren in einer Teilchen-Phasen-Ehe lebte und nun gezwungen war, ihre Beziehung geheim zu halten. Kyes Herz wurde schwer, als er die Angst und den Schmerz, den diese Menschen erlitten, direkt miterlebte.

Die öffentliche Präsentation

Am Tag der Präsentation war Kye nervös, aber auch entschlossen, die Stimme derjenigen zu sein, die nicht gehört wurden. Als er vor der Klasse stand und die

Geschichten der betroffenen Paare erzählte, spürte er eine Welle von Emotionen. Seine Worte waren nicht nur eine Ansammlung von Fakten, sondern ein Aufruf zur Empathie und zum Handeln.

Die Reaktion der Mitschüler war überwältigend. Viele waren schockiert über das, was sie hörten, und einige fingen sogar an zu weinen. Kyes Präsentation war der erste Schritt, um das Bewusstsein für die Ungerechtigkeiten zu schärfen, die durch das Anti-Teilchen-Phasen-Eheverbot verursacht wurden.

Theoretische Betrachtungen

Aus theoretischer Sicht lässt sich dieses Ereignis im Kontext der sozialen Identitätstheorie analysieren. Die Theorie besagt, dass Individuen ihr Selbstwertgefühl aus der Zugehörigkeit zu sozialen Gruppen ableiten. Kyes Identität wurde durch die Geschichten der Diskriminierten stark beeinflusst. Er erkannte, dass seine eigene Identität als Teil der Zyoris-Gesellschaft untrennbar mit der der anderen verbunden war, und dass die Ungerechtigkeit gegenüber einer Gruppe letztlich auch ihn betraf.

Darüber hinaus können wir die Auswirkungen von Kyes Präsentation durch das Konzept der sozialen Mobilisierung betrachten. Die Fähigkeit, Menschen zu mobilisieren und eine kollektive Identität zu schaffen, ist entscheidend für den Erfolg von Bürgerrechtsbewegungen. Kyes Präsentation war der erste Schritt in seiner eigenen Mobilisierung, die schließlich zu seinem Engagement im Aktivismus führte.

Nachwirkungen des Ereignisses

Nach dieser Erfahrung fühlte sich Kye nicht nur als Zeuge, sondern als ein aktiver Teilnehmer im Kampf für Gerechtigkeit. Er begann, sich intensiver mit den Themen Bürgerrechte und soziale Gerechtigkeit auseinanderzusetzen. Er organisierte Treffen mit Gleichgesinnten und diskutierte Strategien, um das Bewusstsein für die Ungerechtigkeiten auf Zyoris zu schärfen.

Das prägende Ereignis in Kyes Jugend war somit der Katalysator für sein zukünftiges Engagement im Aktivismus. Es zeigte ihm, dass Veränderung möglich ist, wenn man bereit ist, für die eigenen Überzeugungen einzustehen und die Stimmen der Unterdrückten zu vertreten. Kyes Reise als Bürgerrechtsaktivist hatte begonnen, und die Erinnerungen an die Geschichten der betroffenen Paare würden ihn auf diesem Weg stets begleiten.

Schlussfolgerung

Insgesamt war dieses prägende Ereignis nicht nur ein Wendepunkt in Kyes Leben, sondern auch ein Spiegelbild der gesellschaftlichen Herausforderungen auf Zyoris. Es verdeutlichte die Notwendigkeit, sich für Gleichheit und Gerechtigkeit einzusetzen und die Stimmen derjenigen zu hören, die oft übersehen werden. Kyes Engagement wurde durch diese Erfahrung gestärkt und bereitete den Boden für seine zukünftigen Aktivitäten im Widerstand gegen das Anti-Teilchen-Phasen-Eheverbot.

Kyes erste Schritte in die Politik

Kye Fael, ein junger Aktivist auf Zyoris, erlebte in seiner Jugend eine Transformation, die ihn auf den Weg in die Politik führte. Die ersten Schritte in die politische Arena sind oft von Unsicherheiten und Herausforderungen geprägt, doch Kye war entschlossen, seine Stimme zu erheben und für die Rechte der Teilchen-Phasen-Ehen zu kämpfen. In dieser Phase seines Lebens begann er, die komplexen Strukturen der politischen Landschaft Zyoris zu verstehen und zu navigieren.

Frühe Inspiration

Kyes Interesse an Politik wurde durch verschiedene Faktoren geweckt. In seiner Schulzeit hatte er Zugang zu einer Vielzahl von politischen Diskussionen, die oft in den Pausen oder nach dem Unterricht stattfanden. Diese Gespräche, die von seinen Lehrern und Mitschülern angestoßen wurden, öffneten ihm die Augen für die Ungerechtigkeiten, die in seiner Gesellschaft existierten. Kye war besonders von der Idee inspiriert, dass jeder Bürger das Recht hat, sich für seine Überzeugungen einzusetzen. Ein prägendes Ereignis war der Besuch eines prominenten Bürgerrechtsaktivisten, der eine leidenschaftliche Rede über die Bedeutung des Engagements hielt. Diese Begegnung war für Kye ein Schlüsselmoment, der ihn dazu motivierte, selbst aktiv zu werden.

Erste Schritte in der Schulpolitik

Kye begann, sich in der Schulpolitik zu engagieren, indem er Mitglied des Schülerparlaments wurde. In dieser Rolle hatte er die Möglichkeit, die Anliegen seiner Mitschüler zu vertreten und sich für Veränderungen einzusetzen. Ein zentrales Thema, das Kye und seine Mitstreiter beschäftigte, war die Diskriminierung von Schülern, die aus Teilchen-Phasen-Ehen stammten. Kye stellte fest, dass es an der Zeit war, eine Plattform zu schaffen, um diese Themen anzusprechen und Lösungen zu finden.

Die ersten politischen Initiativen, die Kye ergriff, waren relativ einfach, aber dennoch wirkungsvoll. Er organisierte Informationsveranstaltungen, um das Bewusstsein für die Herausforderungen zu schärfen, mit denen betroffene Schüler konfrontiert waren. Diese Veranstaltungen beinhalteten Diskussionen, Workshops und kreative Ausdrucksformen wie Theateraufführungen, die die Geschichten der Betroffenen darstellten. Kyes Fähigkeit, andere zu mobilisieren und zu inspirieren, war bemerkenswert und führte zu einer wachsenden Unterstützung innerhalb der Schulgemeinschaft.

Herausforderungen und Widerstände

Trotz seiner Begeisterung stieß Kye auch auf erhebliche Herausforderungen. Einige Lehrer und Verwaltungsmitglieder waren skeptisch gegenüber seinen Bemühungen und sahen in seiner Aktivität eine Bedrohung für die bestehende Ordnung. Diese Widerstände führten zu Spannungen und Konflikten, die Kye jedoch nicht entmutigten. Er lernte, konstruktiv mit Kritik umzugehen und seine Argumente klar und überzeugend zu formulieren.

Ein Beispiel für eine solche Herausforderung war ein Vorfall, bei dem Kye eine Petition zur Unterstützung von Schülern aus Teilchen-Phasen-Ehen einreichte. Die Petition stieß auf Widerstand von Seiten der Schulleitung, die befürchtete, dass dies zu Unruhen führen könnte. Kye nutzte diese Erfahrung, um seine Fähigkeiten im Umgang mit politischen Institutionen zu schärfen. Er begann, die Bedeutung von Lobbyarbeit und strategischer Kommunikation zu verstehen, was ihn auf die komplexeren Herausforderungen des Aktivismus vorbereitete.

Einfluss von Medien und Technologie

Ein weiterer wichtiger Aspekt von Kyes ersten Schritten in der Politik war der Einfluss von Medien und Technologie. Kye erkannte schnell, dass soziale Medien ein mächtiges Werkzeug sein können, um Botschaften zu verbreiten und Unterstützer zu gewinnen. Er gründete eine Online-Plattform, auf der er Informationen über die Rechte von Teilchen-Phasen-Ehen veröffentlichte und Diskussionen anregte. Diese Plattform ermöglichte es ihm, eine breitere Öffentlichkeit zu erreichen und die Unterstützung für seine Sache zu mobilisieren.

Die Nutzung von sozialen Medien war jedoch nicht ohne Herausforderungen. Kye musste lernen, mit negativen Kommentaren und Trollen umzugehen, die seine Botschaft in Frage stellten. Diese Erfahrungen lehrten ihn, resilient zu sein und sich auf die positiven Rückmeldungen und die Unterstützung seiner Gemeinschaft zu konzentrieren.

Fazit

Kyes erste Schritte in die Politik waren geprägt von einer Mischung aus Inspiration, Herausforderungen und persönlichem Wachstum. Er lernte, dass Aktivismus nicht nur aus Leidenschaft besteht, sondern auch aus strategischem Denken und der Fähigkeit, mit Widerstand umzugehen. Diese frühen Erfahrungen legten den Grundstein für seinen späteren Aktivismus gegen das Anti-Teilchen-Phasen-Eheverbot und halfen ihm, die Fähigkeiten zu entwickeln, die er benötigte, um ein effektiver Bürgerrechtsaktivist zu werden. Kyes Reise in die Politik war somit nicht nur eine persönliche Entfaltung, sondern auch ein bedeutender Beitrag zur sozialen Bewegung auf Zyoris.

Einfluss von Medien und Literatur

Der Einfluss von Medien und Literatur auf die Entwicklung von Kye Fael und ihren aktivistischen Bestrebungen kann nicht unterschätzt werden. In einer Gesellschaft wie Zyoris, die von kulturellen und sozialen Spannungen geprägt ist, spielen diese Elemente eine entscheidende Rolle bei der Formung von Identitäten und dem Bewusstsein für soziale Gerechtigkeit.

Medien als Informationsquelle

Die Medien fungieren als primäre Informationsquelle für die Bevölkerung und haben die Fähigkeit, Themen der sozialen Gerechtigkeit ins öffentliche Bewusstsein zu rücken. Insbesondere soziale Medienplattformen wie ZyorisBook und InterGalacticChat haben es Kye ermöglicht, ihre Botschaften schnell und effektiv zu verbreiten. Diese Plattformen bieten nicht nur eine Bühne für persönliche Geschichten, sondern auch die Möglichkeit, Mobilisierungsaufrufe zu starten. Ein Beispiel dafür ist Kyes Nutzung von ZyorisBook, um über die Ungerechtigkeiten des Anti-Teilchen-Phasen-Eheverbots zu berichten. Ihre Beiträge erlangten schnell eine breite Reichweite und führten zu einer Welle der Unterstützung, die in der Gründung ihrer Widerstandsgruppe mündete.

Literatur als Inspirationsquelle

Literatur hat ebenfalls eine tiefgreifende Wirkung auf Kyes Entwicklung. Von den klassischen Werken der zyorianischen Literatur bis hin zu intergalaktischen

Bestsellern, die Themen wie Identität, Freiheit und Gerechtigkeit behandeln, hat Kye eine Vielzahl von Texten konsumiert, die ihre Sichtweise geprägt haben. Besonders prägend war das Buch *Die Stimmen der Freiheit* von der zyorianischen Autorin Lira Thal, das die Kämpfe verschiedener marginalisierter Gruppen beschreibt. Kye fand in diesen Geschichten nicht nur Inspiration, sondern auch eine Bestätigung ihrer eigenen Erfahrungen mit Ungerechtigkeit.

Die Rolle der Medienberichterstattung

Die Berichterstattung über Kyes Aktivitäten und das Anti-Teilchen-Phasen-Eheverbot war ein zweischneidiges Schwert. Einerseits erhielt sie durch positive Berichterstattung Aufmerksamkeit und Unterstützung, andererseits sah sie sich auch kritischen und oft verzerrten Darstellungen gegenüber. Ein Beispiel ist die Berichterstattung des *Zyoris Daily*, das Kyes Aktivitäten als radikal und gefährlich darstellte, was zu einer Spaltung in der öffentlichen Meinung führte. Diese Art der Berichterstattung verdeutlicht die Macht der Medien, Narrative zu formen und die Wahrnehmung von Aktivismus zu beeinflussen.

Theoretische Perspektiven

Die Medien- und Literaturtheorie bietet verschiedene Ansätze zur Analyse des Einflusses von Medien auf soziale Bewegungen. Laut der *Agenda-Setting-Theorie* können Medien die Themen, die in der Öffentlichkeit diskutiert werden, bestimmen. In Kyes Fall hat die gezielte Berichterstattung über das Anti-Teilchen-Phasen-Eheverbot dazu beigetragen, das Thema auf die politische Agenda zu setzen. Diese Theorie wird durch die folgende Gleichung verdeutlicht:

$$\text{Öffentliches Bewusstsein} = f(\text{Medienberichterstattung}, \text{Literatur}) \qquad (16)$$

Hierbei ist f eine Funktion, die die Beziehung zwischen Medienberichterstattung, Literatur und dem öffentlichen Bewusstsein beschreibt.

Probleme und Herausforderungen

Trotz der positiven Einflüsse von Medien und Literatur sieht sich Kye auch Herausforderungen gegenüber. Falsche Informationen und Desinformation sind weit verbreitet und können die Wahrnehmung von Aktivisten und ihren Zielen erheblich beeinträchtigen. Kye hat erfahren, wie Gerüchte und verzerrte

Darstellungen ihrer Person in sozialen Medien verbreitet wurden, was zu Verwirrung und Misstrauen innerhalb der Gemeinschaft führte. Um diesen Herausforderungen zu begegnen, hat Kye Strategien entwickelt, um ihre eigene Narrative zu kontrollieren und die Wahrheit zu verbreiten.

Fazit

Zusammenfassend lässt sich sagen, dass die Medien und die Literatur einen tiefgreifenden Einfluss auf Kye Faels Entwicklung als Bürgerrechtsaktivistin hatten. Sie boten nicht nur Informationen und Inspiration, sondern auch eine Plattform, um die Stimme der Unterdrückten zu erheben. In einer Zeit, in der die Gesellschaft auf Zyoris vor großen Herausforderungen steht, bleibt der Einfluss von Medien und Literatur ein entscheidender Faktor im Kampf für Gleichheit und Gerechtigkeit. Kyes Fähigkeit, diese Ressourcen effektiv zu nutzen, hat nicht nur ihre persönliche Reise geprägt, sondern auch das Potenzial, die gesamte Gesellschaft zu transformieren.

Die Entdeckung der Identität

Kyes Auseinandersetzung mit der eigenen Identität

Die Auseinandersetzung mit der eigenen Identität ist ein zentraler Aspekt in Kye Faels Leben und Aktivismus. Diese Phase ihrer Entwicklung war geprägt von der ständigen Suche nach Selbstverständnis und der Frage, wie sie sich in einer Gesellschaft positionieren kann, die oft von Diskriminierung und Vorurteilen geprägt ist. Kyes Identitätsfindung kann in mehrere Schlüsselthemen unterteilt werden, die sowohl theoretische als auch praktische Dimensionen umfassen.

Theoretische Grundlagen der Identitätsfindung

Die Identität wird häufig als dynamischer Prozess verstanden, der durch verschiedene Faktoren beeinflusst wird, darunter Kultur, Geschlecht, Ethnizität und soziale Umstände. Der Psychologe Erik Erikson beschreibt in seiner Theorie der psychosozialen Entwicklung die Identitätskrise als eine entscheidende Phase in der Jugend, in der Individuen ihre Rolle in der Gesellschaft finden müssen. Diese Theorie ist besonders relevant für Kye, da sie sich in einer Gesellschaft befindet, die ihre Identität als Teil der Teilchen-Phasen-Gemeinschaft in Frage stellt.

Ein weiterer wichtiger theoretischer Rahmen ist der soziale Konstruktivismus, der besagt, dass Identität nicht nur individuell, sondern auch kollektiv konstruiert wird. Kye erlebte, wie ihre Identität durch die Interaktionen mit anderen und durch gesellschaftliche Normen geformt wurde. Diese Erkenntnis führte sie dazu, die Bedeutung von Gemeinschaft und Solidarität in ihrem Aktivismus zu erkennen.

Persönliche Herausforderungen

Kyes Auseinandersetzung mit ihrer Identität war jedoch nicht ohne Herausforderungen. Als Teil der Teilchen-Phasen-Gemeinschaft sah sie sich oft mit Vorurteilen und Diskriminierung konfrontiert. Diese Erfahrungen führten zu einer tiefen inneren Konfliktsituation, in der sie sich zwischen der Akzeptanz ihrer Identität und dem Wunsch nach sozialer Integration hin- und hergerissen fühlte.

Ein prägendes Erlebnis war Kyes erste öffentliche Konfrontation mit Diskriminierung, als sie in der Schule aufgrund ihrer Herkunft verspottet wurde. Diese Episode verdeutlichte nicht nur die Schwierigkeiten, mit denen sie konfrontiert war, sondern auch die Notwendigkeit, sich aktiv mit ihrer Identität auseinanderzusetzen. In einem Interview äußerte Kye: „Es war der Moment, in dem ich begriff, dass ich nicht nur für mich selbst kämpfen musste, sondern auch für alle, die wie ich sind."

Einfluss von Vorbildern und Gemeinschaft

Ein entscheidender Faktor in Kyes Identitätsfindung war der Einfluss von Vorbildern, die sie in ihrer Jugend bewunderte. Persönlichkeiten wie die intergalaktische Aktivistin Zara X und der Künstler Tarek V. inspirierten sie, ihre eigene Stimme zu finden und sich für die Rechte der Teilchen-Phasen-Gemeinschaft einzusetzen. Diese Vorbilder halfen Kye, ihre Ängste zu überwinden und ihre eigene Identität als aktivistische Bürgerin zu akzeptieren.

Die Rolle der Gemeinschaft war ebenfalls von großer Bedeutung. Kyes Engagement in einer Jugendgruppe, die sich für die Rechte von Minderheiten einsetzte, bot ihr nicht nur Unterstützung, sondern auch eine Plattform, um ihre Identität zu erforschen und zu festigen. Der Austausch mit Gleichgesinnten half ihr, die Komplexität ihrer Identität zu verstehen und zu akzeptieren, dass diese nicht statisch, sondern dynamisch ist.

Die Rolle von Kunst und Kreativität

Kunst und Kreativität wurden für Kye zu einem wichtigen Medium, um ihre Identität auszudrücken. Durch Malerei und Schreiben konnte sie ihre inneren

Konflikte und ihre Erfahrungen verarbeiten. Ihre Werke thematisierten oft die Herausforderungen, mit denen sie konfrontiert war, und wurden zu einem Ausdruck ihrer Identität. In einem ihrer Gedichte schrieb sie:

> „In den Farben meiner Seele, finde ich die Kraft, zu sein. Jede Linie, jeder Strich, erzählt von meinem Kampf, von der Suche nach dem Licht."

Diese kreative Auseinandersetzung ermöglichte es Kye, ihre Identität nicht nur zu akzeptieren, sondern auch zu feiern und anderen zu zeigen, dass Vielfalt eine Stärke ist.

Schlussfolgerung

Kyes Auseinandersetzung mit ihrer eigenen Identität ist ein facettenreicher Prozess, der sowohl innere als auch äußere Kämpfe umfasst. Durch die theoretischen Grundlagen der Identitätsentwicklung, persönliche Herausforderungen, den Einfluss von Vorbildern, die Bedeutung der Gemeinschaft und die Rolle von Kunst fand Kye nicht nur zu ihrer Identität, sondern auch zu ihrer Stimme als Aktivistin. Diese Erkenntnisse bilden die Grundlage für ihren späteren Aktivismus gegen das Anti-Teilchen-Phasen-Eheverbot und zeigen, wie wichtig es ist, sich mit der eigenen Identität auseinanderzusetzen, um für Gleichheit und Gerechtigkeit zu kämpfen.

Der Einfluss von Vorbildern

Der Einfluss von Vorbildern spielt eine entscheidende Rolle in der Entwicklung von Individuen, insbesondere in der Jugend. In Kye Faels Leben waren es verschiedene Persönlichkeiten, die ihn inspirierten und ihm halfen, seine eigene Identität zu formen und seine politischen Überzeugungen zu entwickeln. Diese Vorbilder können aus verschiedenen Bereichen stammen, wie der Politik, Kunst, Wissenschaft oder dem Aktivismus selbst.

Theoretischer Rahmen

Die Theorie der sozialen Identität, wie sie von Henri Tajfel und John Turner formuliert wurde, legt nahe, dass Individuen ihre Identität teilweise durch die Zugehörigkeit zu sozialen Gruppen definieren. Vorbilder fungieren dabei als Schlüsselpersonen, die nicht nur Werte und Normen verkörpern, sondern auch als

Bezugspunkte für die eigene Identitätsbildung dienen. Diese Theorie wird durch die Forschung von Bandura (1977) unterstützt, die das Konzept des sozialen Lernens einführte. Bandura argumentiert, dass Menschen durch Nachahmung und Beobachtung lernen, was bedeutet, dass Vorbilder einen direkten Einfluss auf das Verhalten und die Einstellungen junger Menschen haben können.

Vorbilder in Kyes Leben

Kye Fael fand Inspiration in verschiedenen Vorbildern, die unterschiedliche Aspekte seines Lebens beeinflussten. Unter diesen waren:

* **Politische Aktivisten:** Personen wie die intergalaktische Bürgerrechtsaktivistin Zara Qel, die sich für die Rechte von Teilchen-Phasen-Ehen einsetzte, waren für Kye von großer Bedeutung. Ihre leidenschaftlichen Reden und ihr unerschütterlicher Glaube an die Gerechtigkeit motivierten Kye, sich ebenfalls für die Rechte seiner Gemeinschaft einzusetzen.

* **Künstler:** Künstler wie der Maler Lior Xath, der in seinen Werken die kulturellen Spannungen auf Zyoris thematisierte, inspirierten Kye, Kreativität als Werkzeug für den Aktivismus zu nutzen. Lior Xath zeigte, dass Kunst eine mächtige Stimme sein kann, um Missstände anzuprangern und Veränderungen zu fördern.

* **Wissenschaftler:** Der Physiker Dr. Elara Vyn, die bahnbrechende Forschungen über Teilchen-Phasen-Ehen durchführte, war ein weiteres Vorbild für Kye. Ihr Engagement für die Wissenschaft und ihr Wunsch, Wissen zu teilen, ermutigten Kye, die Bedeutung von Bildung und Aufklärung zu erkennen.

Probleme und Herausforderungen

Trotz des positiven Einflusses von Vorbildern gibt es auch Herausforderungen, die mit der Idealisierung dieser Personen einhergehen. Oft können Vorbilder unrealistische Erwartungen erzeugen, die zu Enttäuschungen führen, wenn die Realität nicht den Idealen entspricht. Kye musste lernen, dass auch seine Vorbilder Fehler machten und dass es wichtig ist, realistisch zu bleiben. Diese Erkenntnis half ihm, eine ausgewogene Perspektive auf seine eigenen Fähigkeiten und Möglichkeiten zu entwickeln.

Ein weiteres Problem ist die Gefahr der Überidentifikation mit einem Vorbild. Kye erkannte, dass es wichtig ist, seine eigene Identität zu bewahren und nicht in die Fußstapfen anderer zu treten. Der Druck, den Erwartungen eines Vorbilds gerecht zu werden, kann lähmend sein und die persönliche Entwicklung behindern. Kye fand einen Mittelweg, indem er die positiven Eigenschaften seiner Vorbilder übernahm, ohne seine eigene Individualität zu verlieren.

Beispiele für den Einfluss von Vorbildern

Ein konkretes Beispiel für den Einfluss von Vorbildern in Kyes Leben war seine erste öffentliche Rede. Inspiriert von Zara Qel, die für ihre leidenschaftlichen und einfühlsamen Reden bekannt war, bereitete Kye sich akribisch vor. Er analysierte ihre Reden, um herauszufinden, wie sie Emotionen weckte und ihre Zuhörer mobilisierte. Kye lernte, dass Authentizität und persönliche Geschichten entscheidend sind, um eine Verbindung zum Publikum herzustellen. Diese Erkenntnisse halfen ihm, seine eigene Stimme zu finden und seine Botschaft klar zu kommunizieren.

Ein weiteres Beispiel ist Kyes Engagement in der Schulpolitik, das durch die Werke von Lior Xath angestoßen wurde. Kye organisierte eine Kunstausstellung in seiner Schule, um auf die Herausforderungen der Teilchen-Phasen-Ehen aufmerksam zu machen. Diese Veranstaltung war nicht nur eine Plattform für kreative Ausdrucksformen, sondern auch ein Weg, um das Bewusstsein für soziale Gerechtigkeit zu schärfen.

Fazit

Zusammenfassend lässt sich sagen, dass der Einfluss von Vorbildern in Kye Faels Leben von zentraler Bedeutung war. Sie halfen ihm, seine Identität zu formen, politische Überzeugungen zu entwickeln und seine Rolle als Aktivist zu definieren. Während Vorbilder sowohl positive als auch negative Auswirkungen haben können, ist es entscheidend, dass Individuen lernen, ihre eigenen Wege zu finden und die Inspiration, die sie erhalten, in etwas Einzigartiges zu verwandeln. Kyes Reise zeigt, dass Vorbilder nicht nur Leitfiguren sind, sondern auch Katalysatoren für persönliche und gesellschaftliche Veränderungen.

Kyes erste politische Überzeugungen

Kye Fael wuchs in einer Gesellschaft auf, die von tief verwurzelten Normen und Traditionen geprägt war. Diese Einflüsse formten nicht nur seine Identität, sondern auch seine ersten politischen Überzeugungen. In diesem Abschnitt werden die Grundlagen von Kyes politischen Ansichten erörtert, die aus seinem persönlichen Erleben und den gesellschaftlichen Herausforderungen auf Zyoris resultierten.

Einfluss der Erziehung

Die Erziehung spielt eine entscheidende Rolle in der Entwicklung politischer Überzeugungen. Kyes Eltern, beide engagierte Mitglieder der zyorianischen Gesellschaft, förderten einen offenen Dialog über soziale Gerechtigkeit und Gleichheit. Sie ermutigten Kye, kritisch zu denken und die bestehenden gesellschaftlichen Strukturen zu hinterfragen. Diese Erziehung führte dazu, dass Kye frühzeitig ein Bewusstsein für Ungerechtigkeiten entwickelte, insbesondere im Hinblick auf das Anti-Teilchen-Phasen-Eheverbot.

Frühe Erfahrungen mit Ungerechtigkeit

Kyes erste Erfahrungen mit Ungerechtigkeit trugen maßgeblich zur Formung seiner politischen Überzeugungen bei. In der Schule wurde Kye Zeuge von Mobbing und Diskriminierung, die häufig gegen Schüler gerichtet waren, die sich nicht in die traditionellen Geschlechterrollen einfügten. Diese Beobachtungen schockierten ihn und führten zu einem tiefen Gefühl der Empathie für die Betroffenen. Kye begann, die Ungleichheit in der Behandlung verschiedener Gruppen von Individuen zu hinterfragen und entwickelte ein starkes Bedürfnis nach Veränderung.

Einfluss von Vorbildern

Kye fand Inspiration in verschiedenen Vorbildern, sowohl aus der zyorianischen Gesellschaft als auch von der Erde. Aktivisten wie der zyorianische Bürgerrechtler Lira Taan und der Erd-Aktivist Martin Luther King Jr. wurden zu zentralen Figuren in Kyes Leben. Ihre Botschaften von Gleichheit und Gerechtigkeit motivierten Kye, sich für die Rechte der Teilchen-Phasen-Ehen einzusetzen. Er begann, ihre Reden und Schriften zu studieren, was seine Überzeugungen weiter festigte.

Die Rolle von Kunst und Kreativität

Die Kunst spielte eine entscheidende Rolle bei der Entwicklung von Kyes politischen Überzeugungen. Durch kreative Ausdrucksformen, sei es in Form von Theater, Malerei oder Musik, konnte Kye die Themen Ungerechtigkeit und

Diskriminierung auf eine Weise ansprechen, die andere ansprach und zum Nachdenken anregte. Diese kreative Auseinandersetzung half ihm, seine eigenen Gefühle und Überzeugungen zu artikulieren und eine breitere Gemeinschaft für seine Ideen zu mobilisieren.

Engagement in der Schulpolitik

Kyes Engagement in der Schulpolitik war ein weiterer entscheidender Schritt in der Entwicklung seiner politischen Überzeugungen. Er trat einer Schülervertretung bei und begann, sich aktiv für die Rechte von Schülern einzusetzen, die Opfer von Diskriminierung wurden. Kye organisierte Veranstaltungen, um das Bewusstsein für soziale Themen zu schärfen und forderte die Schulleitung auf, Richtlinien gegen Mobbing und Diskriminierung zu implementieren. Diese Erfahrungen schärften sein Verständnis für die Macht der Gemeinschaft und die Notwendigkeit, sich für das einzusetzen, was richtig ist.

Die Gründung einer Jugendgruppe

Um seine Überzeugungen in die Tat umzusetzen, gründete Kye eine Jugendgruppe, die sich für die Rechte der Teilchen-Phasen-Ehen einsetzte. Diese Gruppe diente nicht nur als Plattform für Gleichgesinnte, sondern auch als Raum für Diskussion und Bildung. Kye organisierte Workshops, in denen Mitglieder über ihre Rechte informiert wurden und Strategien zur Bekämpfung von Diskriminierung entwickelten. Diese Initiative half, ein Netzwerk von Unterstützern zu schaffen, das sich für eine gerechtere Gesellschaft einsetzte.

Herausforderungen und Rückschläge

Trotz seines Engagements sah sich Kye auch Herausforderungen und Rückschlägen gegenüber. Die Widerstände, die er von konservativen Kräften in seiner Gemeinschaft erlebte, machten ihm die Schwierigkeiten bewusst, die mit dem Aktivismus verbunden sind. Diese Erfahrungen verstärkten jedoch nur seine Entschlossenheit, für seine Überzeugungen einzustehen. Kye lernte, dass der Weg zur Veränderung oft steinig ist, aber dass jede Herausforderung eine Gelegenheit zur Weiterentwicklung bietet.

Kyes Vision für die Zukunft

Kyes politische Überzeugungen mündeten schließlich in eine klare Vision für die Zukunft. Er träumte von einer Gesellschaft, in der alle Individuen, unabhängig von ihrer Identität oder ihren Beziehungen, gleich behandelt werden. Diese Vision motivierte ihn, sich weiterhin für die Rechte von Teilchen-Phasen-Ehen einzusetzen und eine inklusive Gesellschaft zu fördern, in der Vielfalt geschätzt und gefeiert wird.

Zusammenfassung

Zusammenfassend lässt sich sagen, dass Kyes erste politische Überzeugungen aus einer Kombination von persönlicher Erfahrung, Einfluss von Vorbildern, kreativen Ausdrucksformen und aktivem Engagement in seiner Gemeinschaft entstanden. Diese Überzeugungen bildeten die Grundlage für seinen späteren Aktivismus und seinen unermüdlichen Kampf für Gleichheit und Gerechtigkeit auf Zyoris.

Die Rolle von Kunst und Kreativität

Die Rolle von Kunst und Kreativität in der Bürgerrechtsbewegung auf Zyoris kann nicht genug betont werden. Kunst ist nicht nur ein Ausdruck von Emotionen und Ideen, sondern auch ein kraftvolles Werkzeug für sozialen Wandel. In der Geschichte haben Künstler und Kreative oft eine Vorreiterrolle in der Mobilisierung von Gemeinschaften eingenommen und die Stimme der Unterdrückten verstärkt.

Theoretische Grundlagen

Kunst und Kreativität können als Formen des Widerstands betrachtet werden, die es den Menschen ermöglichen, ihre Erfahrungen und Kämpfe auszudrücken. Theoretiker wie Herbert Marcuse argumentieren, dass Kunst eine transformative Kraft besitzt, die die Wahrnehmung der Realität verändern kann [?]. Durch kreative Ausdrucksformen können gesellschaftliche Normen hinterfragt und alternative Visionen für die Zukunft entworfen werden.

Ein weiterer wichtiger Aspekt ist die Theorie des *kreativen Aktivismus*. Diese Theorie besagt, dass kreative Praktiken nicht nur zur Sensibilisierung beitragen, sondern auch die Mobilisierung von Menschen fördern können. Indem Kunst als Mittel zur Kommunikation genutzt wird, können komplexe Themen wie das Anti-Teilchen-Phasen-Eheverbot auf Zyoris verständlich und zugänglich gemacht werden.

Kunst als Werkzeug des Widerstands

Kunst kann in verschiedenen Formen auftreten, darunter Malerei, Musik, Theater und Literatur. Auf Zyoris haben Künstler oft ihre Werke genutzt, um auf die Ungerechtigkeiten des Anti-Teilchen-Phasen-Eheverbots aufmerksam zu machen. Ein bemerkenswertes Beispiel ist die Theateraufführung *„Liebende in Phasen"*, die die Herausforderungen und Diskriminierungen, mit denen Teilchen-Phasen-Paare konfrontiert sind, auf eindringliche Weise darstellt. Diese Aufführung hat nicht nur das Bewusstsein geschärft, sondern auch eine Diskussion über die Rechte und Freiheiten dieser Paare angestoßen.

Kreativität in der Mobilisierung

Die Mobilisierung von Unterstützern ist ein weiterer Bereich, in dem Kunst eine entscheidende Rolle spielt. Kreative Kampagnen, die visuelle Elemente wie Plakate, Graffiti und digitale Medien nutzen, haben sich als effektiv erwiesen, um die Aufmerksamkeit auf die Bürgerrechtsbewegung zu lenken. Ein Beispiel dafür ist die *„Farben der Freiheit"-Kampagne*, bei der Künstler gebeten wurden, ihre Interpretationen von Freiheit und Gleichheit zu schaffen. Diese Kunstwerke wurden in öffentlichen Räumen ausgestellt und haben viele Menschen inspiriert, sich dem Widerstand anzuschließen.

Herausforderungen und Grenzen

Trotz der positiven Auswirkungen von Kunst auf den Aktivismus gibt es auch Herausforderungen. Künstler auf Zyoris sehen sich oft Repressionen durch die Regierung gegenüber, die versuchen, kreative Ausdrucksformen zu zensieren oder zu unterdrücken. Diese Repression kann dazu führen, dass Künstler sich in ihrer Kreativität eingeschränkt fühlen oder Angst haben, ihre Stimme zu erheben.

Zudem kann die Kommerzialisierung von Kunst zu einer Entpolitisierung führen, bei der die ursprüngliche Botschaft der sozialen Gerechtigkeit in den Hintergrund gedrängt wird. Es ist daher wichtig, dass Künstler und Aktivisten zusammenarbeiten, um sicherzustellen, dass die Botschaften ihrer Arbeiten nicht verwässert werden.

Kreativität als Katalysator für Veränderung

Die Rolle von Kunst und Kreativität in Kye Faels Aktivismus ist untrennbar mit ihrer Identität und ihrem Engagement verbunden. Sie hat oft betont, dass kreative Ausdrucksformen es ihr ermöglichen, ihre Botschaften klarer zu kommunizieren und eine breitere Öffentlichkeit zu erreichen. Durch ihre eigene Kunst hat sie nicht nur ihre Erfahrungen als Teilchen-Phasen-Aktivistin reflektiert, sondern auch andere inspiriert, sich für ihre Rechte einzusetzen.

Kye Faels Gedicht „Phasen der Liebe" ist ein Beispiel für ihre Fähigkeit, komplexe Emotionen und soziale Themen in eine berührende Form zu bringen. In diesem Gedicht beschreibt sie die Schönheit und die Herausforderungen von Teilchen-Phasen-Beziehungen und ermutigt andere, sich für ihre Liebe und ihre Rechte einzusetzen.

Schlussfolgerung

Zusammenfassend lässt sich sagen, dass die Rolle von Kunst und Kreativität in der Bürgerrechtsbewegung auf Zyoris von zentraler Bedeutung ist. Sie bietet nicht nur einen Raum für den Ausdruck von Identität und Emotionen, sondern fungiert auch als wirksames Werkzeug zur Mobilisierung und Sensibilisierung. Trotz der Herausforderungen, mit denen Künstler konfrontiert sind, bleibt die kreative Praxis ein unverzichtbarer Bestandteil des Widerstands gegen das Anti-Teilchen-Phasen-Eheverbot. Kye Faels Engagement für Kunst und Kreativität zeigt, dass diese Elemente nicht nur zur Veränderung der Gesellschaft beitragen, sondern auch die Herzen und Köpfe der Menschen erreichen können.

Kyes Engagement in der Schulpolitik

Kye Faels Engagement in der Schulpolitik stellte einen entscheidenden Wendepunkt in seiner Entwicklung als Aktivist dar. Bereits in der frühen Jugend erkannte Kye die Bedeutung von Bildung als Werkzeug für sozialen Wandel und politische Teilhabe. In diesem Abschnitt werden die verschiedenen Facetten seines Engagements sowie die Herausforderungen, denen er gegenüberstand, beleuchtet.

Die Bedeutung der Schulpolitik

Die Schulpolitik ist ein entscheidendes Feld, in dem junge Menschen die Möglichkeit haben, ihre Stimme zu erheben und Einfluss auf die Gesellschaft zu nehmen. Bildungssysteme sind oft Spiegelbilder der gesellschaftlichen Werte und Normen, und Kye sah in der Schulpolitik eine Möglichkeit, Ungerechtigkeiten und Diskriminierungen zu bekämpfen. Er war sich bewusst, dass die Schulpolitik nicht nur die Bildung selbst, sondern auch die sozialen Strukturen innerhalb der Schulen beeinflusste.

Ein zentrales Konzept, das Kye in seinen Überlegungen zur Schulpolitik berücksichtigte, war das der **Inklusion**. Inklusion bezieht sich auf die Praxis, alle

Schüler, unabhängig von ihren Fähigkeiten oder Hintergründen, in das allgemeine Bildungssystem zu integrieren. Kye forderte eine inklusive Schulpolitik, die es allen Schülern ermöglichte, gleichberechtigt am Unterricht teilzunehmen. Dies umfasste auch die Berücksichtigung von Schülern mit unterschiedlichen kulturellen Hintergründen, was auf Zyoris von besonderer Bedeutung war.

Frühe Initiativen und Projekte

Kyes Engagement begann mit der Gründung einer **Schülervertretung,** die es den Schülern ermöglichen sollte, ihre Anliegen direkt an die Schulleitung zu kommunizieren. Diese Initiative war nicht nur ein Forum für Diskussionen, sondern auch ein Ort, an dem Schüler lernen konnten, wie man effektiv für ihre Rechte eintritt. Kye organisierte regelmäßige Treffen, um Themen wie Diskriminierung, Mobbing und die Notwendigkeit eines diversitätsbewussten Lehrplans zu besprechen.

Ein Beispiel für Kyes Einfluss war die Einführung eines **Anti-Mobbing-Programms** an seiner Schule. Kye setzte sich leidenschaftlich dafür ein, dass die Schule eine klare Richtlinie gegen Mobbing entwickelte. Er arbeitete mit Lehrern und Schulpsychologen zusammen, um Workshops zu organisieren, die Schüler über die Auswirkungen von Mobbing aufklären sollten. Diese Workshops förderten nicht nur das Bewusstsein, sondern schufen auch ein unterstützendes Umfeld, in dem Schüler sich sicher fühlten, ihre Erfahrungen zu teilen.

Herausforderungen und Widerstände

Trotz seines Engagements sah sich Kye verschiedenen Herausforderungen gegenüber. Ein häufiges Problem war der **Widerstand seitens der Schulleitung,** die oft zögerte, Änderungen vorzunehmen, die als kontrovers angesehen werden könnten. Kye erlebte, wie seine Vorschläge manchmal als Bedrohung für die bestehende Ordnung wahrgenommen wurden, was zu Spannungen zwischen ihm und den Schulbehörden führte.

Ein weiterer bedeutender Widerstand kam von **Eltern,** die besorgt über die Veränderungen waren, die Kye und seine Mitstreiter anstrebten. Einige Eltern waren der Meinung, dass Kyes Initiativen zu weit gingen und die traditionellen Werte der Schule gefährden könnten. Kye erkannte die Notwendigkeit, die Eltern in den Prozess einzubeziehen und organisierte Informationsabende, um ihre Bedenken zu adressieren und sie über die Vorteile von Inklusion und Diversität aufzuklären.

Erfolge und Auswirkungen

Trotz der Herausforderungen konnte Kye bedeutende Erfolge erzielen. Seine Bemühungen führten zur Einführung eines **Diversitätsprogramms**, das darauf abzielte, Schüler aus unterschiedlichen kulturellen Hintergründen zu integrieren und zu unterstützen. Dieses Programm umfasste spezielle Schulungen für Lehrer, um ein besseres Verständnis für die Bedürfnisse ihrer Schüler zu entwickeln und eine respektvolle Lernumgebung zu schaffen.

Ein weiterer Erfolg war die Schaffung eines **Mentoring-Programms**, das es älteren Schülern ermöglichte, jüngeren Schülern zu helfen, sich in der Schule zurechtzufinden. Dieses Programm förderte nicht nur die Gemeinschaft innerhalb der Schule, sondern half auch, das Gefühl der Zugehörigkeit zu stärken, was für viele Schüler von entscheidender Bedeutung war.

Reflexion über das Engagement

Kyes Engagement in der Schulpolitik war nicht nur ein Ausdruck seines Wunsches, Veränderungen herbeizuführen, sondern auch eine wichtige Phase seiner persönlichen Entwicklung. Durch seine Erfahrungen lernte Kye, wie wichtig es ist, für die eigenen Überzeugungen einzustehen, auch wenn dies bedeutet, gegen den Strom zu schwimmen. Diese Lektionen sollten ihn auf seinem weiteren Weg als Aktivist prägen.

Zusammenfassend lässt sich sagen, dass Kyes Engagement in der Schulpolitik einen wesentlichen Beitrag zu seiner Identitätsbildung und seinem Aktivismus leistete. Es war eine Zeit des Lernens, des Wachstums und des Kampfes für Gleichheit und Gerechtigkeit, die ihn auf die Herausforderungen vorbereitete, die noch vor ihm lagen. Sein Einfluss auf die Schulpolitik von Zyoris ist ein Beispiel dafür, wie junge Menschen durch Engagement und Entschlossenheit Veränderungen bewirken können.

Die Gründung einer Jugendgruppe

Die Gründung einer Jugendgruppe war ein entscheidender Schritt für Kye Fael und ihre Mitstreiter. In einer Zeit, in der das Anti-Teilchen-Phasen-Eheverbot auf Zyoris immer mehr an Bedeutung gewann, erkannten Kye und ihre Freunde die Notwendigkeit, eine Plattform zu schaffen, die die Stimmen der Jugend bündeln und ihre Anliegen in die Öffentlichkeit tragen konnte. Diese Jugendgruppe sollte nicht nur ein Ort des Austauschs sein, sondern auch eine aktive Kraft im Widerstand gegen die Ungerechtigkeiten in ihrer Gesellschaft.

Der Anstoß zur Gründung

Der Anstoß zur Gründung der Jugendgruppe kam während einer Schulveranstaltung, bei der Kye und ihre Freunde über die Auswirkungen des Anti-Teilchen-Phasen-Eheverbots diskutierten. Die Gespräche zeigten, dass viele Jugendliche ähnliche Bedenken und Ängste hatten, aber oft nicht wussten, wie sie sich äußern oder aktiv werden sollten. Kye, inspiriert von den leidenschaftlichen Diskussionen, entschied sich, eine formelle Gruppe zu gründen, um diese Anliegen zu organisieren und zu vertreten.

Ziele und Visionen

Die Ziele der Jugendgruppe waren klar definiert. Kye und ihre Mitstreiter wollten:

- Bewusstsein für die Probleme rund um das Anti-Teilchen-Phasen-Eheverbot schaffen.

- Eine Plattform für den Austausch von Ideen und Erfahrungen bieten.

- Jugendliche ermutigen, aktiv an der Gesellschaft teilzunehmen und sich für ihre Rechte einzusetzen.

- Strategien entwickeln, um die Gemeinschaft zu mobilisieren und Widerstand zu leisten.

Die Vision war es, eine inklusive und respektvolle Gesellschaft zu schaffen, in der alle Identitäten anerkannt und wertgeschätzt werden. Kye glaubte fest daran, dass die Jugend eine entscheidende Rolle im Wandel spielen kann, und dass ihre Stimmen gehört werden müssen.

Herausforderungen bei der Gründung

Die Gründung der Jugendgruppe war jedoch nicht ohne Herausforderungen. Zunächst gab es organisatorische Hürden. Kye und ihre Freunde mussten einen geeigneten Ort finden, um sich zu treffen, und sie mussten die notwendigen Genehmigungen einholen, um ihre Aktivitäten durchzuführen. Darüber hinaus standen sie vor dem Problem, genügend Mitglieder zu gewinnen. Viele Jugendliche waren skeptisch oder hatten Angst, sich öffentlich zu engagieren, aus Angst vor Repressalien.

Ein weiteres Problem war die Finanzierung der Aktivitäten. Kye und ihre Gruppe mussten kreative Wege finden, um Gelder zu sammeln, sei es durch

Spendenaktionen oder durch die Unterstützung von lokalen Organisationen, die sich für Bürgerrechte einsetzen.

Die ersten Schritte

Trotz der Herausforderungen gelang es Kye, die ersten Schritte zur Gründung der Jugendgruppe zu unternehmen. Sie organisierte ein erstes Treffen, das in einem lokalen Gemeindezentrum stattfand. Die Einladung wurde über soziale Medien und durch Mundpropaganda verbreitet. Bei diesem Treffen kamen etwa zwanzig Jugendliche zusammen, um über die Gründung der Gruppe zu diskutieren.

Kye stellte die Ziele der Gruppe vor und ermutigte die Anwesenden, ihre Ideen und Bedenken zu äußern. Die Diskussion war lebhaft und es wurden viele wertvolle Vorschläge gemacht. Einige Teilnehmer brachten ihre Erfahrungen mit Diskriminierung und Ungerechtigkeit ein, was die Dringlichkeit des Anliegens unterstrich.

Struktur und Organisation

Um die Gruppe effektiv zu organisieren, wurde eine einfache Struktur entwickelt. Kye wurde zur Sprecherin gewählt, während andere Mitglieder verschiedene Rollen übernahmen, wie die Leitung von Arbeitsgruppen, die Organisation von Veranstaltungen und die Kommunikation mit der Gemeinschaft. Diese Struktur half nicht nur, die Verantwortlichkeiten zu klären, sondern förderte auch das Engagement der Mitglieder.

Die Gruppe begann, regelmäßig zu treffen, um Strategien zu entwickeln, Veranstaltungen zu planen und sich über aktuelle Entwicklungen in der politischen Landschaft auszutauschen. Kye legte großen Wert darauf, dass jede Stimme gehört wurde und dass alle Mitglieder aktiv an der Gestaltung der Agenda beteiligt waren.

Erste Aktionen und Veranstaltungen

Mit der neu gegründeten Jugendgruppe begann Kye, erste Aktionen und Veranstaltungen zu planen. Eine der ersten Aktionen war ein Informationsabend, bei dem Experten eingeladen wurden, um über die rechtlichen und sozialen Aspekte des Anti-Teilchen-Phasen-Eheverbots zu sprechen. Diese Veranstaltung zog viele Interessierte an und sorgte für eine lebhafte Diskussion.

Darüber hinaus organisierte die Gruppe kreative Protestaktionen, wie z.B. Kunstinstallationen im öffentlichen Raum, die auf die Ungerechtigkeit des Verbots aufmerksam machten. Diese Aktionen waren nicht nur ein Ausdruck des

Widerstands, sondern halfen auch, die Gemeinschaft zu mobilisieren und weitere Unterstützer zu gewinnen.

Die Bedeutung der Jugendgruppe

Die Gründung der Jugendgruppe war ein entscheidender Moment für Kye und ihre Mitstreiter. Sie bot einen Raum für Dialog, Kreativität und Aktivismus. Die Gruppe wurde schnell zu einem wichtigen Akteur im Widerstand gegen das Anti-Teilchen-Phasen-Eheverbot und half, das Bewusstsein für die Probleme der LGBTQ+-Gemeinschaft auf Zyoris zu schärfen.

Kyes Engagement und die Arbeit der Jugendgruppe inspirierten viele andere Jugendliche, sich ebenfalls zu engagieren. Diese Bewegung führte zu einer stärkeren Vernetzung innerhalb der Gemeinschaft und zeigte, dass die Jugend eine kraftvolle Stimme im Kampf für Gleichheit und Gerechtigkeit sein kann.

Schlussfolgerung

Die Gründung der Jugendgruppe war nicht nur ein persönlicher Erfolg für Kye, sondern auch ein bedeutender Schritt in der Bürgerrechtsbewegung auf Zyoris. Sie verdeutlichte, dass Veränderung möglich ist, wenn sich Menschen zusammenschließen und für ihre Überzeugungen eintreten. Kyes Vision einer inklusiven Gesellschaft wurde durch die Arbeit der Gruppe weiter gestärkt und legte den Grundstein für zukünftige Initiativen im Kampf gegen Diskriminierung und Ungerechtigkeit.

Herausforderungen und Rückschläge

Kye Fael sah sich während ihres Weges zum Aktivismus zahlreichen Herausforderungen und Rückschlägen gegenüber. Diese Erfahrungen prägten nicht nur ihren Charakter, sondern auch ihre Strategien im Kampf gegen das Anti-Teilchen-Phasen-Eheverbot. In diesem Abschnitt werden die verschiedenen Facetten dieser Herausforderungen beleuchtet, einschließlich der psychologischen, sozialen und politischen Dimensionen.

Psychologische Herausforderungen

Die psychologischen Belastungen, die mit dem Aktivismus einhergehen, sind oft erheblich. Kye erlebte Phasen der Selbstzweifel, insbesondere wenn sie auf starke Widerstände stieß. Die ständige Angst vor Misserfolg und Ablehnung führte zu einem inneren Konflikt, der ihre Entschlossenheit in Frage stellte. In einem persönlichen Tagebucheintrag schrieb sie:

> „Es gibt Tage, an denen ich mich frage, ob mein Einsatz wirklich einen Unterschied macht. Die Stimmen der Skeptiker sind oft lauter als die der Unterstützer."

Diese Zweifel wurden durch die ständige Konfrontation mit Ungerechtigkeit verstärkt. Kye musste lernen, mit diesen inneren Kämpfen umzugehen, um weiterhin für ihre Überzeugungen einzustehen. Die Theorie der Resilienz bietet hier einen wertvollen Rahmen, um zu verstehen, wie Individuen trotz widriger Umstände stark bleiben können. Resilienz beschreibt die Fähigkeit, sich von Rückschlägen zu erholen und aus ihnen zu lernen.

Soziale Herausforderungen

Soziale Isolation war eine weitere bedeutende Herausforderung für Kye. Während ihrer frühen Aktivismusjahre stellte sie fest, dass einige ihrer Freunde und Bekannten ihre politischen Ansichten nicht teilten. Diese Differenzen führten zu Spannungen in ihren Beziehungen. Ein Beispiel hierfür war ein Vorfall in der Schule, als Kye eine Rede über die Bedeutung von Teilchen-Phasen-Ehen hielt und daraufhin von einigen Mitschülern verspottet wurde.

> „Es war schmerzhaft zu sehen, wie Menschen, die ich einst als Freunde betrachtete, sich von mir abwandten. Es fühlte sich an, als ob ich nicht nur gegen ein Gesetz kämpfte, sondern auch gegen die Menschen, die mir nahe standen."

Kyes Erfahrungen spiegeln die Theorie des sozialen Kapitals wider, die besagt, dass soziale Netzwerke und Beziehungen entscheidend für den Erfolg von Bewegungen sind. Der Verlust von sozialen Verbindungen kann die Mobilisierung und den kollektiven Widerstand erheblich beeinträchtigen.

Politische Herausforderungen

Die politischen Rückschläge waren ebenfalls prägend für Kyes Aktivismus. Nach der Gründung ihrer Widerstandsgruppe stießen sie und ihre Mitstreiter auf erhebliche Widerstände seitens der Regierung. Diese Repression äußerte sich in Form von Überwachung, Einschüchterung und sogar Festnahmen. Kye selbst wurde einmal bei einer friedlichen Versammlung festgenommen, was ihre Entschlossenheit jedoch nur verstärkte.

„Die Erfahrung der Festnahme war erschreckend, aber sie hat mir auch gezeigt, wie wichtig unser Kampf ist. Wir dürfen uns nicht von der Angst leiten lassen."

Diese Ereignisse illustrieren die Theorie der politischen Mobilisierung, die besagt, dass Repression oft als Katalysator für verstärkten Widerstand fungiert. Kye und ihre Gruppe erkannten, dass sie trotz der Risiken weiterkämpfen mussten.

Strategien zur Überwindung von Herausforderungen

Um diese Herausforderungen zu bewältigen, entwickelte Kye verschiedene Strategien. Eine ihrer effektivsten Methoden war die Bildung von Allianzen mit anderen Aktivisten und Organisationen. Durch den Austausch von Ressourcen und Erfahrungen konnten sie nicht nur ihre Reichweite erhöhen, sondern auch ein Gefühl der Gemeinschaft und Unterstützung schaffen.

Darüber hinaus nutzte Kye soziale Medien, um ihre Botschaft zu verbreiten und Unterstützer zu mobilisieren. Diese Plattformen ermöglichten es ihr, eine breitere Öffentlichkeit zu erreichen und gleichzeitig die Herausforderungen der persönlichen Isolation zu überwinden. Kye erkannte, dass die Nutzung digitaler Werkzeuge ein entscheidender Faktor für den Erfolg ihrer Bewegung war.

Fazit

Die Herausforderungen und Rückschläge, die Kye Fael erlebte, waren vielschichtig und tiefgreifend. Sie reichten von psychologischen Kämpfen über soziale Isolation bis hin zu politischen Repressionen. Doch trotz dieser Widrigkeiten bewies Kye bemerkenswerte Resilienz und fand Wege, ihre Herausforderungen in Chancen für Wachstum und Mobilisierung zu verwandeln. Ihre Erfahrungen sind ein Zeugnis dafür, dass der Weg zum Aktivismus oft steinig ist, aber auch mit bedeutenden Lektionen und persönlichem Wachstum verbunden sein kann.

Kyes erste öffentliche Rede

Die erste öffentliche Rede von Kye Fael war ein entscheidender Moment in ihrem Leben und in der Geschichte des Widerstands gegen das Anti-Teilchen-Phasen-Eheverbot auf Zyoris. Diese Rede fand im Rahmen einer Versammlung statt, die von der neu gegründeten Widerstandsgruppe organisiert wurde. Kye war nervös, aber auch fest entschlossen, ihre Stimme zu erheben und die Anliegen ihrer Gemeinschaft zu vertreten.

Vorbereitung und Nervosität

Die Vorbereitung auf die Rede war intensiv. Kye verbrachte Tage damit, ihre Gedanken zu sammeln und ihre Argumente zu strukturieren. Sie wusste, dass sie nicht nur ihre persönlichen Erfahrungen teilen, sondern auch die wissenschaftlichen und sozialen Aspekte des Anti-Teilchen-Phasen-Eheverbots ansprechen musste. Die Nervosität war spürbar, als der Tag der Versammlung näher rückte. Kye stellte sich vor, wie sie vor einer Menge von Menschen stand, die auf ihre Worte warteten.

Der Inhalt der Rede

In ihrer Rede begann Kye mit einer persönlichen Anekdote, die ihre eigene Verbindung zu den Themen, über die sie sprach, verdeutlichte. Sie erzählte von einem Freund, der aufgrund seiner Teilchen-Phasen-Identität diskriminiert worden war. Diese Geschichte zog die Zuhörer sofort in ihren Bann und schuf eine emotionale Verbindung.

> „Wir sind nicht nur Teilchen oder Phasen. Wir sind Menschen mit Träumen, Hoffnungen und dem Recht auf Liebe."

Kye verwendete auch Daten und Statistiken, um die Auswirkungen des Verbots auf die Gesellschaft zu untermauern. Sie zitierte Studien, die zeigten, dass diskriminierende Gesetze zu einer Zunahme von psychischen Erkrankungen und sozialer Isolation führten. Eine wichtige Gleichung, die sie einbrachte, war die folgende:

$$R = \frac{D}{P} \tag{17}$$

wobei R die Rate der Diskriminierung, D die Anzahl der diskriminierten Individuen und P die Gesamtbevölkerung darstellt. Kye erklärte, dass ein Anstieg von D in der Zyorianischen Gesellschaft auf die Einführung des Anti-Teilchen-Phasen-Eheverbots zurückzuführen sei. Diese mathematische Darstellung half den Zuhörern, die Dringlichkeit des Problems zu verstehen.

Reaktionen und Feedback

Die Reaktionen auf Kyes Rede waren überwältigend positiv. Viele in der Menge waren bewegt von ihrer Leidenschaft und ihrem Mut. Einige Zuhörer berichteten später, dass sie durch Kyes Worte inspiriert wurden, selbst aktiv zu werden. Die

Rede führte zu einer Welle von Unterstützungsbekundungen, und viele Menschen schlossen sich der Widerstandsgruppe an.

Es gab jedoch auch kritische Stimmen. Einige Zuhörer äußerten Bedenken, dass Kyes emotionaler Ansatz nicht ausreichte, um die politischen Entscheidungsträger zu überzeugen. Diese Kritik führte zu einer wichtigen Diskussion innerhalb der Gruppe über die Balance zwischen emotionalem Appell und rationaler Argumentation im Aktivismus.

Lernprozesse und Weiterentwicklung

Kyes erste öffentliche Rede war nicht nur ein Erfolg, sondern auch ein Lernprozess. Sie erkannte, dass die Kunst des Redens eine Fähigkeit ist, die kontinuierlich verbessert werden kann. In den folgenden Wochen nahm sie an Workshops teil, um ihre Rhetorik und Präsentationstechniken zu verfeinern. Kye begann auch, andere Redner zu beobachten und von ihnen zu lernen, insbesondere von erfahrenen Aktivisten, die in der Vergangenheit ähnliche Herausforderungen gemeistert hatten.

Fazit

Kyes erste öffentliche Rede war ein Wendepunkt in ihrem Aktivismus. Sie stellte nicht nur ihre Fähigkeiten unter Beweis, sondern inspirierte auch andere, sich für die Rechte von Teilchen-Phasen-Bürgern einzusetzen. Diese Erfahrung stärkte ihren Glauben an die Notwendigkeit des Aktivismus und die Macht der Worte. Kye wusste, dass dies erst der Anfang war, und sie war bereit, weiter zu kämpfen, um die Gleichheit für alle zu erreichen.

Die Bedeutung von Gemeinschaft

Die Gemeinschaft spielt eine zentrale Rolle in der Entwicklung und dem Engagement von Individuen, insbesondere in sozialen Bewegungen. Für Kye Fael war die Gemeinschaft nicht nur ein Unterstützungsnetzwerk, sondern auch eine Quelle der Inspiration und Motivation, die ihn auf seinem Weg zum Aktivismus begleitete. In diesem Abschnitt werden wir die verschiedenen Dimensionen der Gemeinschaft untersuchen und deren Einfluss auf Kyes Identitätsfindung und politischen Aktivismus analysieren.

Theoretischer Hintergrund

Die Bedeutung von Gemeinschaft kann durch verschiedene soziale Theorien erklärt werden. Nach der Theorie des sozialen Kapitals, die von Pierre Bourdieu und Robert Putnam entwickelt wurde, ist das soziale Kapital ein entscheidender Faktor für das individuelle und kollektive Wohlbefinden. Es umfasst die Netzwerke, Normen und sozialen Vertrauensverhältnisse, die die Zusammenarbeit innerhalb einer Gemeinschaft fördern. In Kyes Fall war das soziale Kapital in seiner Gemeinschaft entscheidend für die Mobilisierung gegen das Anti-Teilchen-Phasen-Eheverbot.

$$S = \frac{1}{N} \sum_{i=1}^{N} C_i \qquad (18)$$

wobei S das soziale Kapital, N die Anzahl der Mitglieder in der Gemeinschaft und C_i der Grad des Engagements des einzelnen Mitglieds ist.

Probleme und Herausforderungen

Trotz der positiven Aspekte von Gemeinschaften gibt es auch Herausforderungen. In Kyes Jugend erlebte er, wie gesellschaftliche Spannungen und Vorurteile die Gemeinschaft spalteten. Diskriminierung und Ungerechtigkeit führten dazu, dass viele Mitglieder der Gemeinschaft sich zurückzogen oder nicht aktiv am politischen Prozess teilnahmen. Diese Herausforderungen erforderten von Kye und seinen Mitstreitern, innovative Wege zu finden, um die Gemeinschaft zu mobilisieren und die Menschen zu ermutigen, sich für ihre Rechte einzusetzen.

Ein Beispiel für solche Spannungen war die Reaktion auf Kyes erste öffentliche Rede. Während viele in der Gemeinschaft seine Botschaft unterstützten, gab es auch Widerstand von konservativen Gruppen, die die Idee von Teilchen-Phasen-Ehen ablehnten. Diese Spaltung führte zu einem Gefühl der Isolation für einige Aktivisten, die sich für Gleichheit und Gerechtigkeit einsetzten.

Kyes Engagement für die Gemeinschaft

Kye erkannte früh die Bedeutung der Gemeinschaft für den Aktivismus. Er begann, sich aktiv in lokalen Gruppen zu engagieren, die sich für Bürgerrechte und soziale Gerechtigkeit einsetzten. Durch die Gründung einer Jugendgruppe förderte er den Austausch von Ideen und die Zusammenarbeit zwischen den verschiedenen kulturellen Hintergründen der Mitglieder. Diese Gruppe wurde zu einem wichtigen Ort für Diskussionen und die Entwicklung gemeinsamer Strategien gegen das Anti-Teilchen-Phasen-Eheverbot.

Die Kunst spielte eine wesentliche Rolle in Kyes Engagement. Er organisierte Veranstaltungen, bei denen lokale Künstler ihre Werke präsentierten, die die Themen Identität und Gleichheit thematisierten. Diese Veranstaltungen halfen nicht nur, das Bewusstsein zu schärfen, sondern schufen auch ein Gefühl der Zugehörigkeit und des Stolzes innerhalb der Gemeinschaft.

Erfolge durch Gemeinschaft

Die Mobilisierung der Gemeinschaft führte zu konkreten Erfolgen. Kyes Gruppe organisierte eine Vielzahl von Aktionen, die die Unterstützung für Teilchen-Phasen-Ehen sichtbar machten. Eine der bedeutendsten Aktionen war eine friedliche Demonstration, bei der Tausende von Menschen aus verschiedenen Gemeinschaften zusammenkamen, um ihre Solidarität zu zeigen.

Durch die Zusammenarbeit mit anderen Aktivisten und Organisationen konnte Kye ein Netzwerk aufbauen, das über die Grenzen seiner eigenen Gemeinschaft hinausging. Diese Allianzen waren entscheidend für den Erfolg der Bewegung, da sie Ressourcen und Wissen teilten und eine breitere Öffentlichkeit für das Anliegen sensibilisierten.

Die Rolle von Gemeinschaft in Kyes Vision

Kyes Vision für die Zukunft war immer von dem Glauben geprägt, dass Gemeinschaften die treibende Kraft hinter Veränderungen sind. Er betonte, dass der Kampf für Gleichheit und Gerechtigkeit nicht von Einzelpersonen allein gewonnen werden kann, sondern dass es eine kollektive Anstrengung erfordert. In seinen Reden forderte er die Menschen auf, sich aktiv an ihren Gemeinschaften zu beteiligen und Verantwortung für die Gestaltung ihrer Zukunft zu übernehmen.

$$V = \sum_{j=1}^{M} P_j \tag{19}$$

wobei V die Vision der Gemeinschaft, M die Anzahl der Mitglieder und P_j die individuellen Beiträge jedes Mitglieds zur Gemeinschaft ist.

Kye glaubte fest daran, dass jeder Einzelne, unabhängig von seiner Herkunft, einen wertvollen Beitrag leisten kann. Diese Überzeugung war nicht nur eine Quelle der Stärke für ihn, sondern auch ein Aufruf an andere, sich zu engagieren und aktiv an der Gestaltung einer gerechteren Gesellschaft teilzunehmen.

Fazit

Die Gemeinschaft war für Kye Fael ein entscheidender Faktor in seiner Entwicklung als Aktivist. Sie bot nicht nur Unterstützung und Ressourcen, sondern auch eine Plattform für den Austausch von Ideen und die Mobilisierung von Menschen für eine gemeinsame Sache. Die Herausforderungen, die Kye und seine Gemeinschaft erlebten, machten ihre Erfolge umso bedeutender. Kyes Engagement für die Gemeinschaft verdeutlicht die zentrale Rolle, die soziale Netzwerke und kollektive Anstrengungen im Kampf für Bürgerrechte und soziale Gerechtigkeit spielen. In einer Zeit, in der Ungleichheit und Diskriminierung weiterhin bestehen, bleibt die Bedeutung von Gemeinschaft für den Aktivismus und die gesellschaftliche Veränderung unbestritten.

Kyes Vision für die Zukunft

Kye Fael träumt von einer Zukunft, in der die Gesellschaft auf Zyoris nicht nur die Vielfalt der Teilchen-Phasen-Ehen akzeptiert, sondern sie auch feiert. Diese Vision ist nicht nur eine Utopie, sondern ein klar umrissener Plan, der auf den Prinzipien von Gleichheit, Respekt und gegenseitigem Verständnis basiert. Kyes Zukunftsvision lässt sich in mehrere zentrale Aspekte unterteilen, die sowohl theoretische als auch praktische Dimensionen umfassen.

1. Gleichheit und Akzeptanz

In Kyes Vorstellung ist die Gleichheit der Geschlechter und der verschiedenen Identitäten ein grundlegendes Menschenrecht. Diese Überzeugung basiert auf der Theorie der sozialen Gerechtigkeit, die besagt, dass alle Individuen unabhängig von ihrer Herkunft, Geschlecht oder sexuellen Orientierung gleich behandelt werden sollten. Kye argumentiert, dass die Akzeptanz der Teilchen-Phasen-Ehen nicht nur eine rechtliche Notwendigkeit ist, sondern auch ein kultureller Imperativ, um eine inklusive Gesellschaft zu fördern.

$$E = mc^2 \tag{20}$$

Hierbei steht E für die Energie, m für die Masse und c für die Lichtgeschwindigkeit. Diese Gleichung von Einstein kann metaphorisch für Kyes Vision interpretiert werden: Die Energie der Gesellschaft wird durch die Vielfalt ihrer Mitglieder verstärkt, und jeder Mensch trägt zur Gesamtmasse der kulturellen Identität bei.

2. Bildung und Aufklärung

Ein weiterer zentraler Punkt in Kyes Vision ist die Rolle der Bildung. Kye ist überzeugt, dass Aufklärung der Schlüssel zur Überwindung von Vorurteilen und Diskriminierung ist. Er sieht die Notwendigkeit, Bildungsprogramme zu entwickeln, die die Geschichte und die Herausforderungen von Teilchen-Phasen-Ehen thematisieren. Diese Programme sollten nicht nur in Schulen, sondern auch in der breiten Öffentlichkeit angeboten werden, um ein Bewusstsein für die Thematik zu schaffen.

3. Politische Veränderungen

Kye sieht auch die Notwendigkeit für tiefgreifende politische Veränderungen. Er fordert die Einführung von Gesetzen, die die Rechte von Teilchen-Phasen-Ehen schützen und fördern. Dies umfasst die Schaffung von rechtlichen Rahmenbedingungen, die Diskriminierung verhindern und die Gleichstellung in allen Lebensbereichen garantieren. Kye plant, Lobbyarbeit zu leisten und mit politischen Entscheidungsträgern zusammenzuarbeiten, um diese Veränderungen zu erreichen.

4. Gemeinschaft und Solidarität

Die Förderung von Gemeinschaft und Solidarität ist ein weiterer Grundpfeiler von Kyes Vision. Er glaubt, dass eine starke Gemeinschaft, die sich gegenseitig unterstützt, der Schlüssel zur Schaffung eines gerechten und gleichberechtigten Umfelds ist. Kye möchte Netzwerke von Aktivisten und Unterstützern aufbauen, die sich für die Rechte von Teilchen-Phasen-Ehen einsetzen und die Stimmen der Betroffenen stärken.

5. Technologischer Fortschritt

Kye erkennt auch die Rolle der Technologie in der modernen Aktivismusbewegung an. Er sieht in sozialen Medien und digitalen Plattformen ein mächtiges Werkzeug, um Informationen zu verbreiten, Mobilisierung zu organisieren und das Bewusstsein für die Belange der Teilchen-Phasen-Ehen zu schärfen. Durch den Einsatz von Technologie kann Kye eine breitere Öffentlichkeit erreichen und die Unterstützung für seine Vision ausbauen.

6. Kulturelle Anerkennung

Abschließend ist Kyes Vision auch von dem Wunsch geprägt, die kulturelle Anerkennung von Teilchen-Phasen-Ehen zu fördern. Kye möchte, dass Kunst, Literatur und Medien die Vielfalt dieser Ehen widerspiegeln und die Stimmen der Betroffenen sichtbar machen. Durch kulturelle Projekte und Veranstaltungen plant Kye, das Bewusstsein für die Schönheit und den Wert von Teilchen-Phasen-Ehen zu stärken.

Fazit

Kyes Vision für die Zukunft ist geprägt von Hoffnung und Entschlossenheit. Er sieht eine Welt, in der Vielfalt nicht nur akzeptiert, sondern gefeiert wird. Diese Zukunft erfordert Engagement, Zusammenarbeit und die unermüdliche Arbeit vieler Menschen, die sich für Gerechtigkeit und Gleichheit einsetzen. Kyes Überzeugung ist, dass jeder Einzelne einen Beitrag zu dieser Vision leisten kann, und dass der Weg zur Veränderung mit kleinen, aber bedeutenden Schritten beginnt. In einer Zeit, in der die Herausforderungen groß sind, bleibt Kyes Vision ein Licht der Hoffnung für die Zukunft von Zyoris und darüber hinaus.

Aufstieg zum Aktivismus

Der Wendepunkt

Kyes erste Begegnung mit dem Anti-Teilchen-Phasen-Eheverbot

Kyes erste Begegnung mit dem Anti-Teilchen-Phasen-Eheverbot war ein prägender Moment in seinem Leben, der seine Perspektive auf soziale Gerechtigkeit und Gleichheit tiefgreifend veränderte. Auf Zyoris, einem Planeten, der für seine vielfältigen Kulturen und sozialen Strukturen bekannt ist, war das Thema der Teilchen-Phasen-Ehen ein sensibler Punkt. Diese Ehen, die zwischen Individuen aus verschiedenen Teilchenphasen ermöglichten, waren nicht nur eine Frage der persönlichen Freiheit, sondern auch ein Symbol für die gesellschaftliche Akzeptanz von Vielfalt.

Der Kontext des Verbots

Das Anti-Teilchen-Phasen-Eheverbot wurde von der Regierung Zyoris eingeführt, um die traditionellen Werte zu schützen, die von einer konservativen Mehrheit als bedroht angesehen wurden. Die Argumentation hinter dem Verbot basierte auf der Annahme, dass Teilchen-Phasen-Ehen die soziale Ordnung destabilisieren würden. Diese Sichtweise war nicht nur in Zyoris verbreitet, sondern wurde auch von bestimmten politischen und religiösen Gruppen aktiv gefördert.

$$\text{Gesellschaftliche Stabilität} = f(\text{Tradition}, \text{Werte}, \text{Normen}) \qquad (21)$$

Hierbei stellt f eine Funktion dar, die die gesellschaftliche Stabilität in Abhängigkeit von traditionellen Werten und Normen beschreibt. Das Verbot wurde als notwendige Maßnahme dargestellt, um die Integrität der Gesellschaft zu bewahren.

Kyes persönliche Betroffenheit

Kye Fael, ein aufstrebender Aktivist, erlebte die Auswirkungen des Verbots zuerst in seinem Freundeskreis. Ein enger Freund von ihm, der in einer Teilchen-Phasen-Ehe lebte, wurde durch das Verbot stark belastet. Die ständige Angst vor Diskriminierung und sozialer Ausgrenzung führte zu emotionalen und psychologischen Problemen, die Kye nicht ignorieren konnte.

$$\text{Emotionale Belastung} = \alpha \cdot \text{Diskriminierung} + \beta \cdot \text{Soziale Ausgrenzung} \quad (22)$$

In dieser Gleichung repräsentiert α den Einfluss der Diskriminierung und β den Einfluss der sozialen Ausgrenzung auf die emotionale Belastung des Individuums. Kyes Freund war ein lebendiges Beispiel für die negativen Auswirkungen des Verbots, und Kye fühlte sich verpflichtet, aktiv zu werden.

Der erste Schritt in den Aktivismus

Kyes erste Reaktion auf das Anti-Teilchen-Phasen-Eheverbot war eine Mischung aus Wut und Entschlossenheit. Er begann, sich intensiver mit den rechtlichen und sozialen Implikationen des Verbots auseinanderzusetzen. Bei einer Schulveranstaltung, die dem Thema Bürgerrechte gewidmet war, hielt Kye seine erste Rede über die Ungerechtigkeit des Verbots.

> „Wir leben in einer Welt, in der Liebe keine Grenzen kennen sollte. Das Anti-Teilchen-Phasen-Eheverbot ist ein Angriff auf die Freiheit und die Rechte jedes Einzelnen!"

Diese Worte fanden großen Anklang bei seinen Mitschülern und führten zu einer Welle der Unterstützung für die betroffenen Paare. Kyes Rede war der erste Schritt in eine breitere Bewegung, die sich gegen das Verbot formierte.

Die Reaktionen der Gemeinschaft

Die Reaktionen auf Kyes Rede waren gemischt. Während viele junge Menschen und progressive Gruppen seine Ansichten unterstützten, gab es auch Widerstand von konservativen Eltern und Lehrern. Diese Opposition verstärkte Kyes Entschlossenheit, sich für die Rechte der Teilchen-Phasen-Ehen einzusetzen.

$$\text{Mobilisierung} = \frac{\text{Unterstützer}}{\text{Widerstand}} \cdot 100\% \quad (23)$$

Hierbei zeigt die Gleichung, dass die Mobilisierung von Unterstützern in direktem Verhältnis zum Widerstand steht. Je mehr Widerstand Kye erlebte, desto mehr entschloss sich die Gemeinschaft, aktiv zu werden.

Ein neuer Aktivismus entsteht

Kyes erste Begegnung mit dem Anti-Teilchen-Phasen-Eheverbot war der Funke, der ein Feuer des Aktivismus entzündete. Er begann, sich mit Gleichgesinnten zu vernetzen, und organisierte Treffen, um Strategien zur Bekämpfung des Verbots zu entwickeln. Diese frühen Schritte waren entscheidend für die Bildung einer breiteren Bewegung, die schließlich in der großen Mobilisierung gipfeln sollte.

In dieser Phase seines Lebens begann Kye zu verstehen, dass Aktivismus nicht nur das Kämpfen gegen Ungerechtigkeiten bedeutete, sondern auch das Schaffen von Gemeinschaft und Solidarität. Er lernte, dass jeder Schritt, den er unternahm, nicht nur für ihn, sondern für viele andere von Bedeutung war.

$$\text{Aktivismus} = \text{Gemeinschaft} + \text{Solidarität} + \text{Veränderung} \qquad (24)$$

Diese Gleichung beschreibt, dass Aktivismus aus der Gemeinschaft, der Solidarität unter den Menschen und dem Streben nach Veränderung besteht. Kyes Reise hatte gerade erst begonnen, und das Anti-Teilchen-Phasen-Eheverbot war der Ausgangspunkt für seinen Einfluss auf die Gesellschaft und seine Entwicklung als Bürgerrechtsaktivist.

Persönliche Betroffenheit und Motivation

Kye Fael erlebte die Auswirkungen des Anti-Teilchen-Phasen-Eheverbots auf Zyoris nicht nur als Beobachter, sondern als direkt Betroffener. Die Einführung dieses Gesetzes stellte nicht nur eine rechtliche Barriere dar, sondern auch eine tiefgreifende emotionale und psychologische Herausforderung für Kye und viele andere Bürger auf Zyoris. Um die Motivation hinter Kyes Aktivismus zu verstehen, ist es wichtig, die persönlichen Erfahrungen und die gesellschaftlichen Kontexte zu betrachten, die zu ihrem Engagement führten.

Die persönliche Betroffenheit

Die ersten Anzeichen der persönlichen Betroffenheit traten auf, als Kye Zeugin wurde, wie enge Freunde und Familienmitglieder unter dem neuen Gesetz litten. Die Teilchen-Phasen-Ehe, die eine Vereinigung zwischen Individuen aus verschiedenen Dimensionen und Phasen des Seins ermöglicht, wurde plötzlich kriminalisiert. Kyes beste Freundin, die in einer solchen Beziehung lebte, sah sich gezwungen, ihre Liebe zu verstecken, was zu einer tiefen emotionalen Belastung führte. Diese Ungerechtigkeit und der Schmerz, den Kyes Freunde erlitten, weckten in ihr ein starkes Gefühl der Empathie und des Unrechtsbewusstseins.

Die Theorie der sozialen Identität, formuliert von Henri Tajfel, legt nahe, dass das Zugehörigkeitsgefühl zu einer bestimmten Gruppe das Selbstbild und die Motivation beeinflusst. Kye identifizierte sich stark mit der Gemeinschaft der Teilchen-Phasen-Ehepartner, und als diese Gruppe unterdrückt wurde, fühlte sie sich persönlich angegriffen. Der Verlust von Rechten und die Stigmatisierung ihrer Identität führten zu einem Gefühl der Dringlichkeit, aktiv zu werden.

Motivation durch Ungerechtigkeit

Kyes Motivation wurde auch durch die Ungerechtigkeit genährt, die sie in ihrer Umgebung wahrnahm. Die Diskriminierung, die ihre Freunde und Angehörigen erlebten, war nicht nur ein persönliches Problem, sondern spiegelte ein systematisches Versagen der Gesellschaft wider, die Vielfalt zu akzeptieren und zu schützen. In diesem Zusammenhang wurde Kyes Engagement für die Rechte der Teilchen-Phasen-Ehepartner zu einem Akt des Widerstands gegen die Ungerechtigkeit.

Ein zentrales Konzept in der politischen Psychologie ist das der *kollektiven Effizienz*, das beschreibt, wie das Gefühl, gemeinsam für eine Sache zu kämpfen, die Motivation und den Zusammenhalt innerhalb einer Gruppe stärkt. Kye erkannte, dass sie nicht allein war; viele andere fühlten sich ebenso betroffen und waren bereit, für ihre Rechte zu kämpfen. Diese kollektive Energie motivierte sie, eine Widerstandsgruppe zu gründen, die sich für die Rechte der Teilchen-Phasen-Ehepartner einsetzen sollte.

Der Einfluss persönlicher Erfahrungen

Zusätzlich zu den Erfahrungen ihrer Freunde hatte Kye auch eigene, prägende Erlebnisse, die ihre Motivation verstärkten. Während eines Besuchs bei einem interdimensionalen Festival, das die Vielfalt der Kulturen und Beziehungen feierte, erlebte Kye eine tiefgreifende Verbindung zu den Menschen, die ihre Identität und Liebe offen lebten. Dieser Moment der Akzeptanz und Freude wurde jedoch durch die Rückkehr in die Realität Zyoris überschattet, wo das Gesetz die Liebe und die Freiheit der Menschen einschränkte.

Kye verstand, dass ihre eigene Identität und die der anderen Teilchen-Phasen-Ehepartner nicht weniger wertvoll waren als die derjenigen, die in traditionellen Beziehungen lebten. Diese Erkenntnis führte zu einem tiefen inneren Konflikt, der sie dazu motivierte, für die Rechte und die Anerkennung ihrer Gemeinschaft zu kämpfen. Sie begann, die Prinzipien der Gleichheit und der Menschenrechte nicht nur als abstrakte Konzepte, sondern als persönliche Lebensrealitäten zu betrachten.

Die Entstehung der Aktivismus-Motivation

Die Kombination aus persönlicher Betroffenheit und dem Wunsch nach Gerechtigkeit führte zur Entstehung von Kyes Aktivismus. Sie begann, sich intensiver mit den Theorien der sozialen Gerechtigkeit auseinanderzusetzen, insbesondere mit den Arbeiten von Judith Butler zur Geschlechteridentität und den sozialen Konstruktionen, die die Beziehungen zwischen den verschiedenen Phasen und Dimensionen beeinflussen. Kyes Engagement wurde somit nicht nur von persönlichen Erfahrungen geprägt, sondern auch von einem tiefen Verständnis der theoretischen Grundlagen des Aktivismus.

Kye entwickelte eine klare Vision: Sie wollte eine Gesellschaft schaffen, in der Liebe in all ihren Formen anerkannt und gefeiert wird. Diese Vision war nicht nur eine persönliche, sondern auch eine kollektive, die andere inspirieren sollte, sich für die Rechte der Teilchen-Phasen-Ehepartner einzusetzen.

Schlussfolgerung

Zusammenfassend lässt sich sagen, dass Kye Faels persönliche Betroffenheit und Motivation aus einer tiefen Empathie für die Erfahrungen ihrer Mitmenschen und einem starken Gerechtigkeitssinn resultierten. Die Ungerechtigkeit des Anti-Teilchen-Phasen-Eheverbots war nicht nur ein rechtliches Problem, sondern ein persönlicher Angriff auf Kyes Identität und die ihrer Gemeinschaft. Diese Erfahrungen und Theorien bildeten die Grundlage für ihren Aktivismus und motivierten sie, sich für eine gerechte und inklusive Gesellschaft einzusetzen.

Die Gründung einer Widerstandsgruppe

Die Gründung einer Widerstandsgruppe war für Kye Fael ein entscheidender Schritt in ihrem Aktivismus gegen das Anti-Teilchen-Phasen-Eheverbot auf Zyoris. Diese Phase ihres Lebens war geprägt von der Dringlichkeit, Gleichheit und Gerechtigkeit für alle Bürger zu erreichen. Kye verstand, dass kollektives Handeln notwendig war, um die bestehenden gesellschaftlichen Strukturen zu verändern und eine breitere Unterstützung für die Sache zu mobilisieren.

Die Motivation zur Gründung

Die Motivation für die Gründung der Widerstandsgruppe entstand aus Kyes persönlicher Betroffenheit durch das Anti-Teilchen-Phasen-Eheverbot. Dieses Gesetz stellte nicht nur eine rechtliche Hürde dar, sondern auch eine tiefgreifende gesellschaftliche Diskriminierung, die viele ihrer Freunde und Angehörigen betraf. Kye war sich der Tatsache bewusst, dass Einzelpersonen oft machtlos gegenüber einer übermächtigen Regierung sind, aber in der Gemeinschaft lag die Kraft zur Veränderung.

Kye begann damit, Gleichgesinnte zu suchen, die ebenfalls gegen das Verbot waren. Diese Suche führte sie zu einer Vielzahl von Menschen aus unterschiedlichen sozialen Schichten und kulturellen Hintergründen, die alle das gleiche Ziel verfolgten: die Aufhebung des diskriminierenden Gesetzes. Sie stellte fest, dass die Gründung einer Widerstandsgruppe nicht nur eine strategische Entscheidung war, sondern auch eine Möglichkeit, Solidarität und Gemeinschaft zu fördern.

Die Struktur der Widerstandsgruppe

Die Widerstandsgruppe, die Kye gründete, wurde als „Zyoris für Gleichheit" bekannt. Die Struktur der Gruppe war demokratisch und inklusiv, was bedeutete, dass alle Mitglieder eine Stimme hatten. Kye legte großen Wert auf Transparenz und Partizipation, um ein Gefühl der Zugehörigkeit und Verantwortung zu schaffen.

Die Gruppe bestand aus verschiedenen Kommissionen, die sich auf spezifische Themen konzentrierten, wie Öffentlichkeitsarbeit, rechtliche Unterstützung und Mobilisierung von Ressourcen. Diese Aufteilung der Aufgaben stellte sicher, dass die Gruppe effektiv arbeiten konnte und jeder seine Stärken einbringen konnte.

Strategien und Ziele

Ein zentrales Ziel der Widerstandsgruppe war es, das Bewusstsein für die Problematik der Teilchen-Phasen-Ehen zu schärfen und die Öffentlichkeit über die negativen Auswirkungen des Anti-Teilchen-Phasen-Eheverbots aufzuklären. Kye und ihre Mitstreiterinnen und Mitstreiter organisierten Informationsveranstaltungen, um die Menschen über die rechtlichen, sozialen und emotionalen Aspekte des Verbots aufzuklären.

Zusätzlich entwickelte die Gruppe kreative Strategien, um Aufmerksamkeit zu erregen. Dazu gehörten Kunstaktionen, Flashmobs und soziale Medienkampagnen. Ein Beispiel für eine erfolgreiche Aktion war die „Lichterkette der Hoffnung", bei der Tausende von Menschen in der Hauptstadt Zyoris Kerzen anzündeten, um ihre Unterstützung für die Gleichberechtigung zu zeigen. Diese Art von Aktivismus half, eine breite Öffentlichkeit zu mobilisieren und das Thema in den politischen Diskurs zu bringen.

Herausforderungen und Widerstände

Trotz des anfänglichen Erfolgs sah sich die Widerstandsgruppe auch mit erheblichen Herausforderungen konfrontiert. Die Regierung von Zyoris reagierte mit Repressionen, als sie die wachsende Bewegung bemerkte. Kye und ihre Gruppe wurden mit Drohungen, Überwachung und sogar Festnahmen konfrontiert.

Ein konkretes Beispiel war die Verhaftung eines prominenten Mitglieds der Gruppe während einer friedlichen Demonstration. Diese Vorfälle führten zu einer verstärkten Mobilisierung innerhalb der Gruppe, da sie die Dringlichkeit und den Ernst ihrer Mission verdeutlichten. Kye nutzte diese Herausforderungen, um die Mitglieder zu ermutigen, ihre Stimmen zu erheben und sich nicht einschüchtern zu lassen.

Die Bedeutung von Gemeinschaft und Solidarität

Die Gründung der Widerstandsgruppe war nicht nur ein strategischer Schritt, sondern auch ein Akt der Gemeinschaft und Solidarität. Kye erkannte, dass der Erfolg ihrer Bewegung von der Fähigkeit abhängt, eine breite Basis von Unterstützern zu mobilisieren. Die Gruppe bot einen Raum für Menschen, um ihre Geschichten zu teilen, ihre Ängste auszudrücken und sich gegenseitig zu unterstützen.

Durch regelmäßige Treffen und Workshops förderte Kye eine Kultur des Austauschs und der Zusammenarbeit. Diese Gemeinschaftsbildung war entscheidend, um eine starke, vereinte Front gegen die Ungerechtigkeit zu bilden. Die Mitglieder der Gruppe fühlten sich nicht nur als Aktivisten, sondern auch als Teil einer Bewegung, die für eine gerechtere Zukunft kämpfte.

Fazit

Die Gründung der Widerstandsgruppe „Zyoris für Gleichheit" war ein entscheidender Moment in Kye Faels Aktivismus. Durch die Mobilisierung von Gemeinschaft und die Entwicklung kreativer Strategien konnte die Gruppe eine bedeutende Stimme im Kampf gegen das Anti-Teilchen-Phasen-Eheverbot werden. Trotz der Herausforderungen, die sie erlebten, blieb die Gruppe stark und entschlossen, für die Rechte aller Bürger zu kämpfen. Kyes Vision von einer gerechten Gesellschaft wurde durch die Gründung dieser Gruppe nicht nur lebendig, sondern auch greifbar.

Strategien für den Widerstand

Der Widerstand gegen das Anti-Teilchen-Phasen-Eheverbot auf Zyoris erforderte ein durchdachtes und strategisches Vorgehen. Kye Fael und ihre Mitstreiter entwickelten verschiedene Strategien, um die Öffentlichkeit zu mobilisieren, politische Entscheidungsträger zu beeinflussen und das Bewusstsein für die Ungerechtigkeit des Gesetzes zu schärfen. In diesem Abschnitt werden die wichtigsten Strategien für den Widerstand detailliert beschrieben.

1. Bildung und Aufklärung

Eine der grundlegenden Strategien war die Bildung und Aufklärung der Bevölkerung über die Bedeutung von Teilchen-Phasen-Ehen und die Auswirkungen des Verbots. Kye organisierte Workshops und Informationsveranstaltungen, um die Vielfalt und die Rechte der Betroffenen zu betonen. Diese Veranstaltungen beinhalteten:

- **Vorträge von Experten:** Kye lud Wissenschaftler und Menschenrechtsaktivisten ein, um über die rechtlichen und sozialen Implikationen des Verbots zu sprechen.
- **Verteilung von Informationsmaterial:** Flyer und Broschüren wurden erstellt, um die wichtigsten Argumente gegen das Verbot zusammenzufassen.
- **Online-Kampagnen:** Soziale Medien wurden genutzt, um Informationen zu verbreiten und eine breitere Öffentlichkeit zu erreichen.

Die Theorie hinter dieser Strategie basiert auf dem Konzept der *Bildung als Befreiung*, das besagt, dass Wissen und Aufklärung entscheidend sind, um soziale Veränderungen herbeizuführen. Paulo Freire argumentiert, dass Bildung ein Werkzeug zur Befreiung von Unterdrückung ist und dass Menschen durch Bildung in der Lage sind, ihre Realität zu verändern.

2. Mobilisierung der Gemeinschaft

Um einen breiten Widerstand zu organisieren, war es entscheidend, die Gemeinschaft zu mobilisieren. Kye entwickelte verschiedene Ansätze, um Menschen zusammenzubringen:

- **Gründung von Unterstützungsgruppen:** Kye initiierte lokale Gruppen, die sich regelmäßig trafen, um Strategien zu diskutieren und Aktionen zu planen.

- **Veranstaltung von Versammlungen:** Öffentliche Versammlungen wurden organisiert, um die Betroffenen zu ermutigen, ihre Geschichten zu teilen und ihre Stimmen zu erheben.

- **Kooperation mit anderen Organisationen:** Kye suchte aktiv die Zusammenarbeit mit bestehenden Menschenrechtsorganisationen, um Ressourcen und Netzwerke zu bündeln.

Die Mobilisierung der Gemeinschaft ist ein zentraler Aspekt der *kollektiven Aktion*, die auf der Annahme basiert, dass gemeinsames Handeln zu mehr Einfluss und Sichtbarkeit führt. Die Theorie der sozialen Bewegungen legt nahe, dass eine starke Gemeinschaftsbildung die Widerstandskraft erhöht und die Chancen auf Erfolg verbessert.

3. Nutzung von Medien und Technologie

Kye erkannte frühzeitig die Macht der Medien und der Technologie im Aktivismus. Sie setzte verschiedene Medienstrategien ein, um die Botschaft des Widerstands zu verbreiten:

- **Social Media Kampagnen:** Plattformen wie ZyorisBook und Twyter wurden genutzt, um virale Kampagnen zu starten, die auf das Unrecht des Verbots aufmerksam machten.

- **Dokumentation von Geschichten:** Kye initiierte ein Projekt, bei dem persönliche Geschichten von Betroffenen gesammelt und veröffentlicht wurden, um die menschliche Seite der Thematik zu zeigen.

- **Online-Petitionen:** Die Verwendung von Online-Petitionen erleichterte es, Unterstützer zu mobilisieren und Druck auf die politischen Entscheidungsträger auszuüben.

Die Theorie der *Medienwirkung* legt nahe, dass Medien nicht nur Informationen verbreiten, sondern auch das öffentliche Bewusstsein und die öffentliche Meinung formen können. Indem Kye die Medien effektiv einsetzte, konnte sie eine breitere Diskussion über das Thema anstoßen.

4. Symbolische Aktionen und Protestformen

Um die Aufmerksamkeit der Öffentlichkeit zu gewinnen, organisierte Kye eine Reihe von symbolischen Aktionen und Protestformen:

- **Kreative Proteste:** Kye und ihre Gruppe führten kreative Aktionen durch, wie z.B. Flashmobs und Kunstinstallationen, die die Botschaft des Widerstands auf visuelle Weise kommunizierten.

- **Demonstrationen:** Geplante Demonstrationen wurden durchgeführt, um die Sichtbarkeit des Widerstands zu erhöhen und den Druck auf die Regierung zu steigern.

- **Verwendung von Symbolik:** Kye entwickelte Symbole, die die Bewegung repräsentierten, um eine gemeinsame Identität zu schaffen und den Zusammenhalt zu fördern.

Die Theorie der *symbolischen Interaktion* besagt, dass Symbole und deren Bedeutungen entscheidend für das Verständnis sozialer Bewegungen sind. Durch die Schaffung starker Symbole konnte Kye eine emotionale Verbindung zur Öffentlichkeit herstellen und das Engagement der Unterstützer erhöhen.

5. Lobbyarbeit und politische Einflussnahme

Ein weiterer wesentlicher Bestandteil der Widerstandsstrategien war die direkte Einflussnahme auf politische Entscheidungsträger:

- **Gespräche mit Politikern:** Kye und ihre Mitstreiter suchten den Dialog mit Abgeordneten, um ihre Anliegen direkt vorzutragen und Unterstützung zu gewinnen.

- **Erstellung von Positionspapieren:** Kye verfasste detaillierte Positionspapiere, die die Argumente gegen das Verbot zusammenfassten und konkrete Vorschläge für gesetzliche Änderungen enthielten.

- **Mobilisierung von Wählern:** Kye ermutigte die Unterstützer, ihre Stimmen bei Wahlen abzugeben und Kandidaten zu unterstützen, die sich für Bürgerrechte einsetzen.

Die Theorie der *Lobbyarbeit* zeigt, dass direkte Einflussnahme auf politische Prozesse entscheidend ist, um Veränderungen herbeizuführen. Durch gezielte Lobbyarbeit konnte Kye die Sichtbarkeit ihrer Anliegen erhöhen und den politischen Druck verstärken.

Fazit

Die Strategien für den Widerstand, die Kye Fael entwickelte, waren vielfältig und zielgerichtet.   Durch Bildung, Mobilisierung, Mediennutzung, symbolische Aktionen und politische Einflussnahme schuf sie eine starke Bewegung gegen das Anti-Teilchen-Phasen-Eheverbot. Diese Ansätze zeigten nicht nur die Kreativität und Entschlossenheit der Aktivisten, sondern auch die Kraft des kollektiven Handelns in der Verfolgung von Gleichheit und Gerechtigkeit auf Zyoris.

Kyes erste Erfolge und Misserfolge

Kye Fael, als leidenschaftlicher Aktivist, erlebte in den frühen Phasen ihres Engagements sowohl Erfolge als auch Rückschläge, die entscheidend für ihre Entwicklung und die der Bewegung gegen das Anti-Teilchen-Phasen-Eheverbot auf Zyoris waren. Diese Erfahrungen prägten nicht nur ihre persönliche Identität, sondern auch die Strategien, die sie im weiteren Verlauf ihres Aktivismus entwickelte.

Erste Erfolge

Kyes erste Erfolge waren oft das Ergebnis intensiver Vorbereitung und der Mobilisierung ihrer Gemeinschaft. Ein Schlüsselmoment war die Gründung einer Widerstandsgruppe, die sich aus Gleichgesinnten zusammensetzte, die die gleichen Ziele verfolgten.   Diese Gruppe organisierte eine Reihe von Informationsveranstaltungen, um das Bewusstsein für die Probleme rund um das Anti-Teilchen-Phasen-Eheverbot zu schärfen.

Ein bemerkenswerter Erfolg war die erste öffentliche Versammlung, die Kye und ihre Gruppe organisierten.   Diese Veranstaltung zog nicht nur die Aufmerksamkeit der lokalen Medien auf sich, sondern auch das Interesse von prominenten Unterstützern, die bereit waren, ihre Stimme gegen das Gesetz zu erheben. Die Veranstaltung war ein voller Erfolg und führte zu einer signifikanten Zunahme   der   Unterstützerzahlen.   Kyes   Fähigkeit,   Menschen zusammenzubringen und eine gemeinsame Vision zu fördern, wurde schnell zu einem ihrer Markenzeichen.

Ein weiterer wichtiger Erfolg war die Entwicklung einer Online-Kampagne, die über soziale Medien verbreitet wurde. Kye nutzte Plattformen wie ZyorisBook und IntergalacticGram, um ihre Botschaft zu verbreiten. Die Kampagne erreichte innerhalb weniger Wochen Tausende von Menschen und sorgte für eine Welle der Unterstützung, die sich in Form von Unterschriften für eine Petition gegen das Anti-Teilchen-Phasen-Eheverbot manifestierte. Diese Petition wurde schließlich an die Regierung übergeben und stellte einen symbolischen Sieg für die Bewegung dar.

Misserfolge und Herausforderungen

Trotz dieser Erfolge war Kyes Weg nicht ohne Herausforderungen. Ein frühes Misserfolgserlebnis war die erste Demonstration, die sie und ihre Gruppe organisierten. Obwohl sie gut vorbereitet waren, war die Teilnehmerzahl enttäuschend gering. Viele potenzielle Unterstützer waren skeptisch gegenüber den Auswirkungen des Aktivismus und fürchteten mögliche Repressionen durch die Regierung. Diese Erfahrung war für Kye demütigend und führte zu einer Phase der Selbstreflexion. Sie stellte sich die Frage, wie sie die Menschen effektiver mobilisieren könnte und welche Ängste sie überwinden müssten, um aktiv zu werden.

Ein weiterer Rückschlag war die negative Berichterstattung in den Medien. Einige Journalisten berichteten über die Bewegung mit einem kritischen Unterton, was das öffentliche Bild von Kye und ihrer Gruppe beeinträchtigte. Die Berichterstattung stellte sie oft als radikal und extrem dar, was dazu führte, dass einige Unterstützer sich distanzierten. Kye erkannte, dass die Kontrolle über die Narrative entscheidend war und begann, gezielt mit Journalisten zu arbeiten, um eine positive Darstellung ihrer Ziele zu fördern.

Theoretische Perspektiven

Um Kyes Erfolge und Misserfolge besser zu verstehen, ist es wichtig, die theoretischen Konzepte des sozialen Wandels und des Aktivismus zu betrachten. Der Sozialwissenschaftler Charles Tilly beschreibt in seiner Theorie des sozialen Wandels, dass kollektive Aktionen oft durch soziale Netzwerke und die Mobilisierung von Ressourcen beeinflusst werden. Kyes Fähigkeit, ein starkes Netzwerk aufzubauen, war entscheidend für ihre frühen Erfolge.

Allerdings zeigt die Theorie von Herbert Blumer, dass soziale Bewegungen auch von der Wahrnehmung der Öffentlichkeit abhängen. Die negative Medienberichterstattung, der Kye ausgesetzt war, verdeutlicht, wie wichtig es ist, das öffentliche Bild einer Bewegung zu steuern. Diese Dynamik zwischen Erfolg und Misserfolg ist ein zentrales Element im Aktivismus und verdeutlicht die Komplexität des sozialen Wandels.

Fazit

Zusammenfassend lässt sich sagen, dass Kyes erste Erfolge und Misserfolge entscheidend für ihre Entwicklung als Aktivistin waren. Sie lernten aus den Herausforderungen, die sie erlebte, und passten ihre Strategien an, um effektiver zu sein. Diese Erfahrungen legten den Grundstein für ihre zukünftigen Aktivitäten und halfen ihr, eine resilientere und einflussreichere Figur im Kampf gegen das Anti-Teilchen-Phasen-Eheverbot zu werden. Kyes Geschichte ist ein Beispiel dafür, wie Widerstand und Engagement sowohl von Erfolgen als auch von Misserfolgen geprägt sind, und wie wichtig es ist, aus beiden zu lernen, um letztlich den gewünschten sozialen Wandel zu erreichen.

Mobilisierung der Gemeinschaft

Die Mobilisierung der Gemeinschaft ist ein zentraler Aspekt des Aktivismus und spielt eine entscheidende Rolle im Widerstand gegen das Anti-Teilchen-Phasen-Eheverbot auf Zyoris. Kye Fael erkannte früh, dass der Erfolg ihrer Bewegung nicht nur von ihren eigenen Anstrengungen abhängt, sondern auch von der Fähigkeit, andere zu inspirieren und zu mobilisieren. In diesem Abschnitt werden die Strategien, Herausforderungen und Erfolge der Gemeinschaftsmobilisierung beleuchtet.

Strategien zur Mobilisierung

Um die Gemeinschaft effektiv zu mobilisieren, entwickelte Kye eine Vielzahl von Strategien, die auf den spezifischen Bedürfnissen und Wünschen der Menschen auf Zyoris basierten. Zu den wichtigsten Strategien gehörten:

- **Aufklärung und Bildung:** Kye und ihr Team organisierten Workshops und Informationsveranstaltungen, um die Menschen über die Bedeutung von Teilchen-Phasen-Ehen und die Auswirkungen des Verbots aufzuklären. Sie nutzten auch soziale Medien, um Informationen zu verbreiten und Diskussionen anzuregen.

- **Persönliche Geschichten:** Kye ermutigte Mitglieder der Gemeinschaft, ihre persönlichen Geschichten über die Auswirkungen des Verbots zu teilen. Diese Geschichten schufen eine emotionale Verbindung und halfen, das Bewusstsein für die Ungerechtigkeit zu schärfen.

- **Kunst und Kultur:** Kunst wurde als kraftvolles Werkzeug zur Mobilisierung eingesetzt. Kye initiierte kreative Projekte, wie

Theateraufführungen und Kunstausstellungen, die die Themen der Ungerechtigkeit und der Gleichheit thematisierten und ein breiteres Publikum ansprachen.

+ **Netzwerkbildung:** Kye baute strategische Allianzen mit anderen Organisationen und Gemeinschaftsgruppen auf. Diese Netzwerke ermöglichten es, Ressourcen und Unterstützung zu bündeln und eine größere Reichweite zu erzielen.

Herausforderungen der Mobilisierung

Trotz der positiven Ansätze gab es zahlreiche Herausforderungen bei der Mobilisierung der Gemeinschaft. Einige der wesentlichen Probleme umfassten:

+ **Misstrauen gegenüber Aktivismus:** Viele Mitglieder der Gemeinschaft waren skeptisch gegenüber Aktivismus und hatten negative Erfahrungen mit der Regierung gemacht. Kye musste hart daran arbeiten, Vertrauen aufzubauen und den Menschen zu zeigen, dass ihr Engagement einen Unterschied machen kann.

+ **Ressourcenmangel:** Die Mobilisierung erforderte finanzielle Mittel und Ressourcen, die oft begrenzt waren. Kye und ihr Team suchten nach Fördermöglichkeiten und Spenden, um ihre Aktivitäten zu unterstützen.

+ **Interne Differenzen:** Innerhalb der Gemeinschaft gab es unterschiedliche Meinungen und Ansichten über die beste Vorgehensweise. Kye musste oft als Mediatorin auftreten, um einen Konsens zu finden und alle Stimmen zu berücksichtigen.

Erfolge der Mobilisierung

Trotz der Herausforderungen war Kyes Mobilisierung der Gemeinschaft von bemerkenswerten Erfolgen geprägt. Zu den wichtigsten Erfolgen gehörten:

+ **Wachsendes Engagement:** Die Zahl der Unterstützer und Aktivisten, die sich der Bewegung anschlossen, wuchs stetig. Dies führte zu einer stärkeren Präsenz in der Öffentlichkeit und einem größeren Einfluss auf die politischen Entscheidungsträger.

+ **Öffentliche Veranstaltungen:** Kye organisierte mehrere erfolgreiche öffentliche Veranstaltungen, die das Bewusstsein für das

Anti-Teilchen-Phasen-Eheverbot schärften. Diese Veranstaltungen zogen nicht nur Unterstützer an, sondern auch Medienvertreter, die die Botschaft verbreiteten.

* **Einfluss auf die Politik:** Die Mobilisierung führte zu einem erhöhten Druck auf die Regierung, das Verbot zu überdenken. Kye und ihr Team konnten einige politische Entscheidungsträger überzeugen, sich für eine Überprüfung des Gesetzes einzusetzen.

Theoretische Grundlagen der Mobilisierung

Die Mobilisierung der Gemeinschaft kann durch verschiedene theoretische Rahmenbedingungen verstanden werden. Eine wichtige Theorie ist die **Ressourcentheorie**, die besagt, dass der Zugang zu Ressourcen (finanziell, menschlich, sozial) entscheidend für den Erfolg von Bewegungen ist. Kye nutzte diese Theorie, um gezielt Ressourcen zu identifizieren und zu mobilisieren, die ihrer Bewegung zugutekamen.

Ein weiteres relevantes Konzept ist die **kollektive Identität**. Kye förderte ein Gefühl der kollektiven Identität unter den Unterstützern, indem sie gemeinsame Werte und Ziele betonte. Diese kollektive Identität half, die Gemeinschaft zu vereinen und das Engagement zu stärken.

Fazit

Die Mobilisierung der Gemeinschaft war ein entscheidender Faktor für den Erfolg von Kye Faels Aktivismus gegen das Anti-Teilchen-Phasen-Eheverbot auf Zyoris. Durch strategische Ansätze, die Überwindung von Herausforderungen und die Schaffung eines kollektiven Bewusstseins konnte Kye eine breite Unterstützung für ihre Sache gewinnen. Diese Erfahrungen und Erkenntnisse sind nicht nur für den Aktivismus auf Zyoris von Bedeutung, sondern bieten auch wertvolle Lehren für andere Bewegungen weltweit.

Der Einfluss von sozialen Medien

Soziale Medien haben sich als ein kraftvolles Werkzeug für Aktivisten auf der ganzen Welt etabliert. Für Kye Fael und die Bewegung gegen das Anti-Teilchen-Phasen-Eheverbot auf Zyoris war die Nutzung sozialer Medien nicht nur eine strategische Entscheidung, sondern eine Notwendigkeit in einer Zeit, in der traditionelle Kommunikationskanäle nicht ausreichten, um die Botschaft zu verbreiten.

Theoretischer Rahmen

Die Theorie der sozialen Bewegungen, insbesondere die *Resource Mobilization Theory*, legt nahe, dass der Zugang zu Ressourcen, einschließlich sozialer Netzwerke, entscheidend für den Erfolg einer Bewegung ist. Gemäß dieser Theorie können soziale Medien als Ressource betrachtet werden, die es Aktivisten ermöglicht, ihre Botschaften effizient zu verbreiten und Unterstützer zu mobilisieren.

Ein zentrales Konzept in diesem Kontext ist die *Networked Public Sphere*, die die Art und Weise beschreibt, wie soziale Medien öffentliche Diskurse ermöglichen und die Meinungsbildung beeinflussen. Auf Zyoris, wo die Regierung strenge Kontrollen über die Massenkommunikation ausübte, boten soziale Medien einen alternativen Raum für Diskussionen und den Austausch von Ideen.

Probleme und Herausforderungen

Trotz ihrer Vorteile waren soziale Medien nicht ohne Herausforderungen. Eine der größten Hürden war die *Desinformation*. Während Kye und ihre Mitstreiter versuchten, die Öffentlichkeit über die Ungerechtigkeiten des Anti-Teilchen-Phasen-Eheverbots aufzuklären, sahen sie sich mit gezielten Kampagnen konfrontiert, die darauf abzielten, ihre Botschaft zu diskreditieren. Diese Desinformation führte oft zu Verwirrung und Misstrauen innerhalb der Gemeinschaft.

Ein weiteres Problem war die *Überwachung*. Die Regierung von Zyoris war sich der Macht sozialer Medien bewusst und begann, Aktivisten zu überwachen, um potenzielle Bedrohungen für die öffentliche Ordnung zu identifizieren. Kye und ihre Gruppe mussten daher Strategien entwickeln, um ihre Kommunikation zu sichern und die Risiken der Überwachung zu minimieren. Dies beinhaltete die Verwendung von verschlüsselten Nachrichtenanwendungen und die Sensibilisierung der Unterstützer für die Gefahren der digitalen Überwachung.

Beispiele für den Einfluss

Ein prägnantes Beispiel für den Einfluss sozialer Medien war die Kampagne *#ZyorisForEquality*, die Kye ins Leben rief. Diese Kampagne nutzte Plattformen wie *Zybook* und *InstaZy* (zwei beliebte soziale Netzwerke auf Zyoris), um eine breite Öffentlichkeit zu erreichen. Durch kreative Inhalte, wie Videos, Grafiken und persönliche Geschichten, gelang es Kye, das Bewusstsein für die Diskriminierung von Teilchen-Phasen-Ehen zu schärfen.

Die virale Verbreitung eines Videos, in dem Kye ihre eigene Geschichte erzählte und die Auswirkungen des Verbots auf ihre Familie darlegte, führte zu einer massiven Welle der Unterstützung. Innerhalb weniger Tage hatte das Video Tausende von Aufrufen und wurde von prominenten Unterstützern geteilt, was die Reichweite der Kampagne exponentiell erhöhte.

Ein weiterer bemerkenswerter Erfolg war die Organisation einer Online-Demonstration, die als *Zy-Demo* bekannt wurde. Diese virtuelle Veranstaltung ermöglichte es Menschen aus verschiedenen Teilen von Zyoris, ihre Stimmen zu erheben und ihre Solidarität mit der Bewegung zu zeigen, ohne physisch an einem Ort versammelt zu sein. Die Verwendung von Hashtags und Live-Streaming sorgte dafür, dass die Botschaft weit verbreitet wurde und internationale Aufmerksamkeit auf die Problematik lenkte.

Fazit

Zusammenfassend lässt sich sagen, dass soziale Medien für Kye Fael und die Bürgerrechtsbewegung auf Zyoris von entscheidender Bedeutung waren. Sie ermöglichten nicht nur die Verbreitung von Informationen und die Mobilisierung von Unterstützern, sondern schufen auch einen Raum für den Austausch von Erfahrungen und die Stärkung der Gemeinschaft. Trotz der Herausforderungen, die mit der Nutzung sozialer Medien verbunden sind, bleibt ihr Einfluss auf den Aktivismus unbestreitbar und wird auch in Zukunft eine zentrale Rolle spielen.

Die Fähigkeit, schnell und effektiv zu kommunizieren, hat die Dynamik des Widerstands verändert und bietet eine vielversprechende Perspektive für zukünftige Bewegungen, die sich für soziale Gerechtigkeit und Gleichheit einsetzen. Kyes Geschichte ist ein Beispiel dafür, wie Aktivismus in der digitalen Ära neu definiert wird und wie soziale Medien als Katalysator für Veränderung fungieren können.

Kyes Zusammenarbeit mit anderen Aktivisten

Die Zusammenarbeit mit anderen Aktivisten war für Kye Fael ein entscheidender Aspekt ihres Engagements gegen das Anti-Teilchen-Phasen-Eheverbot auf Zyoris. Diese Synergien ermöglichten es ihr, Ressourcen zu bündeln, Strategien zu entwickeln und eine breitere Basis für den Widerstand zu schaffen. In diesem Abschnitt werden die theoretischen Grundlagen der Zusammenarbeit, die Herausforderungen, denen sie begegnete, sowie konkrete Beispiele für erfolgreiche Kooperationen untersucht.

Theoretische Grundlagen der Zusammenarbeit

Die Zusammenarbeit zwischen Aktivisten kann durch verschiedene theoretische Rahmenbedingungen verstanden werden. Eine wichtige Theorie ist die *Soziale Bewegungs-Theorie*, die besagt, dass kollektives Handeln oft effektiver ist als individuelles Engagement. Diese Theorie legt nahe, dass die Mobilisierung von Gruppen eine stärkere Stimme und Einfluss auf die politische Agenda ermöglicht.

Ein weiterer relevanter Ansatz ist das Konzept der *Netzwerk-Theorie*, das die Bedeutung von Beziehungen und Verbindungen zwischen Individuen und Gruppen hervorhebt. Diese Theorie legt nahe, dass durch die Bildung von Netzwerken eine schnellere Verbreitung von Informationen und eine effektivere Mobilisierung von Ressourcen möglich ist.

Herausforderungen der Zusammenarbeit

Trotz der Vorteile gab es auch zahlreiche Herausforderungen, mit denen Kye und ihre Mitstreiter konfrontiert waren. Eine der größten Schwierigkeiten war die *Koordination* zwischen verschiedenen Gruppen. Unterschiedliche Ziele, Strategien und Kommunikationsstile führten häufig zu Missverständnissen und Konflikten. Kye stellte fest, dass es wichtig war, klare Kommunikationskanäle zu etablieren und regelmäßige Treffen abzuhalten, um die Zusammenarbeit zu fördern.

Ein weiteres Problem war die *Ressourcenteilung*. Während einige Gruppen über umfangreiche finanzielle Mittel verfügten, hatten andere Schwierigkeiten, die notwendigen Ressourcen zu beschaffen. Kye arbeitete daran, eine faire Verteilung von Ressourcen zu gewährleisten, um sicherzustellen, dass alle Gruppen gleichberechtigt an der Bewegung teilnehmen konnten.

Beispiele für erfolgreiche Kooperationen

Ein herausragendes Beispiel für Kyes Zusammenarbeit mit anderen Aktivisten war die Gründung des *Zyorisischen Bündnisses für Gleichheit* (ZBG). Dieses Bündnis vereinte verschiedene Gruppen, die sich für die Rechte von Teilchen-Phasen-Ehen einsetzten, sowie Organisationen, die sich allgemein für soziale Gerechtigkeit engagierten. Die Gründung des ZBG ermöglichte es Kye, ihre Reichweite zu vergrößern und eine Vielzahl von Stimmen in die Bewegung einzubringen.

Ein weiterer wichtiger Moment war die *Kampagne für die Aufhebung des Anti-Teilchen-Phasen-Eheverbots*, die Kye in Zusammenarbeit mit der *Zyorisischen Frauenbewegung* (ZWM) initiierte. Diese Kampagne kombinierte die Expertise der ZWM in Bezug auf geschlechtsspezifische Themen mit Kyes Fokus auf die Rechte von Teilchen-Phasen-Ehen. Gemeinsam organisierten sie eine Reihe von

Veranstaltungen, die das Bewusstsein für die Ungerechtigkeiten schärften, mit denen diese Ehen konfrontiert waren.

Ergebnisse der Zusammenarbeit

Die Zusammenarbeit mit anderen Aktivisten führte zu mehreren positiven Ergebnissen. Zunächst konnte Kye durch die Bündelung von Ressourcen und Fachwissen die *Zweite Zyorisische Konferenz für Bürgerrechte* organisieren. Diese Konferenz brachte Aktivisten, Wissenschaftler und politische Entscheidungsträger zusammen, um über die Herausforderungen und Chancen im Bereich der Bürgerrechte zu diskutieren.

Darüber hinaus gelang es Kye und ihren Mitstreitern, eine *Petition* zu starten, die innerhalb weniger Wochen Tausende von Unterschriften sammelte. Diese Petition war ein entscheidender Schritt in Richtung der politischen Mobilisierung und trug dazu bei, den Druck auf die Regierung zu erhöhen, das Anti-Teilchen-Phasen-Eheverbot zu überprüfen.

Schlussfolgerung

Kyes Zusammenarbeit mit anderen Aktivisten war nicht nur entscheidend für den Erfolg ihrer Bewegung, sondern auch eine Quelle persönlicher Inspiration und Wachstum. Durch den Austausch von Ideen und Strategien konnte sie nicht nur ihre eigenen Ansichten erweitern, sondern auch die ihrer Mitstreiter. Diese kollektive Anstrengung stellte sicher, dass die Stimmen derjenigen, die unter dem Anti-Teilchen-Phasen-Eheverbot litten, gehört wurden. Kyes Engagement für Zusammenarbeit bleibt ein zentraler Bestandteil ihrer Philosophie und ihrer Vision für eine gerechtere Gesellschaft auf Zyoris.

Die Bedeutung von Solidarität

Die Solidarität ist ein zentrales Konzept im Aktivismus und spielt eine entscheidende Rolle im Widerstand gegen das Anti-Teilchen-Phasen-Eheverbot auf Zyoris. Sie beschreibt nicht nur die Unterstützung zwischen Individuen und Gruppen, sondern auch die kollektive Verantwortung, die sich aus gemeinsamen Zielen und Werten ergibt. In diesem Abschnitt werden wir die verschiedenen Dimensionen der Solidarität untersuchen, ihre theoretischen Grundlagen erläutern und die Herausforderungen, die damit verbunden sind, analysieren.

Theoretische Grundlagen der Solidarität

Solidarität kann als eine Form sozialen Zusammenhalts betrachtet werden, die auf gemeinsamen Interessen, Werten oder Zielen basiert. Der Sozialwissenschaftler Émile Durkheim beschreibt Solidarität als eine soziale Tatsache, die das Zusammenleben von Individuen in einer Gesellschaft prägt. Er unterscheidet zwischen mechanischer und organischer Solidarität, wobei erstere in traditionellen, homogenen Gesellschaften und letztere in modernen, heterogenen Gesellschaften vorherrscht. In Bezug auf die Bürgerrechtsbewegung auf Zyoris ist die organische Solidarität von zentraler Bedeutung, da sie die Vielfalt der Identitäten und Erfahrungen anerkennt und gleichzeitig ein gemeinsames Ziel verfolgt: die Gleichheit und Akzeptanz aller Bürger.

Solidarität im Kontext des Aktivismus

Im Kontext des Aktivismus bedeutet Solidarität, dass Individuen und Gruppen sich zusammenschließen, um gegen Ungerechtigkeiten zu kämpfen. Dies geschieht oft durch gemeinsame Aktionen, wie Demonstrationen, Petitionen oder soziale Medienkampagnen. Kye Fael erkannte früh die Bedeutung von Solidarität in der Bewegung gegen das Anti-Teilchen-Phasen-Eheverbot. Sie mobilisierte Unterstützer aus verschiedenen gesellschaftlichen Schichten und förderte den Austausch von Ideen und Strategien. Ein Beispiel für diese solidarische Mobilisierung war die Gründung von Netzwerken, in denen Aktivisten ihre Erfahrungen und Ressourcen teilten, um den Widerstand zu stärken.

Herausforderungen der Solidarität

Trotz ihrer Bedeutung steht die Solidarität im Aktivismus vor verschiedenen Herausforderungen. Eine der größten Hürden ist die Fragmentierung innerhalb der Bewegung selbst. Unterschiedliche Gruppen können unterschiedliche Prioritäten und Strategien haben, was zu Spannungen und Konflikten führen kann. Kye Fael erlebte dies, als verschiedene Fraktionen innerhalb der Bewegung unterschiedliche Ansichten über den besten Weg zur Bekämpfung des Eheverbots hatten. Diese Differenzen konnten jedoch oft durch offene Diskussionen und den Fokus auf gemeinsame Ziele überwunden werden.

Ein weiteres Problem ist die externe Repression. Regierungen und Institutionen, die sich bedroht fühlen, können versuchen, die Solidarität zu untergraben, indem sie Aktivisten isolieren oder ihre Bewegungen kriminalisieren. In Zyoris führte die Regierung gezielte Kampagnen gegen Kyes Widerstandsgruppe durch, um deren Einfluss zu schwächen. Doch gerade in diesen Zeiten der Bedrohung zeigte sich die Stärke der Solidarität: Unterstützer aus verschiedenen Gemeinschaften kamen zusammen, um Kye und ihre Gruppe zu verteidigen, was den Zusammenhalt und die Entschlossenheit der Bewegung stärkte.

Beispiele für solidarische Aktionen

Ein bemerkenswertes Beispiel für Solidarität in Kye Faels Aktivismus war die Organisation einer landesweiten Demonstration, die nicht nur die Anliegen der Teilchen-Phasen-Ehen unterstützte, sondern auch andere soziale Gerechtigkeitsfragen einbezog. Diese Demonstration brachte Tausende von Menschen zusammen, die für Gleichheit und Akzeptanz eintraten. Kyes Rede an diesem Tag betonte die Notwendigkeit von Solidarität: „Wir sind hier, weil wir an die Kraft des Zusammenhalts glauben. Jeder von uns bringt eine einzigartige Perspektive mit, aber gemeinsam sind wir stärker."

Ein weiteres Beispiel war die Zusammenarbeit mit Künstlern und Kreativen, die ihre Plattformen nutzten, um die Botschaft des Widerstands zu verbreiten. Durch Kunst, Musik und Literatur konnten sie die Anliegen der Bewegung einem breiteren Publikum zugänglich machen und so die Solidarität innerhalb und außerhalb der Bewegung fördern.

Fazit

Die Bedeutung von Solidarität im Aktivismus kann nicht hoch genug eingeschätzt werden. Sie ist der Kitt, der verschiedene Gruppen und Individuen zusammenhält und es ihnen ermöglicht, effektiv gegen Ungerechtigkeiten zu kämpfen. Kye Faels Erfahrungen zeigen, dass Solidarität nicht nur eine moralische Verpflichtung ist, sondern auch eine strategische Notwendigkeit, um Veränderungen zu bewirken. In einer Zeit, in der die Herausforderungen groß sind, bleibt die Solidarität ein unverzichtbares Werkzeug im Streben nach Gleichheit und Gerechtigkeit auf Zyoris und darüber hinaus.

$$S = \sum_{i=1}^{n} P_i \tag{25}$$

wobei S die Solidarität, P_i die individuellen Beiträge der Unterstützer und n die Anzahl der Unterstützer ist. Diese Gleichung verdeutlicht, dass die Stärke der Solidarität aus den kollektiven Anstrengungen und dem Engagement jedes Einzelnen resultiert.

Kyes Vision für eine gerechte Gesellschaft

Kye Fael träumt von einer gerechten Gesellschaft auf Zyoris, in der alle Bürger, unabhängig von ihrer Identität oder ihrem Hintergrund, die gleichen Rechte und Chancen genießen. Diese Vision ist nicht nur eine Utopie, sondern ein konkretes Ziel, das durch aktives Engagement und kollektives Handeln erreicht werden kann. Kyes Ansatz zur Schaffung einer gerechten Gesellschaft basiert auf mehreren zentralen Prinzipien, die im Folgenden näher erläutert werden.

Gleichheit und Inklusion

Das erste und wichtigste Prinzip in Kyes Vision ist die Gleichheit. Kye glaubt fest daran, dass jede Person, unabhängig von ihrer Herkunft, ihrer sexuellen Orientierung oder ihrer kulturellen Identität, das Recht auf gleichberechtigte Teilhabe an der Gesellschaft hat. Diese Überzeugung spiegelt sich in Kyes Engagement für die Abschaffung des Anti-Teilchen-Phasen-Eheverbots wider, das eine diskriminierende Praxis darstellt und die Rechte einer ganzen Bevölkerungsgruppe einschränkt.

Kye argumentiert, dass gesellschaftliche Gleichheit nicht nur ein rechtliches, sondern auch ein kulturelles Ziel sein muss. Dies bedeutet, dass die Gesellschaft aktiv gegen Vorurteile und Diskriminierung vorgehen muss. Ein Beispiel hierfür ist die Förderung von Bildungsprogrammen, die sich mit Diversität und Inklusion beschäftigen und die Menschen dazu anregen, ihre eigenen Vorurteile zu hinterfragen und abzubauen.

Partizipation und Mitbestimmung

Ein weiteres zentrales Element von Kyes Vision ist die Partizipation. Kye ist überzeugt, dass eine gerechte Gesellschaft nur dann möglich ist, wenn alle Mitglieder aktiv an Entscheidungsprozessen beteiligt sind. Dies umfasst sowohl politische Mitbestimmung als auch die Möglichkeit, in sozialen und kulturellen Belangen gehört zu werden.

Kye hat Initiativen ins Leben gerufen, die es den Bürgern ermöglichen, ihre Stimmen zu erheben und Einfluss auf die politischen Entscheidungen zu nehmen, die ihr Leben betreffen. Ein Beispiel für solche Initiativen ist die Gründung von Bürgerforen, in denen Menschen aus verschiedenen sozialen Schichten zusammenkommen, um ihre Anliegen zu diskutieren und Lösungen zu entwickeln. Kye glaubt, dass durch solche Foren eine echte Demokratie gefördert wird, die die Vielfalt der Meinungen und Perspektiven anerkennt und wertschätzt.

Solidarität und Gemeinschaftsbildung

Kyes Vision für eine gerechte Gesellschaft betont auch die Bedeutung von Solidarität. Kye sieht die Stärke einer Gesellschaft in ihrer Fähigkeit, zusammenzustehen und sich gegenseitig zu unterstützen. Dies ist besonders wichtig in Zeiten der Krise, in denen marginalisierte Gruppen oft am stärksten betroffen sind.

Kye hat Kampagnen ins Leben gerufen, die Solidarität zwischen verschiedenen Gemeinschaften fördern, um ein Gefühl der Zusammengehörigkeit zu schaffen. Ein Beispiel hierfür ist die Organisation von interkulturellen Festen, die nicht nur die Vielfalt der Kulturen auf Zyoris feiern, sondern auch den Austausch und das Verständnis zwischen verschiedenen Gruppen fördern. Kye ist überzeugt, dass solche Veranstaltungen dazu beitragen, Vorurteile abzubauen und ein stärkeres Gemeinschaftsgefühl zu entwickeln.

Nachhaltigkeit und soziale Gerechtigkeit

Ein weiterer wichtiger Aspekt von Kyes Vision ist die Verbindung zwischen sozialer Gerechtigkeit und Nachhaltigkeit. Kye erkennt, dass soziale Ungleichheit und Umweltprobleme oft miteinander verknüpft sind. Daher plädiert Kye für eine ganzheitliche Betrachtung von Gerechtigkeit, die sowohl soziale als auch ökologische Dimensionen berücksichtigt.

Kye hat Projekte initiiert, die darauf abzielen, benachteiligte Gemeinschaften bei der Entwicklung nachhaltiger Praktiken zu unterstützen. Dies umfasst beispielsweise die Förderung von Gemeinschaftsgärten, die nicht nur zur Ernährungssicherheit beitragen, sondern auch die Gemeinschaft stärken und den sozialen Zusammenhalt fördern. Kye ist der Überzeugung, dass durch solche Projekte nicht nur die Umwelt geschützt, sondern auch die Lebensqualität der Menschen verbessert werden kann.

Bildung und Aufklärung

Abschließend betont Kye die entscheidende Rolle von Bildung in der Schaffung einer gerechten Gesellschaft. Kye glaubt, dass Bildung der Schlüssel ist, um Vorurteile abzubauen, Empathie zu fördern und die Menschen zu ermutigen, aktiv für ihre Rechte einzutreten.

Kye hat Bildungsinitiativen ins Leben gerufen, die sich auf die Vermittlung von Wissen über Bürgerrechte und soziale Gerechtigkeit konzentrieren. Diese Initiativen zielen darauf ab, junge Menschen zu ermutigen, sich aktiv in ihren Gemeinschaften zu engagieren und sich für positive Veränderungen einzusetzen.

Kye sieht Bildung als einen Weg, um eine informierte und engagierte Bürgerschaft zu schaffen, die in der Lage ist, die Herausforderungen einer sich verändernden Gesellschaft zu bewältigen.

Fazit

Kyes Vision für eine gerechte Gesellschaft ist umfassend und vielschichtig. Sie basiert auf den Prinzipien von Gleichheit, Partizipation, Solidarität, Nachhaltigkeit und Bildung. Kye ist überzeugt, dass durch kollektives Handeln und das Engagement jedes Einzelnen eine gerechte und inklusive Gesellschaft auf Zyoris geschaffen werden kann. Diese Vision ist nicht nur ein Traum, sondern ein erreichbares Ziel, das durch die Kraft der Gemeinschaft und den unermüdlichen Einsatz für Gerechtigkeit verwirklicht werden kann.

Die Herausforderungen des Aktivismus

Repression durch die Regierung

Die Repression durch die Regierung ist ein zentrales Thema im Kontext des Aktivismus auf Zyoris, insbesondere im Hinblick auf das Anti-Teilchen-Phasen-Eheverbot. Diese Repression manifestiert sich in verschiedenen Formen, die sowohl physische als auch psychologische Dimensionen umfassen. Um die Mechanismen der Repression zu verstehen, ist es wichtig, die theoretischen Grundlagen und die praktischen Implikationen zu betrachten.

Theoretische Grundlagen der Repression

Repression kann als ein System von Maßnahmen definiert werden, die von der Regierung ergriffen werden, um oppositionelle Bewegungen zu kontrollieren und zu unterdrücken. Laut der *Repressionstheorie* (Repression Theory) von [?] umfasst diese Kontrolle sowohl direkte Maßnahmen, wie etwa Verhaftungen und Gewaltanwendung, als auch indirekte Maßnahmen, wie die Einschränkung von Redefreiheit und Versammlungsrecht. Diese Theorie legt nahe, dass die Intensität der Repression oft von der Bedrohung abhängt, die die Regierung in der oppositionellen Bewegung sieht.

Ein weiteres relevantes Konzept ist die *Theorie der sozialen Bewegungen* (Social Movement Theory), die besagt, dass staatliche Akteure oft versuchen, soziale Bewegungen zu delegitimieren, indem sie sie als extremistisch oder gefährlich darstellen. Dies geschieht häufig durch die Kontrolle der Medienberichterstattung und die Verbreitung von Desinformation. Diese Mechanismen sind entscheidend, um das öffentliche Bild von Aktivisten und ihren Anliegen zu beeinflussen.

Formen der Repression

Die Repression auf Zyoris hat sich in verschiedenen Formen gezeigt:

- **Physische Gewalt:** Aktivisten, die gegen das Anti-Teilchen-Phasen-Eheverbot protestieren, sind häufig Opfer von Polizeigewalt. Berichte über brutale Festnahmen und körperliche Übergriffe sind weit verbreitet. Diese Taktiken zielen darauf ab, Angst zu schüren und potenzielle Unterstützer abzuschrecken.

- **Überwachung:** Die Regierung hat umfangreiche Überwachungsmaßnahmen eingeführt, um Aktivisten zu beobachten. Dies umfasst sowohl digitale Überwachung, wie das Abfangen von Kommunikation, als auch physische Überwachung, bei der Aktivisten verfolgt werden. Solche Maßnahmen verletzen nicht nur die Privatsphäre, sondern schüchtert auch viele in ihrem Engagement ein.

- **Kriminalisierung:** Protestaktionen werden oft kriminalisiert. Die Regierung hat Gesetze erlassen, die das Versammlungsrecht stark einschränken. Aktivisten werden beschuldigt, gegen diese Gesetze zu verstoßen, was zu Verhaftungen und strafrechtlichen Verfolgungen führt. Dies wird als eine Strategie gesehen, um die Legitimität der Bewegung zu untergraben.

- **Desinformation:** Die Regierung nutzt staatliche Medien, um eine negative Narrative über Aktivisten zu verbreiten. Aktivisten werden oft als "Störer des Friedens" oder "Terroristen" bezeichnet, was das öffentliche Vertrauen in ihre Anliegen untergräbt. Diese Taktik ist besonders wirksam, da sie das Bild der Aktivisten in der Gesellschaft verzerrt.

Beispiele für Repression

Ein prägnantes Beispiel für die Repression auf Zyoris ist der Fall von Kye Fael selbst. Während einer der ersten großen Demonstrationen gegen das Anti-Teilchen-Phasen-Eheverbot wurde Kye zusammen mit mehreren anderen Aktivisten verhaftet. Die Polizei rechtfertigte diese Maßnahmen mit dem Argument, dass die Demonstration nicht genehmigt war, obwohl sie im Vorfeld ordnungsgemäß angemeldet worden war. Diese willkürliche Festnahme führte zu einem Aufschrei in der Gemeinschaft und mobilisierte noch mehr Menschen gegen die repressiven Maßnahmen der Regierung.

Ein weiteres Beispiel ist die Überwachung von sozialen Medien. Aktivisten berichteten, dass ihre Online-Aktivitäten von Regierungsbeamten verfolgt wurden. Dies führte dazu, dass viele Aktivisten ihre Aktivitäten im Internet einschränkten, aus Angst vor möglichen Repressalien. Diese Form der digitalen Repression zeigt, wie weit die Regierung bereit ist zu gehen, um Dissens zu unterdrücken.

Psychologische Auswirkungen

Die Repression hat nicht nur physische, sondern auch psychologische Auswirkungen auf die Aktivisten. Die ständige Bedrohung durch Gewalt und Verhaftung kann zu Angst, Stress und sogar Depressionen führen. Laut einer Studie von [1] können solche psychologischen Belastungen die Fähigkeit der Aktivisten beeinträchtigen, effektiv zu mobilisieren und ihre Ziele zu verfolgen. Es ist entscheidend, dass Unterstützer und Gemeinschaften Strategien entwickeln, um die psychische Gesundheit der Aktivisten zu fördern und sie in ihrem Engagement zu unterstützen.

Schlussfolgerung

Die Repression durch die Regierung auf Zyoris stellt eine erhebliche Herausforderung für Aktivisten wie Kye Fael dar. Sie ist ein komplexes Zusammenspiel von physischer Gewalt, Überwachung, Kriminalisierung und Desinformation, das darauf abzielt, oppositionelle Bewegungen zu unterdrücken. Um die Repression zu überwinden, ist es wichtig, Solidarität innerhalb der Gemeinschaft zu fördern und die Öffentlichkeit über die wahren Absichten der Regierung aufzuklären. Nur durch kollektive Anstrengungen kann der Widerstand gegen die Repression gestärkt und die Vision einer gerechten Gesellschaft verwirklicht werden.

Kyes persönliche Gefahren

Kyes Aktivismus gegen das Anti-Teilchen-Phasen-Eheverbot auf Zyoris brachte nicht nur gesellschaftliche Herausforderungen mit sich, sondern auch erhebliche persönliche Gefahren. Diese Gefahren waren nicht nur physischer Natur, sondern umfassten auch psychologische und soziale Dimensionen, die Kyes Leben und seine Mission beeinflussten.

Physische Gefahren

Die Repression durch die Regierung war eine ständige Bedrohung für Kye und seine Unterstützer. Die Behörden auf Zyoris betrachteten den Aktivismus als eine direkte Herausforderung ihrer Autorität. Dies führte zu Überwachung, Einschüchterung und sogar zu gewaltsamen Auseinandersetzungen. In einem bemerkenswerten Vorfall wurde Kye während einer friedlichen Demonstration von der Polizei festgenommen, die versuchte, die Versammlung mit Gewalt aufzulösen. Dieser Vorfall verdeutlichte die Gefahren, denen Aktivisten ausgesetzt sind, und die Bereitschaft der Regierung, Gewalt anzuwenden, um ihre Macht zu erhalten.

$$F_{\text{Risiko}} = P_{\text{Bedrohung}} \times S_{\text{Schaden}} \tag{26}$$

Hierbei ist F_{Risiko} das Risiko, das Kye eingeht, $P_{\text{Bedrohung}}$ die Wahrscheinlichkeit einer Bedrohung durch die Regierung und S_{Schaden} das mögliche Ausmaß des Schadens, der ihm zugefügt werden könnte. Diese Gleichung verdeutlicht, dass je höher die Bedrohung und der potenzielle Schaden, desto größer das Risiko für Kye und seine Mitstreiter.

Psychologische Belastungen

Neben physischen Gefahren litt Kye auch unter psychologischen Belastungen. Der ständige Druck, der mit dem Aktivismus einherging, führte zu Angstzuständen und Stress. Kye fühlte sich oft isoliert, da viele seiner Freunde und Familienmitglieder seine Überzeugungen nicht teilten oder sogar gegen ihn waren. Diese Isolation verstärkte seine Ängste und führte zu einem Gefühl der Verzweiflung.

Die Theorie der sozialen Identität (*Social Identity Theory*) von Henri Tajfel und John Turner bietet einen Rahmen, um Kyes Erfahrungen zu verstehen. Diese Theorie besagt, dass das Individuum seine Identität stark aus der Zugehörigkeit zu sozialen Gruppen ableitet. Kyes Identität als Aktivist war ständig bedroht, was zu einem inneren Konflikt führte. Er kämpfte nicht nur gegen äußere Widerstände, sondern auch gegen die innere Unsicherheit, ob er den richtigen Weg eingeschlagen hatte.

Soziale Risiken

Die sozialen Risiken, die mit Kyes Aktivismus verbunden waren, waren ebenfalls erheblich. Viele seiner Unterstützer wurden von ihren Familien und Freunden abgelehnt. Kye selbst erlebte ähnliche Reaktionen, als seine Eltern, die konservative Ansichten vertraten, seinen Aktivismus nicht unterstützten. Diese Ablehnung führte zu einem Gefühl der Einsamkeit und verstärkte die psychologischen Belastungen, die er erlebte.

Ein Beispiel für die sozialen Risiken war die Gründung einer Widerstandsgruppe. Obwohl Kye eine engagierte Gemeinschaft um sich versammeln konnte, waren viele Mitglieder dieser Gruppe ebenfalls persönlichen Gefahren ausgesetzt. Einige verloren ihren Arbeitsplatz, während andere in ihrer Nachbarschaft gemobbt wurden. Diese sozialen Konsequenzen führten dazu, dass Kye oft in Frage stellte, ob der Kampf für die Teilchen-Phasen-Ehe die damit verbundenen Risiken wert war.

Bewältigungsmechanismen

Um mit diesen persönlichen Gefahren umzugehen, entwickelte Kye verschiedene Bewältigungsmechanismen. Er suchte Unterstützung in der Gemeinschaft und fand Trost in den Beziehungen zu Gleichgesinnten. Diese sozialen Verbindungen waren entscheidend, um seine Resilienz zu stärken und die psychologischen Belastungen zu mildern.

Kye engagierte sich auch in kreativen Ausdrucksformen, wie Kunst und Schreiben, um seine Erfahrungen zu verarbeiten. Diese Aktivitäten ermöglichten es ihm, seine Gefühle zu kanalisieren und eine breitere Öffentlichkeit auf die Gefahren aufmerksam zu machen, mit denen er und andere Aktivisten konfrontiert waren.

Fazit

Zusammenfassend lässt sich sagen, dass Kyes persönliche Gefahren im Rahmen seines Aktivismus vielfältig und komplex waren. Die physische Bedrohung durch die Regierung, die psychologischen Belastungen des Aktivismus und die sozialen Risiken, die mit seiner Identität als Aktivist verbunden waren, stellten eine ständige Herausforderung dar. Dennoch zeigte Kyes Fähigkeit, diese Gefahren zu navigieren und zu überwinden, nicht nur seine Entschlossenheit, sondern auch die Stärke, die in der Gemeinschaft und im kreativen Ausdruck gefunden werden kann. Diese Erfahrungen prägten nicht nur Kyes Aktivismus, sondern auch seine persönliche Entwicklung und seine Vision für eine gerechtere Gesellschaft.

Die Rolle von Medienberichterstattung

Die Medienberichterstattung spielt eine entscheidende Rolle im Aktivismus und beeinflusst sowohl die Wahrnehmung von Themen als auch die Mobilisierung der

Öffentlichkeit. In der Ära der digitalen Kommunikation sind die Medien nicht nur passive Berichterstatter, sondern aktive Akteure, die die Narrative gestalten und die öffentliche Meinung beeinflussen. Für Kye Fael und die Bürgerrechtsbewegung gegen das Anti-Teilchen-Phasen-Eheverbot auf Zyoris war die Medienberichterstattung ein zweischneidiges Schwert, das sowohl Chancen als auch Herausforderungen mit sich brachte.

Theoretische Grundlagen

Die Medienwirkungstheorie, insbesondere die Agenda-Setting-Theorie, legt nahe, dass die Medien nicht nur berichten, sondern auch die Themen bestimmen, die in der Öffentlichkeit diskutiert werden. McCombs und Shaw (1972) argumentieren, dass die Medien durch die Auswahl und Betonung bestimmter Themen die Prioritäten der Öffentlichkeit beeinflussen können. Im Kontext von Kyes Aktivismus bedeutete dies, dass die Art und Weise, wie das Anti-Teilchen-Phasen-Eheverbot in den Medien dargestellt wurde, entscheidend für die Mobilisierung und Unterstützung der Gemeinschaft war.

Ein weiteres relevantes Konzept ist die Framing-Theorie, die beschreibt, wie Informationen präsentiert werden und welche Aspekte hervorgehoben oder vernachlässigt werden. Die Art und Weise, wie die Medien über Kyes Bewegung berichteten, konnte die öffentliche Wahrnehmung von Aktivisten, ihrer Motive und der Dringlichkeit des Anliegens stark beeinflussen.

Probleme der Medienberichterstattung

Trotz der Möglichkeiten, die die Medien bieten, gab es auch erhebliche Herausforderungen. Eine der größten Schwierigkeiten war die Verzerrung der Berichterstattung. Oft wurden die Anliegen von Kye und seiner Bewegung nicht angemessen oder einseitig dargestellt. Sensationslust und die Suche nach Schlagzeilen führten dazu, dass tiefere, komplexe Themen vereinfacht oder gar verzerrt wurden.

Ein Beispiel hierfür war die Berichterstattung über die erste große Demonstration gegen das Anti-Teilchen-Phasen-Eheverbot. Während einige Medien die friedliche und respektvolle Natur der Veranstaltung hervorhoben, konzentrierten sich andere auf vereinzelte Zwischenfälle und schufen so ein Bild von Chaos und Unordnung. Diese verzerrte Darstellung konnte potenzielle Unterstützer abschrecken und die Legitimität der Bewegung untergraben.

Beispiele für erfolgreiche Medienstrategien

Trotz dieser Herausforderungen entwickelte Kye effektive Strategien, um die Medien zu nutzen. Eine der erfolgreichsten Taktiken war die Nutzung sozialer Medien, um direkt mit der Öffentlichkeit zu kommunizieren und die Narrative selbst zu gestalten. Plattformen wie ZyorisBook und Intergalactic Twitter ermöglichten es Kye, seine Botschaften schnell und effektiv zu verbreiten, ohne auf traditionelle Medien angewiesen zu sein.

Ein bemerkenswerter Erfolg war die virale Kampagne „#ZyorisFürAlle", die Kye ins Leben rief, um die Unterstützung für Teilchen-Phasen-Ehen zu fördern. Durch kreative Inhalte, ansprechende Grafiken und persönliche Geschichten konnte die Kampagne nicht nur die Aufmerksamkeit der Medien auf sich ziehen, sondern auch eine breite Basis von Unterstützern mobilisieren. Die Berichterstattung über diese Kampagne war überwiegend positiv und half, das Bewusstsein für die Anliegen von Kyes Bewegung zu schärfen.

Die Auswirkungen der Medienberichterstattung auf den Aktivismus

Die Art und Weise, wie die Medien über Kyes Aktivismus berichteten, hatte direkte Auswirkungen auf die Mobilisierung und die öffentliche Unterstützung. Positive Berichterstattung führte oft zu einem Anstieg der Teilnehmerzahlen bei Demonstrationen und Veranstaltungen. Die Medien konnten als Multiplikatoren fungieren, die die Botschaften verbreiteten und die Menschen dazu ermutigten, sich zu engagieren.

Andererseits hatte negative Berichterstattung das Potenzial, das Vertrauen in die Bewegung zu untergraben und die Unterstützung zu verringern. Kye musste ständig auf die Herausforderungen der Medienberichterstattung reagieren und Strategien entwickeln, um die Narrative zu kontrollieren und die öffentliche Wahrnehmung zu beeinflussen.

Schlussfolgerung

Zusammenfassend lässt sich sagen, dass die Rolle der Medienberichterstattung im Aktivismus von Kye Fael sowohl entscheidend als auch komplex war. Während sie Möglichkeiten zur Mobilisierung und zur Schaffung von Bewusstsein boten, stellten sie auch Herausforderungen dar, die es zu bewältigen galt. Kyes Fähigkeit, die Medien strategisch zu nutzen und gleichzeitig auf Verzerrungen zu reagieren, war ein Schlüssel zu seinem Erfolg als Bürgerrechtsaktivist auf Zyoris. Die Medien blieben ein unverzichtbares Werkzeug im Kampf für Gleichheit und Gerechtigkeit, wobei sie sowohl als Verbündete als auch als Herausforderer fungierten.

Umgang mit Kritik und Widerstand

Der Umgang mit Kritik und Widerstand ist eine der größten Herausforderungen für Aktivisten, insbesondere in einem so komplexen und emotional aufgeladenen Umfeld wie dem Widerstand gegen das Anti-Teilchen-Phasen-Eheverbot auf Zyoris. Kye Fael sah sich nicht nur der Widerstandsfähigkeit der bestehenden gesellschaftlichen Normen gegenüber, sondern auch einer Vielzahl von Kritikern, die seine Ansichten und Aktivitäten in Frage stellten. In diesem Abschnitt werden wir die verschiedenen Formen der Kritik und des Widerstands untersuchen, mit denen Kye konfrontiert war, sowie die Strategien, die er entwickelte, um damit umzugehen.

Formen der Kritik

Die Kritik, die Kye Fael begegnete, war vielfältig und kam aus verschiedenen Quellen:

- **Öffentliche Kritik:** Viele Mitglieder der Gesellschaft auf Zyoris äußerten ihre Ablehnung gegenüber Kyes Ansichten und Aktivitäten. Diese öffentliche Kritik wurde häufig über soziale Medien und in traditionellen Medien verbreitet, was den Druck auf Kye erhöhte.

- **Politische Opposition:** Politische Gegner, einschließlich Regierungsvertreter, stellten Kyes Forderungen als Bedrohung für die Stabilität der Gesellschaft dar. Sie argumentierten, dass die Anerkennung von Teilchen-Phasen-Ehen die traditionellen Werte untergraben würde.

- **Persönliche Angriffe:** Kye sah sich auch persönlichen Angriffen ausgesetzt, die darauf abzielten, seinen Charakter und seine Integrität in Frage zu stellen. Diese Angriffe waren oft emotional und versuchten, Kyes Glaubwürdigkeit zu untergraben.

Strategien zum Umgang mit Kritik

Um mit dieser Kritik umzugehen, entwickelte Kye mehrere Strategien, die sowohl auf persönlicher als auch auf organisatorischer Ebene wirkten:

- **Selbstreflexion:** Kye erkannte die Wichtigkeit der Selbstreflexion, um die eigene Position zu stärken. Er nahm sich Zeit, um über die Kritik nachzudenken und zu verstehen, woher sie kam. Dies half ihm, seine Argumente zu schärfen und sich auf die Kernfragen zu konzentrieren.

- **Transparente Kommunikation:** Kye setzte auf offene und transparente Kommunikation mit der Öffentlichkeit. Er nutzte soziale Medien, um seine Sichtweise darzulegen und Missverständnisse auszuräumen. Durch diese proaktive Kommunikation konnte er viele seiner Kritiker erreichen und sie dazu bringen, seine Perspektive zu verstehen.

- **Aufbau eines Unterstützernetzwerks:** Kye erkannte die Bedeutung eines starken Unterstützernetzwerks. Er umgab sich mit Gleichgesinnten, die seine Vision teilten und bereit waren, sich gegen die Kritik zu stellen. Dieses Netzwerk bot nicht nur emotionale Unterstützung, sondern auch strategische Hilfe bei der Mobilisierung von Ressourcen und Menschen.

- **Kritik als Chance:** Kye lernte, Kritik nicht nur als Angriff zu sehen, sondern auch als Gelegenheit zur Verbesserung. Er betrachtete konstruktive Kritik als wertvolles Feedback, das ihm half, seine Ansätze zu überdenken und anzupassen. Diese positive Einstellung half ihm, resilient zu bleiben und sich weiterzuentwickeln.

Beispiele aus Kyes Aktivismus

Ein konkretes Beispiel für Kyes Umgang mit Kritik fand während einer öffentlichen Debatte über das Anti-Teilchen-Phasen-Eheverbot statt. Während dieser Debatte wurde Kye von einem prominenten Politiker scharf angegriffen, der behauptete, dass Kyes Forderungen die Gesellschaft destabilisieren würden. Anstatt defensiv zu reagieren, nutzte Kye die Gelegenheit, um seine Argumente klar und sachlich darzulegen. Er präsentierte Daten und Forschungsergebnisse, die die positiven Auswirkungen von Teilchen-Phasen-Ehen auf die Gesellschaft belegten. Diese evidenzbasierte Argumentation führte dazu, dass einige Zuhörer ihre Meinung über Kyes Anliegen überdachten.

Ein weiteres Beispiel war die Reaktion auf einen Artikel in einer lokalen Zeitung, der Kye und seine Gruppe als Extremisten darstellte. Anstatt sich in eine hitzige Auseinandersetzung zu verwickeln, entschied sich Kye, einen offenen Brief zu schreiben, in dem er seine Sichtweise darlegte und die Fakten klarstellte. Dieser Brief wurde von vielen Unterstützern unterzeichnet und führte zu einer Welle der Unterstützung in der Gemeinschaft, die letztendlich dazu beitrug, die negative Wahrnehmung zu verändern.

Theoretische Perspektiven

Die Bewältigung von Kritik und Widerstand kann auch durch verschiedene theoretische Perspektiven unterstützt werden. Ein Beispiel ist die **Theorie der sozialen Identität**, die besagt, dass Menschen ihre Identität und ihr Selbstwertgefühl stark von den Gruppen ableiten, mit denen sie sich identifizieren. Kye nutzte diese Theorie, um ein Gefühl der Zugehörigkeit und Identität innerhalb seiner Unterstützergruppe zu fördern. Indem er die Gemeinschaft um eine gemeinsame Vision versammelte, stärkte er das Engagement und die Widerstandsfähigkeit seiner Unterstützer.

Ein weiteres relevantes Konzept ist das der **Resilienz**. Resilienz bezieht sich auf die Fähigkeit einer Person oder Gemeinschaft, sich von Rückschlägen zu erholen und gestärkt daraus hervorzugehen. Kyes Ansatz, Kritik und Widerstand als Teil des Prozesses zu betrachten, half ihm und seiner Gemeinschaft, resilient zu bleiben und weiterhin für ihre Überzeugungen zu kämpfen.

Fazit

Der Umgang mit Kritik und Widerstand ist ein unvermeidlicher Teil des Aktivismus. Kye Faels Fähigkeit, mit verschiedenen Formen der Kritik umzugehen und sie in Chancen zur Verbesserung und Mobilisierung umzuwandeln, war entscheidend für den Erfolg seiner Bewegung. Durch Selbstreflexion, transparente Kommunikation und den Aufbau eines starken Unterstützernetzwerks konnte Kye die Herausforderungen des Widerstands meistern und seine Vision für eine gerechtere Gesellschaft vorantreiben. Die Herausforderungen, die er bewältigte, sind nicht nur für ihn, sondern auch für zukünftige Aktivisten von Bedeutung, die sich für soziale Gerechtigkeit und Gleichheit einsetzen.

Die Balance zwischen Aktivismus und persönlichem Leben

Im Leben eines Aktivisten ist die Balance zwischen Aktivismus und persönlichem Leben eine der größten Herausforderungen. Kye Fael, als leidenschaftlicher Kämpfer für die Rechte der Teilchen-Phasen-Ehepaare auf Zyoris, musste oft die schmalen Grenzen zwischen seinem Engagement für soziale Gerechtigkeit und seinem persönlichen Wohlbefinden navigieren. Diese Balance ist nicht nur für das individuelle Wohl entscheidend, sondern auch für die Nachhaltigkeit des Aktivismus selbst.

Theoretische Grundlagen

Die Theorie der Work-Life-Balance beschreibt, wie Individuen ihre beruflichen und persönlichen Verpflichtungen in Einklang bringen. Laut der *Work-Life Balance Theory* von Greenhaus und Allen (2011) gibt es drei Hauptdimensionen, die die Balance beeinflussen: Zeitmanagement, Engagement und Stressbewältigung. Diese Dimensionen sind für Aktivisten besonders relevant, da sie oft mit einem hohen Maß an Stress und emotionaler Belastung konfrontiert sind.

$$\text{Work-Life-Balance} = \frac{\text{Zeit für Arbeit} + \text{Zeit für persönliche Interessen}}{\text{Gesamtzeit}} \quad (27)$$

In Kyes Fall bedeutete dies, dass er seine Zeit zwischen Protesten, Organisation von Veranstaltungen und persönlichen Beziehungen aufteilen musste. Der Druck, ständig aktiv zu sein, kann zu einem Burnout führen, was die Effektivität des Aktivismus beeinträchtigt.

Probleme und Herausforderungen

Die Herausforderungen, die Kye in seiner Balance zwischen Aktivismus und persönlichem Leben erlebte, sind vielfältig:

1. **Zeitdruck**: Aktivisten wie Kye stehen oft unter dem Druck, ständig präsent und produktiv zu sein. Die ständige Notwendigkeit, auf aktuelle Ereignisse zu reagieren und mobil zu bleiben, kann dazu führen, dass persönliche Bedürfnisse vernachlässigt werden.

2. **Emotionale Belastung**: Die Auseinandersetzung mit Ungerechtigkeiten und Diskriminierung kann emotional erschöpfend sein. Kye erlebte oft Momente der Traurigkeit und Frustration, die seine Fähigkeit beeinträchtigten, gesunde persönliche Beziehungen zu pflegen.

3. **Soziale Isolation**: Während Kye sich für die Rechte anderer einsetzte, fühlte er sich manchmal von Freunden und Familie entfremdet, die seine Leidenschaft nicht nachvollziehen konnten. Diese Isolation kann zu einem Gefühl der Einsamkeit führen, das den Aktivismus gefährdet.

Strategien zur Balance

Um die Balance zwischen Aktivismus und persönlichem Leben zu wahren, entwickelte Kye mehrere Strategien:

- **Zeitmanagement**: Kye begann, feste Zeiten für persönliche Aktivitäten einzuplanen, wie zum Beispiel regelmäßige Treffen mit Freunden oder kreative

Hobbys. Dies half ihm, eine klare Trennung zwischen Aktivismus und persönlichem Leben zu schaffen.

- **Selbstfürsorge**: Kye erkannte die Bedeutung von Selbstfürsorge. Er integrierte Meditation und Sport in seinen Alltag, um Stress abzubauen und seine mentale Gesundheit zu fördern.

- **Unterstützungsnetzwerke**: Kye suchte aktiv nach Gleichgesinnten und baute ein Netzwerk von Unterstützern auf, die ähnliche Herausforderungen erlebten. Der Austausch von Erfahrungen und Strategien half ihm, sich weniger isoliert zu fühlen.

Beispiele aus Kyes Leben

Ein prägendes Beispiel für Kyes Bemühungen um Balance war die Organisation eines großen Protestes gegen das Anti-Teilchen-Phasen-Eheverbot. Während der intensiven Vorbereitungsphase stellte Kye fest, dass er seine persönlichen Beziehungen vernachlässigte. Um dem entgegenzuwirken, plante er bewusst ein Wochenende mit Freunden, um sich zu entspannen und neue Energie zu tanken. Diese Zeit half ihm nicht nur, seine sozialen Bindungen zu stärken, sondern auch, seine Motivation für den Aktivismus zu erneuern.

Ein weiteres Beispiel war Kyes Teilnahme an einem Kunstworkshop, der ihm half, seine kreativen Fähigkeiten zu entwickeln und gleichzeitig eine Auszeit vom Aktivismus zu nehmen. Diese Aktivitäten trugen dazu bei, seine Perspektive zu erweitern und ihm neue Inspiration für seine Arbeit zu geben.

Fazit

Die Balance zwischen Aktivismus und persönlichem Leben ist eine komplexe, aber essentielle Herausforderung für Aktivisten wie Kye Fael. Durch effektives Zeitmanagement, Selbstfürsorge und den Aufbau von Unterstützungsnetzwerken gelang es Kye, ein Gleichgewicht zu finden, das es ihm ermöglichte, sowohl für seine Sache zu kämpfen als auch ein erfülltes persönliches Leben zu führen. Diese Balance ist nicht nur für das individuelle Wohlbefinden entscheidend, sondern auch für die langfristige Wirksamkeit und Nachhaltigkeit des Aktivismus. Kyes Erfahrungen zeigen, dass es möglich ist, aktiv zu sein und gleichzeitig die eigenen Bedürfnisse zu respektieren, was letztendlich zu einem stärkeren und gesünderen Engagement für soziale Gerechtigkeit führt.

Kyes Erfahrungen mit Diskriminierung

Kye Fael, als Bürgerrechtsaktivist auf Zyoris, erlebte die Auswirkungen von Diskriminierung in verschiedenen Facetten seines Lebens. Diese Erfahrungen prägten nicht nur seine persönliche Identität, sondern auch seinen Aktivismus und die Art und Weise, wie er sich gegen das Anti-Teilchen-Phasen-Eheverbot wandte. Diskriminierung auf Zyoris manifestierte sich in sozialen, wirtschaftlichen und politischen Dimensionen, die oft miteinander verwoben waren.

Theoretische Grundlagen der Diskriminierung

Diskriminierung kann als eine systematische Ungleichbehandlung von Individuen oder Gruppen aufgrund bestimmter Merkmale wie Geschlecht, Ethnie, sexueller Orientierung oder sozialer Status definiert werden. Auf Zyoris war die Diskriminierung gegen Teilchen-Phasen-Ehen besonders ausgeprägt. Diese Ehen, die zwischen Individuen aus verschiedenen Teilchen-Phasen bestehen, wurden von der Gesellschaft oft als unnatürlich oder unzulässig angesehen. Der sozialpsychologische Ansatz von [?] beschreibt, wie Vorurteile und Stereotypen zu Diskriminierung führen können. Kyes Erfahrungen spiegeln diese Theorie wider, da er oft mit Vorurteilen konfrontiert wurde, die auf Unkenntnis und Angst vor dem Unbekannten basierten.

Erste Erfahrungen mit Diskriminierung

Kyes erste bewusste Erfahrung mit Diskriminierung fand in der Schule statt. Als er in der Grundschule seine Teilchen-Phasen-Identität entblößte, wurde er schnell zum Ziel von Mobbing. Klassenkameraden, die nicht die gleichen Erfahrungen gemacht hatten, reagierten mit Spott und Ablehnung. Diese frühen Erlebnisse führten zu einem Gefühl der Isolation und des Missmuts. Kye beschreibt in seinen Aufzeichnungen, dass er oft in der Schulzeit das Gefühl hatte, „anders" zu sein, was ihn dazu brachte, seine Identität zu hinterfragen.

$$\text{Diskriminierung}_{\text{Kye}} = \frac{\text{Vorurteile} + \text{Machtverhältnisse}}{\text{Gesellschaftliche Normen}} \qquad (28)$$

Diese Gleichung verdeutlicht, dass Kyes Diskriminierungserfahrungen sowohl durch die vorherrschenden Vorurteile in der Gesellschaft als auch durch die Machtverhältnisse, die die Normen auf Zyoris bestimmten, beeinflusst wurden.

Soziale und wirtschaftliche Diskriminierung

Neben den persönlichen Angriffen erlebte Kye auch soziale und wirtschaftliche Diskriminierung. Viele Arbeitgeber auf Zyoris hatten Vorurteile gegenüber Teilchen-Phasen-Ehen, was Kye und anderen den Zugang zu bestimmten Berufen und Karrieremöglichkeiten erschwerte. Kye berichtete von einem Vorfall, bei dem er für ein Praktikum abgelehnt wurde, weil der Arbeitgeber „keine Teilchen-Phasen-Ehen in seinem Unternehmen" akzeptieren wollte. Diese Diskriminierung führte zu einem Gefühl der Ohnmacht und verstärkte seinen Antrieb, für Veränderungen zu kämpfen.

Politische Diskriminierung

Die politische Diskriminierung war ein weiterer bedeutender Aspekt von Kyes Erfahrungen. Der Widerstand gegen das Anti-Teilchen-Phasen-Eheverbot wurde von der Regierung nicht nur ignoriert, sondern aktiv unterdrückt. Kye und seine Mitstreiter wurden oft als „Radikale" oder „Unruhestifter" bezeichnet, was ihre Bemühungen, Gleichheit und Gerechtigkeit zu fördern, zusätzlich erschwerte. In einer öffentlichen Anhörung, in der Kye seine Ansichten zu den Rechten von Teilchen-Phasen-Ehen äußern wollte, wurde ihm das Wort entzogen. Diese Erfahrung zeigte ihm, wie tief verwurzelt die Diskriminierung in den politischen Strukturen Zyoris war.

Solidarität und Unterstützung

Trotz dieser Herausforderungen fand Kye Trost und Unterstützung in der Gemeinschaft von Gleichgesinnten. Er erlebte, wie wichtig Solidarität ist, um Diskriminierung zu bekämpfen. Kye organisierte Workshops und Veranstaltungen, um das Bewusstsein für die Diskriminierung von Teilchen-Phasen-Ehen zu schärfen. Diese Plattformen ermöglichten es ihm, seine Erfahrungen zu teilen und anderen zu helfen, die ähnliche Diskriminierung erlitten hatten.

Reflexion über Diskriminierung

Kyes Erfahrungen mit Diskriminierung führten zu einer tiefen Reflexion über Identität und Zugehörigkeit. Er erkannte, dass Diskriminierung nicht nur ein persönliches Problem war, sondern ein gesellschaftliches, das kollektive Anstrengungen erforderte, um es zu überwinden. Kye formulierte die

Überzeugung, dass jeder Mensch, unabhängig von seiner Identität, das Recht auf Gleichheit und Respekt hat.

$$\text{Gleichheit} = \frac{\text{Respekt} + \text{Akzeptanz}}{\text{Vorurteile}} \qquad (29)$$

Diese Gleichung zeigt, dass Gleichheit in der Gesellschaft nur erreicht werden kann, wenn Respekt und Akzeptanz über Vorurteile gestellt werden.

Schlussfolgerung

Kyes Erfahrungen mit Diskriminierung waren sowohl schmerzhaft als auch lehrreich. Sie formten nicht nur seine Identität, sondern auch seine Entschlossenheit, für die Rechte von Teilchen-Phasen-Ehen zu kämpfen. Diese Erlebnisse trugen dazu bei, Kyes Vision für eine gerechte und inklusive Gesellschaft zu entwickeln, in der Diskriminierung keinen Platz hat. Sein Engagement für den Aktivismus wurde durch die Herausforderungen, denen er gegenüberstand, nur verstärkt, und er wurde zu einem Symbol für den Widerstand gegen Ungerechtigkeit auf Zyoris.

Der Aufbau von Netzwerken

Der Aufbau von Netzwerken ist ein entscheidender Bestandteil des Aktivismus, insbesondere im Kontext von Kye Faels Widerstand gegen das Anti-Teilchen-Phasen-Eheverbot auf Zyoris. Netzwerke ermöglichen es Aktivisten, Ressourcen, Wissen und Unterstützung zu teilen, um ihre Ziele effektiver zu erreichen. In diesem Abschnitt werden die theoretischen Grundlagen des Netzwerkaufbaus, die Herausforderungen, die Kye und ihre Mitstreiter dabei begegneten, sowie konkrete Beispiele für erfolgreiche Netzwerke betrachtet.

Theoretische Grundlagen

Die Theorie des sozialen Kapitals, wie sie von Pierre Bourdieu und Robert Putnam entwickelt wurde, bietet einen Rahmen für das Verständnis von Netzwerken im Aktivismus. Soziales Kapital bezieht sich auf die Ressourcen, die Individuen durch ihre sozialen Netzwerke erhalten können. Diese Ressourcen können in Form von Informationen, Unterstützung oder Zugang zu wichtigen Entscheidungsträgern vorliegen. Die Formel für soziales Kapital kann vereinfacht wie folgt dargestellt werden:

$$SC = \sum_{i=1}^{n} R_i \qquad (30)$$

wobei SC das soziale Kapital, R_i die Ressourcen von Individuum i und n die Anzahl der Netzwerkmitglieder darstellt.

Ein starkes Netzwerk kann den Einfluss und die Reichweite eines Aktivisten erheblich erhöhen. Kye erkannte frühzeitig, dass die Bildung von Allianzen mit anderen Gruppen und Individuen, die ähnliche Ziele verfolgten, entscheidend für den Erfolg ihrer Bewegung war.

Herausforderungen beim Netzwerkaufbau

Trotz der Vorteile, die Netzwerke bieten, stehen Aktivisten wie Kye vor mehreren Herausforderungen:

- **Ressourcenmangel:** Oft fehlt es an finanziellen Mitteln oder personellen Ressourcen, um Netzwerke effektiv aufzubauen und zu pflegen.

- **Misstrauen:** In einer von Diskriminierung geprägten Gesellschaft kann es schwierig sein, Vertrauen zwischen verschiedenen Gruppen aufzubauen.

- **Koordination:** Die Koordination von Aktivitäten und Zielen zwischen verschiedenen Gruppen kann komplex und zeitaufwendig sein.

- **Kulturelle Unterschiede:** Unterschiedliche kulturelle Hintergründe können zu Missverständnissen und Spannungen innerhalb von Netzwerken führen.

Kye und ihre Mitstreiter mussten diese Herausforderungen überwinden, um ein effektives Netzwerk zu schaffen.

Beispiele für erfolgreiche Netzwerke

Ein Beispiel für ein erfolgreiches Netzwerk, das Kye und ihre Gruppe auf Zyoris aufbauten, war die Zusammenarbeit mit der Organisation *Zyra für Gleichheit*. Diese Organisation hatte bereits Erfahrungen in der Mobilisierung von Unterstützern und verfügte über eine breite Basis an Kontakten in der Zyorianischen Gesellschaft. Durch die Bildung einer strategischen Allianz konnten Kye und ihre Gruppe:

+ **Ressourcen teilen:** Sie erhielten Zugang zu finanziellen Mitteln und Materialien, die für die Organisation von Veranstaltungen notwendig waren.

+ **Wissen austauschen:** Kye lernte von erfahrenen Aktivisten, wie man effektive Kampagnen plant und durchführt.

+ **Gemeinsame Veranstaltungen organisieren:** Durch gemeinsame Demonstrationen konnten sie eine größere Öffentlichkeit erreichen und mehr Aufmerksamkeit auf das Anti-Teilchen-Phasen-Eheverbot lenken.

Ein weiteres Beispiel ist die Nutzung sozialer Medien, um Netzwerke zu erweitern. Kye nutzte Plattformen wie *ZySocial* und *ZyChat*, um Gleichgesinnte zu finden und eine Online-Community zu bilden. Diese digitalen Netzwerke ermöglichten es, Informationen schnell zu verbreiten und Mobilisierungsaufrufe an eine breitere Öffentlichkeit zu richten.

Schlussfolgerung

Der Aufbau von Netzwerken ist für den Erfolg von Aktivismus unerlässlich. Kye Fael und ihre Mitstreiter mussten kreative Strategien entwickeln, um die Herausforderungen zu überwinden und ein starkes Netzwerk aufzubauen, das ihre Bewegung unterstützte. Durch die Kombination von traditionellem Aktivismus mit modernen Kommunikationsmitteln konnten sie eine breite Basis an Unterstützern gewinnen und ihre Botschaft effektiv verbreiten. Die Lektionen aus Kyes Erfahrungen im Netzwerkaufbau sind für zukünftige Aktivisten von großer Bedeutung und zeigen, dass Zusammenarbeit und Solidarität entscheidend für den Erfolg im Kampf für soziale Gerechtigkeit sind.

Kyes Einfluss auf die Jugend

Kye Fael hat eine bemerkenswerte Fähigkeit, die Jugend auf Zyoris zu inspirieren und zu mobilisieren. In der heutigen Zeit, in der soziale Gerechtigkeit und Bürgerrechte von zentraler Bedeutung sind, ist der Einfluss auf die junge Generation entscheidend für den Erfolg jeder Bewegung. Kyes Engagement für die Bürgerrechtsbewegung, insbesondere gegen das Anti-Teilchen-Phasen-Eheverbot, hat eine Welle von Enthusiasmus und Aktivismus unter Jugendlichen ausgelöst.

Theoretischer Rahmen

Die Theorie des sozialen Wandels, wie sie von verschiedenen Soziologen formuliert wurde, legt nahe, dass junge Menschen oft die treibende Kraft hinter gesellschaftlichen Veränderungen sind. Nach der *Generation Theory* von Strauss und Howe sind Generationen geprägt von den sozialen, wirtschaftlichen und politischen Kontexten, in denen sie aufwachsen. Kye versteht diese Dynamik und nutzt sie, um die Jugend zu mobilisieren.

Ein zentraler Aspekt dieser Theorie ist die Idee, dass jede Generation eine spezifische Identität entwickelt, die durch ihre Erfahrungen geprägt ist. Kye hat diese Identität durch seine eigenen Erfahrungen mit Diskriminierung und Ungerechtigkeit geformt und gibt sie an die Jugend weiter. Er ermutigt sie, sich mit ihren eigenen Identitäten auseinanderzusetzen und aktiv zu werden.

Probleme und Herausforderungen

Trotz Kyes Einfluss gibt es zahlreiche Herausforderungen, die er und die Jugendlichen bewältigen müssen. Ein bedeutendes Problem ist die **Desillusionierung**, die viele junge Menschen empfinden, wenn sie mit der Komplexität des politischen Systems und den scheinbar unüberwindbaren Hindernissen konfrontiert werden. Kye begegnet dieser Desillusionierung, indem er die Bedeutung von kleinen, erreichbaren Zielen betont und den Jugendlichen zeigt, dass jeder Schritt in Richtung Veränderung zählt.

Ein weiteres Problem ist die **digitale Kluft**. Während viele Jugendliche Zugang zu sozialen Medien haben, gibt es immer noch eine erhebliche Anzahl, die von der digitalen Welt ausgeschlossen ist. Kye arbeitet daran, inklusive Plattformen zu schaffen, die es allen Jugendlichen ermöglichen, sich zu beteiligen und ihre Stimmen zu erheben.

Beispiele für Kyes Einfluss

Ein konkretes Beispiel für Kyes Einfluss ist die Gründung einer Jugendgruppe namens *Zukunftsvisionäre*, die sich aktiv für die Rechte von Teilchen-Phasen-Ehen einsetzt. Diese Gruppe hat nicht nur lokale Unterstützer mobilisiert, sondern auch landesweite Aufmerksamkeit erregt. Kye hat Workshops organisiert, in denen die Jugendlichen lernen, wie sie ihre Anliegen effektiv kommunizieren und ihre Stimmen in der Öffentlichkeit erheben können.

Ein weiterer bemerkenswerter Erfolg war die *Kampagne für Gleichheit*, die Kye initiiert hat. Diese Kampagne beinhaltete eine Reihe von kreativen Veranstaltungen, die Kunst, Musik und Theater nutzten, um die Botschaft der

Gleichheit zu verbreiten. Die Jugend reagierte begeistert und viele junge Talente traten hervor, um ihre kreativen Fähigkeiten für den guten Zweck einzusetzen.

Langfristige Auswirkungen

Kyes Einfluss auf die Jugend hat nicht nur kurzfristige Mobilisierungseffekte, sondern auch langfristige Auswirkungen auf die Gesellschaft von Zyoris. Die Jugendlichen, die unter Kyes Anleitung aktiv wurden, entwickeln sich zu zukünftigen Führungspersönlichkeiten und Aktivisten. Sie lernen nicht nur, für ihre eigenen Rechte einzutreten, sondern auch für die Rechte anderer. Diese Form der **Empowerment** ist entscheidend für den fortdauernden Kampf um Gleichheit und Gerechtigkeit.

Darüber hinaus fördert Kyes Engagement eine Kultur des **kritischen Denkens**. Die Jugendlichen werden ermutigt, Fragen zu stellen, die Normen in Frage zu stellen und alternative Perspektiven zu entwickeln. Diese kritische Auseinandersetzung mit der Gesellschaft ist ein Schlüssel zu einem gesunden, demokratischen Diskurs.

Fazit

Zusammenfassend lässt sich sagen, dass Kye Faels Einfluss auf die Jugend von Zyoris weitreichend und tiefgreifend ist. Durch seine Initiativen und seine Fähigkeit, die Jugend zu inspirieren, schafft er eine neue Generation von Aktivisten, die bereit sind, für ihre Rechte und die Rechte anderer zu kämpfen. Kyes Ansatz zeigt, dass der Einfluss auf die Jugend nicht nur eine Frage der Inspiration ist, sondern auch eine strategische Notwendigkeit für den Erfolg jeder sozialen Bewegung. Der Weg, den Kye eingeschlagen hat, ist ein Beispiel dafür, wie wichtig es ist, junge Menschen in den Mittelpunkt des Aktivismus zu stellen und ihnen die Werkzeuge zu geben, die sie benötigen, um Veränderungen zu bewirken.

Strategien zur Überwindung von Hindernissen

Im Aktivismus ist es unerlässlich, Strategien zur Überwindung von Hindernissen zu entwickeln, um die gesetzten Ziele zu erreichen. In diesem Abschnitt werden einige der effektivsten Methoden diskutiert, die Kye Fael und andere Aktivisten auf Zyoris angewendet haben, um Herausforderungen zu bewältigen und ihre Bewegung voranzutreiben.

Identifikation von Hindernissen

Der erste Schritt zur Überwindung von Hindernissen besteht darin, diese klar zu identifizieren. Kye Fael erkannte, dass es sowohl interne als auch externe Herausforderungen gab. Zu den internen Hindernissen gehörten:

+ Mangel an Ressourcen: Viele Aktivisten hatten nicht die notwendigen finanziellen Mittel, um Kampagnen zu starten oder Veranstaltungen zu organisieren.

+ Fehlende Erfahrung: Einige Mitglieder der Widerstandsgruppe waren neu im Aktivismus und benötigten Schulungen und Unterstützung.

Externe Hindernisse umfassten:

+ Repressive Maßnahmen der Regierung: Die Regierung von Zyoris reagierte oft mit Gewalt und Einschüchterung auf Proteste.

+ Negative Medienberichterstattung: Die Berichterstattung in den Medien war häufig einseitig und stellte die Aktivisten in einem schlechten Licht dar.

Entwicklung von Netzwerken

Eine der erfolgreichsten Strategien zur Überwindung dieser Hindernisse war die Schaffung von Netzwerken. Kye und ihre Mitstreiter erkannten, dass sie durch die Zusammenarbeit mit anderen Organisationen und Gruppen ihre Reichweite und Ressourcen erweitern konnten. Dies beinhaltete:

+ Partnerschaften mit lokalen NGOs: Durch die Zusammenarbeit mit etablierten Nichtregierungsorganisationen konnten sie finanzielle Unterstützung und Logistik erhalten.

+ Bildung von Allianzen mit anderen Aktivistengruppen: Kye organisierte Treffen mit verschiedenen Gruppen, um gemeinsame Ziele zu definieren und Strategien auszutauschen.

Einsatz von Technologie

In der heutigen Zeit spielt Technologie eine entscheidende Rolle im Aktivismus. Kye Fael nutzte soziale Medien und digitale Plattformen, um ihre Botschaft zu verbreiten und Unterstützer zu mobilisieren. Die Verwendung von Technologie ermöglichte:

- Schnelle Kommunikation: Kye und ihr Team konnten in Echtzeit Informationen austauschen und auf aktuelle Ereignisse reagieren.

- Erhöhung der Sichtbarkeit: Durch die Nutzung von Plattformen wie ZyorisBook und ZyorisGram erreichten sie ein breiteres Publikum und konnten ihre Anliegen effektiver kommunizieren.

Schulung und Bildung

Ein weiterer wichtiger Aspekt zur Überwindung von Hindernissen war die Schulung der Aktivisten. Kye initiierte Workshops und Schulungen, um die Fähigkeiten der Mitglieder zu verbessern und sie auf die Herausforderungen des Aktivismus vorzubereiten. Diese Schulungen umfassten:

- Öffentliches Reden: Kye half den Aktivisten, ihre Kommunikationsfähigkeiten zu verbessern, um ihre Botschaften klar und überzeugend zu vermitteln.

- Strategien zur Konfliktbewältigung: Die Teilnehmer lernten, wie sie in schwierigen Situationen ruhig und effektiv handeln können.

Mentorship und Unterstützung

Kye Fael erkannte die Bedeutung von Mentorship in der Aktivismusbewegung. Sie stellte sicher, dass erfahrene Aktivisten jüngere Mitglieder unterstützten und anleiteten. Dies schuf ein Gefühl der Gemeinschaft und half, das Vertrauen in die eigenen Fähigkeiten zu stärken. Mentorship-Programme beinhalteten:

- Eins-zu-eins-Betreuung: Erfahrene Aktivisten arbeiteten direkt mit neuen Mitgliedern zusammen, um deren spezifische Fragen und Herausforderungen zu adressieren.

- Gruppenmentoring: Kye organisierte Gruppensitzungen, in denen Erfahrungen ausgetauscht und gemeinsam Lösungen für Probleme erarbeitet wurden.

Anpassungsfähigkeit und Resilienz

Eine der zentralen Eigenschaften, die Kye und ihre Mitstreiter entwickelten, war die Fähigkeit zur Anpassung. Der Aktivismus ist oft unvorhersehbar, und die Fähigkeit, schnell auf Veränderungen zu reagieren, ist entscheidend. Kye ermutigte ihr Team, flexibel zu bleiben und alternative Pläne zu entwickeln, um auf unerwartete Herausforderungen zu reagieren. Diese Resilienz zeigte sich in:

+ Der Bereitschaft, Strategien zu ändern: Wenn eine Methode nicht funktionierte, waren Kye und ihr Team bereit, neue Ansätze auszuprobieren.

+ Der Fähigkeit, Rückschläge zu akzeptieren: Kye lehrte ihr Team, dass Misserfolge Teil des Prozesses sind und dass sie daraus lernen können.

Schlussfolgerung

Die Strategien zur Überwindung von Hindernissen, die Kye Fael und ihre Mitstreiter anwandten, waren entscheidend für den Erfolg ihrer Bewegung. Durch die Identifikation von Herausforderungen, die Entwicklung von Netzwerken, den Einsatz von Technologie, Schulung und Bildung, Mentorship sowie Anpassungsfähigkeit konnten sie nicht nur Hindernisse überwinden, sondern auch eine starke und nachhaltige Bewegung aufbauen. Diese Ansätze bieten wertvolle Lektionen für zukünftige Aktivisten und unterstreichen die Bedeutung von Gemeinschaft, Bildung und Resilienz im Kampf für soziale Gerechtigkeit.

Kyes Resilienz und Durchhaltevermögen

Kyes Resilienz und Durchhaltevermögen sind zentrale Elemente seiner Persönlichkeit und seines Aktivismus. Resilienz, definiert als die Fähigkeit, sich von Rückschlägen zu erholen und trotz widriger Umstände weiterzumachen, spielt eine entscheidende Rolle im Leben von Aktivisten. Diese Fähigkeit wird durch verschiedene Faktoren beeinflusst, darunter persönliche Überzeugungen, soziale Unterstützung und die Fähigkeit zur Selbstreflexion.

Theoretische Grundlagen der Resilienz

Die Resilienztheorie, die in der Psychologie weit verbreitet ist, beschreibt, wie Individuen in der Lage sind, Stress und Trauma zu bewältigen. Laut der Theorie von [1] ist Resilienz nicht nur die Abwesenheit von psychischen Problemen, sondern vielmehr das Ergebnis positiver Anpassungsprozesse. Diese Prozesse können durch folgende Faktoren unterstützt werden:

+ **Soziale Unterstützung:** Ein starkes Netzwerk aus Freunden, Familie und Gleichgesinnten kann entscheidend sein, um emotionale und praktische Hilfe zu erhalten.

- **Selbstwirksamkeit:** Der Glaube an die eigene Fähigkeit, Herausforderungen zu bewältigen, fördert die Resilienz. [2] beschreibt Selbstwirksamkeit als einen entscheidenden Faktor für die Motivation und das Verhalten.

- **Positive Einstellungen:** Optimismus und eine positive Sichtweise auf die Zukunft können helfen, Rückschläge als temporär und überwindbar zu betrachten.

Kyes persönliche Herausforderungen

Kye sah sich während seiner Aktivismusreise zahlreichen Herausforderungen gegenüber. Diese umfassten nicht nur persönliche Rückschläge, sondern auch systematische Repressionen durch die Regierung. Ein prägendes Beispiel war die Festnahme von Kyes Freunden während einer friedlichen Demonstration gegen das Anti-Teilchen-Phasen-Eheverbot. Diese Erfahrung war für Kye traumatisch und stellte seine Resilienz auf die Probe.

$$R = f(S, E, P) \tag{31}$$

Hierbei steht R für Resilienz, S für soziale Unterstützung, E für emotionale Intelligenz und P für persönliche Überzeugungen. Kye musste lernen, wie er diese Variablen in seinem Leben balancieren konnte, um resilient zu bleiben.

Strategien zur Förderung von Resilienz

Um seine Resilienz zu stärken, entwickelte Kye verschiedene Strategien:

1. **Selbstreflexion:** Kye führte Tagebuch, um seine Gedanken und Gefühle zu verarbeiten. Diese Praxis half ihm, seine Emotionen zu verstehen und seine Ziele klarer zu definieren.

2. **Mentorship:** Kye suchte Rat bei erfahreneren Aktivisten, die ihm nicht nur praktische Ratschläge gaben, sondern auch emotionale Unterstützung boten. Diese Beziehungen stärkten sein Gefühl der Zugehörigkeit.

3. **Kreativität:** Kunst und Musik wurden für Kye zu wichtigen Ventilen, um seine Emotionen auszudrücken und mit seinen Erfahrungen umzugehen. Durch kreative Projekte konnte er seine Botschaft verbreiten und gleichzeitig seine eigene Resilienz fördern.

Beispiele für Durchhaltevermögen

Ein bemerkenswertes Beispiel für Kyes Durchhaltevermögen war die Organisation einer großen Demonstration, trotz der Gefahr, die damit verbunden war. Kye wusste, dass er sich auf seine Gemeinschaft verlassen konnte, und nutzte diese Unterstützung, um seine Ängste zu überwinden. Die Demonstration wurde ein großer Erfolg und zeigte, dass Kyes Resilienz und Durchhaltevermögen nicht nur ihn, sondern auch andere inspirierten.

Schlussfolgerung

Kyes Resilienz und Durchhaltevermögen sind nicht nur persönliche Eigenschaften, sondern auch kollektive Werte, die er in seiner Gemeinschaft förderte. Durch seine Erfahrungen und Strategien lehrte Kye, dass es möglich ist, trotz widriger Umstände weiterzukämpfen und dass Resilienz eine erlernbare Fähigkeit ist. Sein Vermächtnis inspiriert zukünftige Generationen von Aktivisten, die Herausforderungen des Lebens mit Entschlossenheit und Hoffnung zu begegnen.

Bibliography

[1] Masten, A. S. (2001). Ordinary Magic: Resilience Processes in Development. *American Psychologist*, 56(3), 227-238.

[2] Bandura, A. (1997). Self-efficacy: The exercise of control. *New York: W. H. Freeman.*

Die große Mobilisierung

Planung und Organisation

Die Vorbereitung auf die große Demonstration

Die Vorbereitung auf die große Demonstration stellt einen entscheidenden Schritt im Aktivismus von Kye Fael dar. In dieser Phase war es wichtig, eine umfassende Strategie zu entwickeln, um die Mobilisierung der Gemeinschaft zu gewährleisten und den Widerstand gegen das Anti-Teilchen-Phasen-Eheverbot auf Zyoris zu stärken.

Ziele und Visionen

Zunächst galt es, klare Ziele für die Demonstration zu definieren. Kye und ihr Team erarbeiteten eine Vision, die sowohl die Anliegen der Teilchen-Phasen-Ehepartner als auch die breitere Forderung nach Gleichheit und Gerechtigkeit umfasste. Um diese Ziele zu kommunizieren, wurden verschiedene Kommunikationskanäle genutzt, darunter soziale Medien, lokale Zeitungen und Informationsveranstaltungen.

$$Ziel = \text{Gleichheit} + \text{Akzeptanz} + \text{Rechtsschutz} \tag{32}$$

Die Formel verdeutlicht, dass die Ziele der Demonstration eine Kombination aus Gleichheit, Akzeptanz und rechtlichem Schutz für alle Bürger auf Zyoris sind.

Rekrutierung von Unterstützern

Ein zentraler Aspekt der Vorbereitung war die Rekrutierung von Unterstützern. Kye und ihr Team organisierten zahlreiche Treffen in verschiedenen Stadtteilen, um die Menschen über die bevorstehende Demonstration zu informieren und sie zur Teilnahme zu motivieren. Es wurden Flyer verteilt, und es fanden

Informationsabende statt, bei denen die Teilnehmer die Möglichkeit hatten, Fragen zu stellen und ihre Bedenken zu äußern.

Ein Beispiel für eine erfolgreiche Rekrutierung war eine Veranstaltung in einem lokalen Gemeindezentrum, die mehr als 200 Menschen anzog. Kye nutzte diese Gelegenheit, um ihre Botschaft zu verbreiten und das Publikum zu ermutigen, aktiv zu werden.

Strategische Allianzen bilden

Die Bildung strategischer Allianzen war ein weiterer wichtiger Schritt in der Vorbereitung. Kye suchte aktiv nach Organisationen, die ähnliche Ziele verfolgten, wie etwa LGBTQ+-Gruppen, Frauenrechtsorganisationen und Umweltschutzbewegungen. Durch die Bildung dieser Allianzen konnte eine breitere Unterstützung gewonnen werden, und die Demonstration erhielt zusätzliche Sichtbarkeit.

Eine bemerkenswerte Partnerschaft wurde mit einer lokalen Künstlergruppe geschlossen, die bereit war, ihre Talente zur Verfügung zu stellen, um die Botschaft der Demonstration durch Kunst und Musik zu verbreiten. Diese Zusammenarbeit half, ein kreatives und inspirierendes Umfeld zu schaffen, das die Menschen ansprach und mobilisierte.

Die Rolle von Kunst und Kultur in der Mobilisierung

Kunst und Kultur spielten eine wesentliche Rolle in der Mobilisierung. Kye wusste, dass visuelle und akustische Elemente die emotionale Verbindung zur Botschaft stärken konnten. Daher wurden Künstler eingeladen, Plakate, Banner und sogar Musikstücke zu gestalten, die während der Demonstration präsentiert werden sollten.

Ein Beispiel für diese kreative Herangehensweise war ein großes Banner, das von einer Gruppe lokaler Künstler gestaltet wurde. Es trug die Worte „Für Liebe und Gleichheit" in leuchtenden Farben und wurde zu einem Symbol der Bewegung.

Kyes Engagement in der Medienarbeit

Ein weiterer zentraler Punkt war Kyes Engagement in der Medienarbeit. Sie kontaktierte Journalisten und Blogger, um die bevorstehende Demonstration zu bewerben. Kye verstand, dass die mediale Berichterstattung entscheidend für die Mobilisierung war, da sie das Bewusstsein der Öffentlichkeit schärfen und mehr Menschen dazu ermutigen konnte, sich anzuschließen.

Durch die Erstellung einer Pressemitteilung, die die wichtigsten Informationen zur Demonstration enthielt, konnte Kye eine breite Berichterstattung in den lokalen Medien sicherstellen. Dies führte dazu, dass die Veranstaltung in den Nachrichten und auf verschiedenen Online-Plattformen erwähnt wurde, was wiederum mehr Unterstützer anlockte.

Die Bedeutung von Bildung und Aufklärung

Die Bildung und Aufklärung der Gemeinschaft war ebenfalls von großer Bedeutung. Kye und ihr Team organisierten Workshops, in denen die Teilnehmer mehr über die rechtlichen Aspekte der Teilchen-Phasen-Ehe und die Herausforderungen, mit denen die Betroffenen konfrontiert sind, erfuhren. Diese Workshops boten nicht nur Informationen, sondern auch einen Raum für Diskussionen und den Austausch von Erfahrungen.

Ein Beispiel für einen solchen Workshop war eine Veranstaltung in einer örtlichen Bibliothek, bei der Experten eingeladen wurden, um über die rechtlichen Rahmenbedingungen der Teilchen-Phasen-Ehe zu sprechen. Die Teilnehmer konnten Fragen stellen und erhielten wertvolle Informationen, die sie motivierten, aktiv zu werden.

Logistische Herausforderungen

Die logistische Planung stellte eine weitere Herausforderung dar. Kye und ihr Team mussten sicherstellen, dass die Demonstration reibungslos ablaufen konnte. Dazu gehörte die Auswahl eines geeigneten Ortes, die Beantragung von Genehmigungen und die Organisation von Sicherheitsvorkehrungen.

Ein unerwartetes Problem trat auf, als die ursprüngliche Genehmigung für den geplanten Veranstaltungsort abgelehnt wurde. Kye und ihr Team reagierten schnell und fanden einen alternativen Ort, der noch besser geeignet war, um die erwartete Anzahl von Teilnehmern zu beherbergen.

Kyes persönliche Motivation und Inspiration

Kyes persönliche Motivation war ein wesentlicher Antrieb für die Vorbereitung der Demonstration. Sie war fest entschlossen, für die Rechte der Teilchen-Phasen-Ehepartner zu kämpfen und eine gerechtere Gesellschaft zu schaffen. Ihre Leidenschaft und ihr Engagement inspirierten nicht nur ihre Unterstützer, sondern auch andere Aktivisten, die sich der Bewegung anschlossen.

Kye fand Inspiration in den Geschichten anderer Aktivisten, die für ihre Überzeugungen kämpften. Diese Geschichten motivierten sie, weiterhin für die Gleichheit zu kämpfen und die Stimme der Unterdrückten zu stärken.

Kyes Vision für die Demonstration

Abschließend lässt sich sagen, dass Kyes Vision für die Demonstration nicht nur auf der Forderung nach Gleichheit basierte, sondern auch auf dem Wunsch, eine Gemeinschaft zu schaffen, die Vielfalt und Akzeptanz feiert. Sie wollte, dass die Demonstration ein Symbol für den Zusammenhalt und die Solidarität der Menschen auf Zyoris wird.

Die Vorbereitung auf die große Demonstration war somit ein vielschichtiger Prozess, der sorgfältige Planung, kreative Ansätze und eine starke Gemeinschaft erforderte. Kyes Entschlossenheit und Engagement legten den Grundstein für eine erfolgreiche Mobilisierung und einen bedeutenden Schritt im Kampf für die Rechte der Teilchen-Phasen-Ehepartner.

Rekrutierung von Unterstützern

Die Rekrutierung von Unterstützern ist ein entscheidender Schritt im Aktivismus, insbesondere im Kontext des Widerstands gegen das Anti-Teilchen-Phasen-Eheverbot auf Zyoris. In dieser Phase war Kye Fael mit verschiedenen Herausforderungen konfrontiert, die sowohl theoretische als auch praktische Aspekte umfassten.

Theoretischer Rahmen

Die Rekrutierung von Unterstützern kann durch verschiedene theoretische Ansätze erklärt werden. Eine der bekanntesten Theorien ist die *Mobilisierungstheorie*, die besagt, dass soziale Bewegungen nur dann erfolgreich sind, wenn sie in der Lage sind, Ressourcen effektiv zu mobilisieren und ein breites Unterstützungsnetzwerk aufzubauen [1]. Diese Theorie unterstreicht die Bedeutung von sozialem Kapital, das in Form von Netzwerken, Beziehungen und Vertrauen innerhalb der Gemeinschaft vorhanden ist.

Ein weiterer wichtiger Aspekt ist die *Identitätstheorie*, die darauf hinweist, dass Menschen eher bereit sind, sich einer Bewegung anzuschließen, wenn sie sich mit den Zielen und Werten der Bewegung identifizieren können [?]. Kyes Ansatz war es, eine inklusive und einladende Atmosphäre zu schaffen, die es den Menschen ermöglichte, sich mit der Sache zu identifizieren.

Herausforderungen bei der Rekrutierung

Die Rekrutierung von Unterstützern stellte Kye vor mehrere Herausforderungen:

- **Mangel an Bewusstsein:** Viele Zyorianer waren sich der Auswirkungen des Anti-Teilchen-Phasen-Eheverbots nicht bewusst. Kye musste Strategien entwickeln, um das Bewusstsein zu schärfen und die Menschen über die Bedeutung der Thematik aufzuklären.

- **Angst vor Repression:** Die repressiven Maßnahmen der Regierung führten dazu, dass viele Menschen zögerten, sich öffentlich zu engagieren. Kye musste einen Raum schaffen, in dem sich Unterstützer sicher fühlen konnten, ihre Meinungen zu äußern.

- **Diversität der Zielgruppen:** Zyoris ist eine kulturell vielfältige Gesellschaft. Kye musste sicherstellen, dass die Botschaft der Bewegung alle Gruppen anspricht und niemanden ausschließt.

Strategien zur Rekrutierung

Um diese Herausforderungen zu bewältigen, entwickelte Kye mehrere Strategien zur Rekrutierung von Unterstützern:

1. **Bildungskampagnen:** Kye organisierte Workshops und Informationsveranstaltungen, um das Bewusstsein für die Problematik zu schärfen. Diese Veranstaltungen boten eine Plattform für Diskussionen und halfen, das Vertrauen in die Bewegung zu stärken.

2. **Soziale Medien:** Kye nutzte soziale Medien effektiv, um jüngere Zielgruppen zu erreichen. Durch kreative Inhalte und ansprechende Kampagnen konnte sie das Interesse und die Beteiligung steigern.

3. **Persönliche Geschichten:** Kye ermutigte Unterstützer, ihre persönlichen Geschichten zu teilen, um eine emotionale Verbindung zur Bewegung herzustellen. Diese Geschichten halfen, die Auswirkungen des Anti-Teilchen-Phasen-Eheverbots auf das Leben der Menschen zu verdeutlichen.

4. **Netzwerkbildung:** Kye baute strategische Allianzen mit anderen Organisationen und Gemeinschaftsgruppen auf. Diese Netzwerke ermöglichten es, Ressourcen zu teilen und die Reichweite der Bewegung zu erhöhen.

Beispiele erfolgreicher Rekrutierung

Ein bemerkenswertes Beispiel für Kyes Rekrutierungserfolg war die Organisation einer großen Informationsveranstaltung, die über 200 Teilnehmer anzog. Diese Veranstaltung beinhaltete Reden von prominenten Aktivisten und kulturellen Persönlichkeiten, die die Bedeutung des Themas unterstrichen. Darüber hinaus wurden kreative Workshops angeboten, in denen die Teilnehmer ihre eigenen Ideen und Vorschläge einbringen konnten. Diese Interaktivität förderte das Gefühl der Zugehörigkeit und ermutigte viele, sich aktiv zu engagieren.

Ein weiteres Beispiel war die Nutzung von sozialen Medien, um eine virale Kampagne zu starten, die das Hashtag #ZyorisFürGleichheit einführte. Diese Kampagne ermutigte die Menschen, ihre Unterstützung online zu zeigen und half, eine breitere Diskussion über die Thematik zu initiieren.

Fazit

Die Rekrutierung von Unterstützern war für Kye Fael ein komplexer, aber entscheidender Prozess. Durch die Anwendung theoretischer Konzepte und die Überwindung praktischer Herausforderungen konnte sie eine vielfältige und engagierte Unterstützerbasis aufbauen. Diese Bemühungen waren nicht nur für die Mobilisierung von entscheidender Bedeutung, sondern trugen auch dazu bei, das Bewusstsein für die Rechte von Teilchen-Phasen-Ehen auf Zyoris zu schärfen und eine breitere gesellschaftliche Diskussion zu fördern.

Strategische Allianzen bilden

Der Aufbau strategischer Allianzen ist ein entscheidender Schritt im Aktivismus, insbesondere in einem sozialen Kontext, der von tief verwurzelten Vorurteilen und gesetzlichen Ungerechtigkeiten geprägt ist. Kye Fael verstand früh, dass die Mobilisierung einer breiten Basis von Unterstützern nicht nur durch individuelle Anstrengungen, sondern durch die Bildung von Allianzen mit verschiedenen Gruppen und Organisationen erreicht werden kann. Diese Allianzen können nicht nur die Reichweite und Sichtbarkeit der Bewegung erhöhen, sondern auch Ressourcen, Wissen und strategische Unterstützung bereitstellen.

Theoretische Grundlagen

Die Theorie der strategischen Allianzen basiert auf der Annahme, dass Kooperation zwischen verschiedenen Akteuren zu synergistischen Effekten führen kann. In der politischen Theorie wird oft auf die *Resource Dependence Theory* verwiesen, die besagt, dass Organisationen auf externe Ressourcen angewiesen sind, um ihre Ziele zu erreichen. In diesem Kontext bedeutet dies, dass Aktivisten, die Allianzen bilden, Zugang zu zusätzlichen Ressourcen wie finanziellen Mitteln, Fachwissen und einem größeren Netzwerk von Unterstützern erhalten können.

$$R = f(A, N, C) \tag{33}$$

Hierbei steht R für die Ressourcen, A für die Allianzen, N für das Netzwerk und C für die Kooperation. Diese Gleichung verdeutlicht, dass die Ressourcen eines Aktivisten direkt von der Stärke und der Anzahl der Allianzen abhängen.

Identifizierung von Partnern

Ein wesentlicher Schritt bei der Bildung strategischer Allianzen ist die Identifizierung potenzieller Partner. Kye Fael begann, verschiedene Organisationen zu analysieren, die ähnliche Ziele verfolgten, sei es im Bereich der Bürgerrechte, der Gleichstellung der Geschlechter oder der LGBTQ+-Rechte. Diese Organisationen könnten sowohl lokale Gruppen als auch internationale Bewegungen umfassen.

Die Identifizierung geeigneter Partner kann durch folgende Kriterien erfolgen:

+ **Gemeinsame Werte:** Die Partner sollten ähnliche Grundwerte und Ziele teilen, um eine kohärente und effektive Zusammenarbeit zu gewährleisten.

+ **Ressourcen:** Die Analyse der Ressourcen, die potenzielle Partner einbringen können, ist entscheidend. Dazu gehören sowohl materielle Ressourcen als auch menschliches Kapital.

+ **Reichweite:** Partner mit einer größeren Reichweite können helfen, die Botschaft effektiver zu verbreiten.

+ **Expertise:** Die Einbringung von Fachwissen aus verschiedenen Bereichen kann die Effektivität der Kampagne erhöhen.

Kooperationsstrategien

Sobald potenzielle Partner identifiziert sind, müssen Strategien zur Kooperation entwickelt werden. Kye Fael und ihr Team erarbeiteten verschiedene Ansätze, um die Zusammenarbeit zu fördern:

1. **Gemeinsame Veranstaltungen:** Die Organisation von gemeinsamen Veranstaltungen, wie Workshops oder Diskussionsrunden, kann dazu beitragen, die Sichtbarkeit beider Parteien zu erhöhen und die Gemeinschaft zu mobilisieren.

2. **Ressourcenaustausch:** Der Austausch von Ressourcen, sei es in Form von finanzieller Unterstützung oder durch den Zugang zu Netzwerken, ist eine wichtige Strategie. Kye Fael initiierte beispielsweise einen Austausch von Informationen über rechtliche Strategien mit einer Organisation, die sich auf Menschenrechtsfragen spezialisiert hatte.

3. **Gemeinsame Kampagnen:** Die Entwicklung von Kampagnen, die die Stärken beider Partner nutzen, kann zu effektiveren Ergebnissen führen. Eine solche Kampagne könnte beispielsweise eine Kombination aus Medienarbeit und öffentlicher Mobilisierung sein.

Herausforderungen bei der Allianzenbildung

Die Bildung strategischer Allianzen ist nicht ohne Herausforderungen. Kye Fael stellte fest, dass unterschiedliche Organisationskulturen, Kommunikationsstile und Prioritäten zu Spannungen führen können. Um diese Herausforderungen zu bewältigen, implementierte sie folgende Strategien:

+ **Transparente Kommunikation:** Die Etablierung offener Kommunikationskanäle ist entscheidend, um Missverständnisse zu vermeiden und die Zusammenarbeit zu stärken.

+ **Klarheit der Ziele:** Es ist wichtig, dass alle Partner ein gemeinsames Verständnis der Ziele und Erwartungen haben, um Konflikte zu minimieren.

+ **Flexibilität:** Die Bereitschaft, sich an sich ändernde Umstände anzupassen, ist entscheidend für den langfristigen Erfolg der Allianzen.

Beispiele erfolgreicher Allianzen

Ein Beispiel für eine erfolgreiche strategische Allianz war die Zusammenarbeit zwischen Kye Fael und einer Gruppe von Künstlern, die sich für soziale Gerechtigkeit einsetzten. Diese Künstler nutzten ihre Plattform, um Kyes Botschaft zu verbreiten und die Öffentlichkeit auf das Anti-Teilchen-Phasen-Eheverbot aufmerksam zu machen. Durch gemeinsame

Veranstaltungen, in denen Kunst und Aktivismus kombiniert wurden, konnten sie eine breitere Öffentlichkeit erreichen und das Bewusstsein für die Problematik schärfen.

Ein weiteres Beispiel war die Kooperation mit internationalen Organisationen, die sich für die Rechte von Minderheiten einsetzen. Diese Allianzen ermöglichten den Austausch von Best Practices und halfen Kye Fael, ihre Strategien zu verfeinern und zu erweitern.

Fazit

Die Bildung strategischer Allianzen stellte sich als ein entscheidender Faktor für den Erfolg von Kye Faels Aktivismus heraus. Durch die Identifizierung geeigneter Partner, die Entwicklung effektiver Kooperationsstrategien und die Überwindung von Herausforderungen konnte sie eine starke Bewegung aufbauen, die sich gegen das Anti-Teilchen-Phasen-Eheverbot auf Zyoris richtete. Diese Allianzen waren nicht nur eine Quelle für Ressourcen und Unterstützung, sondern auch ein Symbol für die Kraft der Gemeinschaft und die Möglichkeit, gemeinsam für Gerechtigkeit zu kämpfen.

Die Rolle von Kunst und Kultur in der Mobilisierung

Die Mobilisierung von Gemeinschaften für soziale Gerechtigkeit ist oft eng mit der Nutzung von Kunst und Kultur verbunden. Diese Elemente dienen nicht nur als Ausdrucksmittel, sondern auch als kraftvolle Werkzeuge zur Sensibilisierung und Motivation. Auf Zyoris, wo Kye Fael aktiv ist, hat die Verschmelzung von Kunst und Aktivismus eine besondere Bedeutung erlangt, insbesondere im Kontext des Widerstands gegen das Anti-Teilchen-Phasen-Eheverbot.

Theoretische Grundlagen

Kunst und Kultur sind nicht nur ästhetische Phänomene, sondern auch soziale Konstrukte, die tief in den Gemeinschaften verwurzelt sind. Laut dem Sozialtheoretiker Pierre Bourdieu spielt Kultur eine entscheidende Rolle bei der Schaffung von sozialem Kapital. Er argumentiert, dass kulturelle Praktiken und Werte die sozialen Strukturen formen und verändern können. In diesem Kontext wird Kunst als ein Medium verstanden, das Identitäten formt und Gemeinschaften mobilisiert.

Die *Kulturtheorie* von Raymond Williams hebt hervor, dass Kultur ein dynamischer Prozess ist, der durch soziale Praktiken und Interaktionen geprägt wird. Kunst kann als ein Katalysator fungieren, der Menschen zusammenbringt, um gemeinsame Anliegen zu artikulieren und zu verfolgen. Diese Theorie ist besonders relevant für Kyes Arbeit, da sie die kollektive Identität und den Widerstand gegen das Unrecht fördert.

Probleme und Herausforderungen

Trotz der positiven Rolle von Kunst und Kultur in der Mobilisierung gibt es auch Herausforderungen, die berücksichtigt werden müssen. Eine der größten Hürden ist die Kommerzialisierung von Kunst, die oft zu einer Entpolitisierung führt. Wenn Kunstwerke zu Produkten werden, verlieren sie häufig ihre transformative Kraft und können nicht mehr als Mittel des Widerstands dienen.

Ein weiteres Problem ist der Zugang zu kulturellen Ressourcen. In vielen Gemeinschaften, insbesondere in marginalisierten Gruppen, sind die Möglichkeiten, Kunst zu schaffen oder zu konsumieren, stark eingeschränkt. Dies kann die Mobilisierung behindern, da nicht alle Stimmen gleichwertig gehört werden. Kye Fael hat sich in ihrer Arbeit intensiv mit diesen Themen auseinandergesetzt und Strategien entwickelt, um diese Barrieren zu überwinden.

Beispiele aus der Praxis

Ein prägnantes Beispiel für die Rolle von Kunst in der Mobilisierung ist die Verwendung von *Street Art*. In den Straßen von Zyoris haben Künstler*innen Wandmalereien geschaffen, die die Botschaft des Widerstands gegen das Anti-Teilchen-Phasen-Eheverbot kommunizieren. Diese Kunstwerke sind nicht nur visuelle Manifestationen des Protests, sondern auch ein Mittel zur Schaffung eines kollektiven Gedächtnisses. Sie erinnern die Gemeinschaft an die Herausforderungen, mit denen sie konfrontiert sind, und an die Notwendigkeit des Widerstands.

Ein weiteres Beispiel ist die Organisation von *Theateraufführungen*, die sich mit den Themen Identität und Gleichheit auseinandersetzen. Kye Fael hat mehrere solcher Veranstaltungen initiiert, bei denen Geschichten von Betroffenen erzählt werden. Diese Aufführungen schaffen Empathie und Verständnis und mobilisieren die Zuschauer*innen, aktiv zu werden. Durch die Verbindung von Kunst und Aktivismus wird eine emotionale Resonanz erzeugt, die oft effektiver ist als rein rationale Argumente.

Die Bedeutung von Kunst und Kultur für Kyes Aktivismus

Für Kye Fael ist die Integration von Kunst und Kultur in ihren Aktivismus von zentraler Bedeutung. Sie sieht Kunst als ein Werkzeug, um Dialoge zu initiieren und Gemeinschaften zu stärken. In ihren Reden betont sie oft, dass Kunst nicht nur eine Form des Ausdrucks ist, sondern auch eine Möglichkeit, um soziale Veränderungen herbeizuführen. Kye hat Workshops organisiert, in denen Menschen lernen, ihre Geschichten durch verschiedene Kunstformen zu erzählen, sei es durch Malerei, Musik oder Theater.

Darüber hinaus hat Kye die Bedeutung von kulturellen Veranstaltungen hervorgehoben, die als Plattformen für den Austausch von Ideen und Erfahrungen dienen. Diese Veranstaltungen fördern nicht nur die Gemeinschaftsbildung, sondern auch die Sichtbarkeit der Anliegen der Aktivisten.

Fazit

Zusammenfassend lässt sich sagen, dass die Rolle von Kunst und Kultur in der Mobilisierung für soziale Gerechtigkeit auf Zyoris von entscheidender Bedeutung ist. Sie bietet nicht nur einen Raum für den Ausdruck von Identitäten und Erfahrungen, sondern schafft auch die Möglichkeit, Gemeinschaften zusammenzubringen und aktiv zu werden. Kye Faels Engagement für die Verbindung von Kunst und Aktivismus zeigt, wie kreativ und wirkungsvoll der Widerstand gegen Ungerechtigkeit sein kann. Die Herausforderungen, die mit der Nutzung von Kunst im Aktivismus verbunden sind, können durch innovative Ansätze und gemeinschaftliche Anstrengungen überwunden werden. Kunst bleibt ein unverzichtbares Element im Kampf für Gleichheit und Gerechtigkeit auf Zyoris.

Kyes Engagement in der Medienarbeit

Kyes Engagement in der Medienarbeit ist ein entscheidender Aspekt seines Aktivismus, da er die Macht der Medien erkennt, um soziale Veränderungen herbeizuführen und das Bewusstsein für das Anti-Teilchen-Phasen-Eheverbot auf Zyoris zu schärfen. In dieser Sektion werden die verschiedenen Dimensionen von Kyes Medienarbeit, die Herausforderungen, denen er gegenüberstand, sowie die Strategien, die er entwickelte, um diese Herausforderungen zu überwinden, detailliert beschrieben.

Die Rolle der Medien im Aktivismus

Die Medien spielen eine zentrale Rolle im Aktivismus, indem sie Informationen verbreiten, öffentliche Meinungen beeinflussen und Mobilisierungsplattformen bieten. In der Theorie des sozialen Wandels wird oft auf die Bedeutung von *Agenda-Setting* verwiesen, bei dem die Medien bestimmen, welche Themen in der öffentlichen Diskussion präsent sind. Kye Fael nutzte diese Theorie, um gezielt Themen anzusprechen, die für die Bürgerrechtsbewegung auf Zyoris von Bedeutung waren.

Ein Beispiel für Kyes strategisches Vorgehen war die Nutzung von sozialen Medien, um die Aufmerksamkeit auf die Ungerechtigkeiten des Anti-Teilchen-Phasen-Eheverbots zu lenken. Durch die Erstellung von Hashtags wie #ZyorisFürGleichheit und #TeilenIstMenschlichkeit konnte Kye eine breite Diskussion anstoßen und Unterstützer mobilisieren.

Herausforderungen in der Medienarbeit

Trotz seines Engagements sah sich Kye mit mehreren Herausforderungen konfrontiert. Eine der größten Schwierigkeiten war die *Medienzensur* durch die Regierung von Zyoris. Die Regierung versuchte, kritische Berichterstattung über das Anti-Teilchen-Phasen-Eheverbot zu unterdrücken, indem sie Journalisten unter Druck setzte und die Verbreitung von Informationen einschränkte. Kye musste kreative Wege finden, um diese Zensur zu umgehen.

Ein weiterer bedeutender Aspekt war die *Verbreitung von Fehlinformationen*. In einer Zeit, in der soziale Medien eine zentrale Rolle in der Informationsverbreitung spielen, war Kye oft mit falschen Nachrichten und Propaganda konfrontiert, die darauf abzielten, die Bürgerrechtsbewegung zu diskreditieren. Um dem entgegenzuwirken, startete Kye Kampagnen zur Aufklärung der Öffentlichkeit über die Wahrheit hinter den Fehlinformationen. Ein Beispiel hierfür war eine Reihe von Videos, die die Fakten über Teilchen-Phasen-Ehen erklärten und die positiven Aspekte dieser Ehen hervorhoben.

Strategien zur Medienarbeit

Kye entwickelte mehrere Strategien, um die Herausforderungen in der Medienarbeit zu bewältigen. Eine dieser Strategien war die *Zusammenarbeit mit Journalisten und Medienvertretern*. Kye baute Beziehungen zu einflussreichen Journalisten auf, die bereit waren, über die Probleme der Bürgerrechtsbewegung zu berichten. Diese Zusammenarbeit führte zu einer erhöhten Sichtbarkeit der Bewegung in den traditionellen Medien.

Darüber hinaus nutzte Kye die Kraft der *Kunst und Kultur* in der Medienarbeit. Er organisierte Veranstaltungen, bei denen Künstler, Musiker und Schriftsteller ihre Werke präsentieren konnten, die sich mit Themen der Gleichheit und Gerechtigkeit auseinandersetzten. Diese Veranstaltungen wurden nicht nur von der Gemeinschaft gut besucht, sondern zogen auch die Aufmerksamkeit der Medien auf sich und führten zu positiven Berichterstattungen über die Bürgerrechtsbewegung.

Beispiele für erfolgreiche Medienkampagnen

Ein herausragendes Beispiel für Kyes erfolgreiche Medienarbeit war die *Kampagne "Liebe ist Liebe"*. Diese Kampagne beinhaltete eine Reihe von Videos, in denen Paare, die in Teilchen-Phasen-Ehen lebten, ihre Geschichten erzählten. Die emotionalen und authentischen Darstellungen dieser Paare führten zu einer Welle der Unterstützung in der Gesellschaft und trugen dazu bei, die öffentliche Meinung über das Anti-Teilchen-Phasen-Eheverbot zu verändern.

Eine weitere erfolgreiche Initiative war die *Online-Petition*, die Kye ins Leben rief. Diese Petition forderte die Aufhebung des Anti-Teilchen-Phasen-Eheverbots und wurde innerhalb weniger Wochen von Tausenden von Menschen unterzeichnet. Die Petition wurde von verschiedenen Medien aufgegriffen, was zu einer breiten Diskussion über das Thema führte.

Fazit

Kyes Engagement in der Medienarbeit war ein wesentlicher Bestandteil seines Aktivismus. Durch strategische Partnerschaften, kreative Kampagnen und die Nutzung von sozialen Medien gelang es ihm, das Bewusstsein für das Anti-Teilchen-Phasen-Eheverbot zu schärfen und eine breite Unterstützung für die Bürgerrechtsbewegung zu mobilisieren. Trotz der Herausforderungen, denen er gegenüberstand, zeigte Kye bemerkenswerte Resilienz und Einfallsreichtum, was zu bedeutenden Fortschritten in der Bewegung führte. Seine Medienarbeit bleibt ein inspirierendes Beispiel für zukünftige Aktivisten, die die Kraft der Medien nutzen möchten, um soziale Veränderungen zu bewirken.

Die Bedeutung von Bildung und Aufklärung

Bildung und Aufklärung spielen eine entscheidende Rolle im Aktivismus von Kye Fael und der Bürgerrechtsbewegung auf Zyoris. In einer Gesellschaft, die von kulturellen Differenzen und politischen Spannungen geprägt ist, ist das Verständnis von Bürgerrechten und gesellschaftlichen Strukturen unerlässlich. Bildung dient nicht nur als Werkzeug zur Wissensvermittlung, sondern auch als Mittel zur Befähigung der Individuen, ihre Stimmen zu erheben und für ihre Rechte zu kämpfen.

Theoretische Grundlagen

Die Theorie der kritischen Pädagogik, wie sie von Paulo Freire formuliert wurde, betont die Notwendigkeit, Lernende zu aktiven Teilnehmern im Bildungsprozess zu machen. Freire argumentiert, dass Bildung nicht neutral ist, sondern in der Regel die bestehenden Machtstrukturen reproduziert. Daher ist es von zentraler Bedeutung, dass Bildung als Mittel zur Befreiung und zur Förderung des kritischen Denkens genutzt wird. Dies ist besonders relevant für Kye Faels Ansatz, da er die Notwendigkeit erkennt, die Gemeinschaft über die Grundlagen der Teilchen-Phasen-Ehen und die damit verbundenen Rechte aufzuklären.

Die Gleichung, die Freires Ansatz zusammenfasst, könnte folgendermaßen dargestellt werden:

$$Bildung = Wissen + Kritisches\ Denken + Handlungsfähigkeit \qquad (34)$$

Die Herausforderungen der Bildung

Trotz der Bedeutung von Bildung gibt es erhebliche Herausforderungen, die Kye und andere Aktivisten überwinden müssen. In Zyoris ist der Zugang zu Bildung oft ungleich verteilt, wobei marginalisierte Gruppen systematisch benachteiligt werden. Diese Ungleichheit führt zu einer mangelnden Aufklärung über die eigenen Rechte und die Möglichkeiten des politischen Engagements.

Ein Beispiel für diese Herausforderung ist die Diskrepanz zwischen städtischen und ländlichen Gebieten auf Zyoris. Während städtische Zentren Zugang zu Ressourcen und Bildungseinrichtungen haben, sind ländliche Gemeinschaften oft isoliert und haben Schwierigkeiten, qualitativ hochwertige Bildung zu erhalten. Dies führt zu einem Wissensgefälle, das die Mobilisierung von Gemeinschaften zur Bekämpfung des Anti-Teilchen-Phasen-Eheverbots erschwert.

Bildungsinitiativen und Aufklärungsarbeit

Kye Fael erkennt die Notwendigkeit an, Bildungsinitiativen zu fördern, die auf die spezifischen Bedürfnisse der Gemeinschaften auf Zyoris zugeschnitten sind. Dies umfasst Workshops, Informationsveranstaltungen und die Nutzung von sozialen Medien, um Wissen zu verbreiten. Ein Beispiel für eine erfolgreiche Bildungsinitiative ist die Gründung von Aufklärungsgruppen, die sich mit den rechtlichen Aspekten von Teilchen-Phasen-Ehen auseinandersetzen und die Menschen über ihre Rechte informieren.

Die Verwendung von Kunst und Kultur als Mittel zur Aufklärung ist ebenfalls von Bedeutung. Kye organisiert Veranstaltungen, bei denen Künstler und Aktivisten zusammenkommen, um durch Theater, Musik und bildende Kunst auf die Ungerechtigkeiten aufmerksam zu machen. Diese Form der Aufklärung spricht nicht nur den Verstand an, sondern berührt auch das Herz der Menschen und motiviert sie zum Handeln.

Beispiele für erfolgreiche Bildungsprojekte

Ein herausragendes Beispiel für ein erfolgreiches Bildungsprojekt ist die „Zukunftswerkstatt für Teilchen-Phasen-Ehen", die Kye ins Leben gerufen hat. In dieser Werkstatt werden junge Menschen geschult, um ihre eigenen Geschichten zu erzählen und die Bedeutung von Teilchen-Phasen-Ehen in ihrer Kultur zu diskutieren. Die Teilnehmenden lernen, wie sie ihre Erfahrungen in den öffentlichen Diskurs einbringen können, wodurch sie zu aktiven Mitgestaltern ihrer Gesellschaft werden.

Ein weiteres Beispiel ist die „Woche der Aufklärung", die jährlich in verschiedenen Städten Zyoris stattfindet. Diese Woche umfasst Vorträge, Podiumsdiskussionen und interaktive Workshops, die sich mit den Themen Bürgerrechte, Gleichheit und Teilchen-Phasen-Ehen befassen. Die hohe Teilnehmerzahl und die positive Resonanz zeigen, dass Bildung ein Schlüssel zur Mobilisierung und zum Verständnis der eigenen Rechte ist.

Fazit

Zusammenfassend lässt sich sagen, dass Bildung und Aufklärung fundamentale Bestandteile des Aktivismus von Kye Fael sind. Sie ermöglichen es den Menschen, sich ihrer Rechte bewusst zu werden, kritisches Denken zu entwickeln und aktiv an der Gestaltung ihrer Gesellschaft teilzunehmen. In einer Zeit, in der das Anti-Teilchen-Phasen-Eheverbot auf Zyoris eine große Herausforderung darstellt, ist die Förderung von Bildung und Aufklärung unerlässlich, um eine gerechtere und inklusivere Gesellschaft zu schaffen. Kyes Engagement in diesem Bereich ist nicht nur ein Beispiel für erfolgreichen Aktivismus, sondern auch ein Aufruf an alle, die Macht der Bildung zu nutzen, um Veränderungen herbeizuführen.

Logistische Herausforderungen

Die Organisation einer großen Demonstration, wie sie Kye Fael plante, bringt eine Vielzahl logistischer Herausforderungen mit sich, die sorgfältig berücksichtigt und bewältigt werden müssen. Diese Herausforderungen reichen von der Planung der

Route bis hin zur Sicherstellung der Sicherheit der Teilnehmer. In diesem Abschnitt werden wir die zentralen logistischen Probleme untersuchen, die Kye und ihr Team bei der Vorbereitung auf die große Demonstration auf Zyoris bewältigen mussten.

Routenplanung und Genehmigungen

Eine der ersten logistischen Herausforderungen war die Planung der Route für die Demonstration. Die Route musste strategisch gewählt werden, um sowohl Sichtbarkeit als auch Sicherheit zu gewährleisten. Kye und ihr Team mussten die wichtigsten Orte in der Stadt identifizieren, die symbolisch für den Widerstand gegen das Anti-Teilchen-Phasen-Eheverbot standen. Dies erforderte eine detaillierte Analyse der städtischen Infrastruktur und eine Berücksichtigung von Faktoren wie Verkehr, Menschenmengen und Zugang zu Notdiensten.

Die Genehmigung für die Demonstration war ein weiterer kritischer Aspekt. In Zyoris waren die Behörden oft skeptisch gegenüber großen Versammlungen, insbesondere wenn sie mit politischen Themen verbunden waren. Kye musste umfangreiche Anträge einreichen, die die geplante Route, die Anzahl der erwarteten Teilnehmer und die Sicherheitsvorkehrungen detailliert beschrieben. Diese bürokratischen Hürden erforderten nicht nur Geduld, sondern auch ein tiefes Verständnis der rechtlichen Rahmenbedingungen für öffentliche Versammlungen.

Logistik der Teilnehmer

Die Mobilisierung von Unterstützern stellte eine weitere logistische Herausforderung dar. Kye und ihr Team mussten sicherstellen, dass die Teilnehmer über die Details der Demonstration informiert waren, einschließlich Datum, Uhrzeit und Treffpunkt. Um dies zu erreichen, nutzten sie eine Vielzahl von Kommunikationskanälen, darunter soziale Medien, E-Mail-Newsletter und lokale Gemeinschaftsveranstaltungen.

Ein Beispiel für die Mobilisierung war die Nutzung einer Online-Plattform, auf der Teilnehmer sich anmelden und ihre Unterstützung bekunden konnten. Diese Plattform ermöglichte es Kye, eine Schätzung der Teilnehmerzahl zu erhalten und die notwendigen Ressourcen entsprechend zu planen. Die Herausforderung bestand jedoch darin, sicherzustellen, dass die Informationen klar und zugänglich waren, um Missverständnisse und Verwirrung zu vermeiden.

Sicherheitsvorkehrungen

Die Sicherheit der Demonstrationsteilnehmer war von größter Bedeutung. Kye musste eng mit lokalen Sicherheitskräften zusammenarbeiten, um sicherzustellen, dass geeignete Maßnahmen getroffen wurden, um mögliche Konflikte zu verhindern. Dies beinhaltete die Bereitstellung von Sicherheitspersonal, die Überwachung der Demonstration und die Entwicklung eines Notfallplans für unerwartete Ereignisse.

Ein konkretes Beispiel für eine Sicherheitsmaßnahme war die Einrichtung von „Sicherheitszonen", in denen Teilnehmer sich zurückziehen konnten, falls die Situation eskalierte. Diese Zonen wurden strategisch entlang der Demonstrationsroute platziert und von Freiwilligen überwacht, die geschult wurden, um in Krisensituationen zu reagieren.

Ressourcenzuteilung

Die Zuteilung von Ressourcen war eine weitere logistische Herausforderung, die Kye bewältigen musste. Dazu gehörten die Bereitstellung von Materialien wie Plakaten, Flyern und Informationsbroschüren, die während der Demonstration verteilt werden sollten. Kye und ihr Team mussten auch sicherstellen, dass genügend Wasser und Snacks für die Teilnehmer bereitgestellt wurden, um ihre Energie während der Veranstaltung aufrechtzuerhalten.

Die Finanzierung der Ressourcen stellte eine zusätzliche Herausforderung dar. Kye organisierte Fundraising-Veranstaltungen und suchte nach Spenden von Unterstützern, um die Kosten für die Materialien und die Logistik zu decken. Diese finanziellen Überlegungen waren entscheidend, um sicherzustellen, dass die Demonstration erfolgreich und nachhaltig durchgeführt werden konnte.

Technologie und Kommunikation

In der heutigen Zeit spielt Technologie eine entscheidende Rolle bei der Organisation von Protesten und Demonstrationen. Kye und ihr Team mussten verschiedene technologische Hilfsmittel nutzen, um die Logistik der Demonstration zu unterstützen. Dazu gehörten die Verwendung von Kommunikations-Apps, um Echtzeit-Updates an die Teilnehmer zu senden, sowie die Einrichtung von Live-Streams, um die Veranstaltung einem breiteren Publikum zugänglich zu machen.

Ein Beispiel für den Einsatz von Technologie war die Nutzung von GPS-Tracking-Apps, um die Sicherheit der Teilnehmer während der Demonstration zu gewährleisten. Diese Apps ermöglichten es Kye, die Position der Teilnehmer in Echtzeit zu verfolgen und schnell auf potenzielle Probleme zu reagieren.   Die Herausforderung bestand darin, sicherzustellen, dass alle Teilnehmer Zugang zu den benötigten Technologien hatten und diese effektiv nutzen konnten.

Zusammenarbeit mit Partnern

Schließlich war die Zusammenarbeit mit Partnerorganisationen und anderen Aktivisten von entscheidender Bedeutung für die logistische Planung der Demonstration.   Kye musste strategische Allianzen bilden, um Ressourcen und Unterstützung zu bündeln.   Dies erforderte effektive Kommunikation und Koordination zwischen verschiedenen Gruppen, die ähnliche Ziele verfolgten.

Ein Beispiel für eine erfolgreiche Partnerschaft war die Zusammenarbeit mit Künstlern, die bereit waren, ihre Werke zur Unterstützung der Demonstration zur Verfügung zu stellen. Diese Zusammenarbeit trug nicht nur zur Sichtbarkeit der Veranstaltung bei, sondern half auch, eine starke Gemeinschaft von Unterstützern zu schaffen, die gemeinsam für die Rechte der Teilchen-Phasen-Ehe eintraten.

Fazit

Die logistischen Herausforderungen, denen Kye Fael gegenüberstand, waren komplex   und   vielschichtig.   Von   der   Routenplanung   über   die Sicherheitsvorkehrungen bis hin zur Ressourcenzuteilung mussten zahlreiche Faktoren   berücksichtigt   werden,   um   die   Demonstration   erfolgreich durchzuführen.   Trotz dieser Herausforderungen zeigte Kye bemerkenswerte Fähigkeiten in der Organisation und Mobilisierung, die letztendlich zur Schaffung eines   bedeutenden   Moments   im   Kampf   gegen   das Anti-Teilchen-Phasen-Eheverbot auf Zyoris führten.   Ihre Fähigkeit, diese logistischen Hürden zu überwinden, war ein wesentlicher Bestandteil ihres Erfolgs als Bürgerrechtsaktivistin.

Kyes persönliche Motivation und Inspiration

Kyes Engagement für die Bürgerrechtsbewegung auf Zyoris war nicht nur das Ergebnis von äußeren Umständen, sondern auch eine tief verwurzelte persönliche Motivation, die aus verschiedenen Quellen gespeist wurde. Diese Motivation war geprägt von einer Kombination aus persönlichen Erfahrungen, kulturellen Einflüssen und einem unerschütterlichen Glauben an Gerechtigkeit und Gleichheit.

Persönliche Erfahrungen

Kyes Kindheit war von Herausforderungen und Ungerechtigkeiten geprägt, die ihn früh sensibilisierten. *Erste Erfahrungen mit Ungerechtigkeit* trugen dazu bei, ein starkes Gefühl für soziale Verantwortung zu entwickeln. Ein prägendes Erlebnis war, als Kye Zeuge einer Diskriminierung gegen einen Freund wurde, der wegen seiner nicht-traditionellen Familienstruktur verspottet wurde. Diese Erfahrung hinterließ einen bleibenden Eindruck und inspirierte Kye dazu, sich für die Rechte von Individuen einzusetzen, die aufgrund ihrer Identität oder Lebensweise benachteiligt wurden.

Kulturelle Einflüsse

Die kulturelle Vielfalt auf Zyoris spielte ebenfalls eine entscheidende Rolle in Kyes Motivation. Auf Zyoris gibt es eine Vielzahl von Kulturen, die in einem ständigen Dialog miteinander stehen. Kye wurde von den Geschichten und Traditionen anderer Völker inspiriert, die für ihre Rechte kämpften. Besonders die Geschichten von *historischen Bürgerrechtsaktivisten* auf Zyoris und der Erde, wie Rosa Parks und Nelson Mandela, motivierten Kye, seinen eigenen Weg zu gehen. Diese Vorbilder lehrten ihn, dass der Kampf für Gerechtigkeit oft mit persönlichen Opfern verbunden ist, aber auch zu tiefgreifenden Veränderungen führen kann.

Der Einfluss von Kunst und Kreativität

Ein weiterer wichtiger Aspekt von Kyes Motivation war die Rolle von Kunst und Kreativität. Kye entdeckte früh seine Leidenschaft für die Kunst und erkannte, dass sie ein mächtiges Werkzeug für den Aktivismus sein kann. Kunst hatte die Fähigkeit, Emotionen zu wecken und Menschen zu mobilisieren. Kye begann, seine eigenen Erfahrungen und die seiner Gemeinschaft in Form von Gedichten und Theaterstücken auszudrücken. Diese kreativen Ausdrucksformen wurden nicht nur zu einem Ventil für seine Frustration, sondern auch zu einem Weg, um andere zu inspirieren und zu mobilisieren.

Die Bedeutung von Gemeinschaft

Kyes Engagement war auch stark von seiner Gemeinschaft geprägt. Er erkannte, dass Veränderung nicht im Vakuum geschieht, sondern in der Zusammenarbeit mit Gleichgesinnten. Der Austausch mit anderen Aktivisten und die Gründung von Netzwerken halfen Kye, seine Ideen zu formulieren und zu verbreiten. Die *Bedeutung von Gemeinschaft* wurde für Kye offensichtlich, als er sah, wie kollektive

Anstrengungen zu bedeutenden Veränderungen führen konnten.   Die
Unterstützung von Freunden und Familienmitgliedern gab ihm den Mut, seine
Stimme zu erheben und für die Rechte derjenigen zu kämpfen, die nicht gehört
wurden.

Der Glaube an eine bessere Zukunft

Kyes unerschütterlicher Glaube an eine bessere Zukunft war ein zentraler Antrieb
für seinen Aktivismus. Er war überzeugt, dass jeder Mensch das Recht auf Liebe
und Akzeptanz hat, unabhängig von seiner Identität. Dieser Glaube wurde zu
einem Leitmotiv in seinem Leben und seiner Arbeit. Kye stellte sich oft die Frage:
„Wie würde eine gerechte Gesellschaft aussehen?" Diese Vision motivierte ihn, sich
für das Anti-Teilchen-Phasen-Eheverbot einzusetzen und eine inklusive
Gesellschaft zu fördern, in der alle Menschen gleich behandelt werden.

Zusammenfassung

Zusammenfassend lässt sich sagen, dass Kyes persönliche Motivation und
Inspiration aus einer Vielzahl von Quellen stammten.   Durch persönliche
Erfahrungen, kulturelle Einflüsse, die Kraft der Kunst, die Unterstützung seiner
Gemeinschaft und seinen Glauben an eine bessere Zukunft entwickelte Kye eine
leidenschaftliche Entschlossenheit, sich für die Rechte derjenigen einzusetzen, die
unter dem Anti-Teilchen-Phasen-Eheverbot litten. Diese Elemente formten nicht
nur seinen Aktivismus, sondern auch seine Identität als Bürgerrechtsaktivist auf
Zyoris.

$$M = f(E, C, A, G, F) \tag{35}$$

wobei M die Motivation, E persönliche Erfahrungen, C kulturelle Einflüsse,
A die Rolle der Kunst, G die Gemeinschaft und F der Glaube an eine bessere
Zukunft repräsentiert. Diese Gleichung verdeutlicht, dass Kyes Motivation das
Ergebnis einer komplexen Wechselwirkung zwischen verschiedenen Faktoren ist,
die zusammenwirken, um seine Identität und seinen Aktivismus zu formen.

Die Rolle von Technologie im Aktivismus

Die Rolle von Technologie im Aktivismus hat in den letzten Jahrzehnten eine
entscheidende Transformation durchlaufen.   Insbesondere im Kontext der
Bürgerrechtsbewegungen auf Zyoris, wie im Fall von Kye Fael und dem

Widerstand gegen das Anti-Teilchen-Phasen-Eheverbot, ist die Technologie nicht nur ein Werkzeug, sondern auch ein Katalysator für soziale Veränderungen.

Theoretische Grundlagen

Die Theorie des sozialen Wandels, wie sie von Theoretikern wie Manuel Castells in seiner Arbeit *The Rise of the Network Society* beschrieben wird, legt nahe, dass Netzwerke und digitale Technologien die Art und Weise verändern, wie soziale Bewegungen organisiert und mobilisiert werden. Castells argumentiert, dass die digitale Kommunikation es ermöglicht, Informationen schnell zu verbreiten und Gemeinschaften zu bilden, die über geografische Grenzen hinweg verbunden sind. Dies ist besonders relevant für Aktivisten auf Zyoris, wo die geografische Isolation von Gemeinschaften oft eine Herausforderung darstellt.

Ein weiteres relevantes Konzept ist das der *digitalen Demokratie*, das die Nutzung digitaler Plattformen zur Förderung von Bürgerbeteiligung und politischem Engagement beschreibt. Die Fähigkeit, online Petitionen zu starten, soziale Medien zu nutzen und digitale Kampagnen zu organisieren, hat den Aktivismus revolutioniert und die Stimme der Bürger gestärkt.

Technologie als Werkzeug für Mobilisierung

Technologie hat sich als ein unverzichtbares Werkzeug für die Mobilisierung von Unterstützern erwiesen. Kye Fael nutzte soziale Medien, um eine breite Öffentlichkeit auf das Anti-Teilchen-Phasen-Eheverbot aufmerksam zu machen. Plattformen wie *ZySocial* und *ZyTweet* ermöglichten es ihm, Informationen über bevorstehende Veranstaltungen zu verbreiten, Unterstützer zu rekrutieren und eine Gemeinschaft von Gleichgesinnten zu schaffen.

Ein Beispiel für den erfolgreichen Einsatz von Technologie ist die *#ZyorisEqual* Kampagne, die durch virale Videos und Grafiken auf sozialen Medien große Aufmerksamkeit erregte. Diese Kampagne kombinierte visuelle Inhalte mit emotionalen Botschaften, die das Publikum ansprachen und zur Teilnahme an der Bewegung motivierten.

Herausforderungen und Probleme

Trotz der Vorteile, die Technologie bietet, gibt es auch erhebliche Herausforderungen. Eine der größten Herausforderungen ist die *digitale Kluft*, die den Zugang zu Technologien und Informationen ungleich verteilt. Auf Zyoris gibt es Gemeinschaften, die keinen Zugang zu den notwendigen Geräten oder

Internetverbindungen haben, was ihre Fähigkeit einschränkt, sich am Aktivismus zu beteiligen.

Darüber hinaus besteht die Gefahr von *Desinformation* und *Fake News*, die die Glaubwürdigkeit von Bewegungen untergraben können. Aktivisten müssen sich aktiv mit der Verbreitung von Falschinformationen auseinandersetzen und Strategien entwickeln, um ihre Botschaften klar und präzise zu kommunizieren.

Beispiele für technologische Innovationen im Aktivismus

Ein bemerkenswertes Beispiel für technologische Innovation im Aktivismus ist die Verwendung von *Blockchain-Technologie* zur Schaffung von transparenten und unveränderlichen Aufzeichnungen von Unterstützungsunterschriften und Abstimmungen. Kye Fael und sein Team experimentierten mit dieser Technologie, um sicherzustellen, dass alle Stimmen für das Referendum über das Anti-Teilchen-Phasen-Eheverbot genau erfasst und nicht manipuliert werden konnten.

Ein weiteres Beispiel ist die Nutzung von *virtueller Realität* (VR), um das Bewusstsein für die Herausforderungen von Teilchen-Phasen-Ehen zu schärfen. Durch immersive Erfahrungen konnten Unterstützer die Perspektiven von Betroffenen besser nachvollziehen, was zu einer stärkeren emotionalen Verbindung und einem erhöhten Engagement führte.

Schlussfolgerung

Zusammenfassend lässt sich sagen, dass die Rolle von Technologie im Aktivismus auf Zyoris sowohl Chancen als auch Herausforderungen mit sich bringt. Während digitale Plattformen und Werkzeuge es Aktivisten ermöglichen, sich zu organisieren und zu mobilisieren, ist es unerlässlich, die damit verbundenen Risiken zu erkennen und zu adressieren. Kye Faels Einsatz von Technologie zeigt, wie wichtig es ist, innovative Ansätze zu verfolgen, um soziale Gerechtigkeit zu fördern und die Stimme der Unterdrückten zu erheben. Die Zukunft des Aktivismus auf Zyoris wird stark von der Fähigkeit abhängen, Technologie verantwortungsbewusst zu nutzen und gleichzeitig die Gemeinschaften zu stärken, die am meisten von diesen Veränderungen profitieren können.

Kyes Vision für die Demonstration

Kye Fael hatte eine klare und kraftvolle Vision für die bevorstehende Demonstration gegen das Anti-Teilchen-Phasen-Eheverbot auf Zyoris. Diese Vision war nicht nur das Ergebnis ihrer persönlichen Erfahrungen und

Überzeugungen, sondern auch das Produkt einer tiefen Analyse der gesellschaftlichen Strukturen und der Herausforderungen, denen sich die Bürgerrechtsbewegung gegenübersah. Kyes Ansatz war sowohl strategisch als auch emotional, da sie wusste, dass der Erfolg der Demonstration von einer Vielzahl von Faktoren abhängt.

Die Grundpfeiler der Vision

Kyes Vision basierte auf mehreren Grundpfeilern, die sie als entscheidend für die Mobilisierung der Gemeinschaft und die Erreichung ihrer Ziele ansah:

+ **Inklusion:** Kye wollte sicherstellen, dass alle Stimmen gehört werden, insbesondere die derjenigen, die direkt von dem Gesetz betroffen sind. Dies bedeutete, dass die Demonstration ein Raum für alle sein sollte, unabhängig von ihrer Herkunft, Identität oder ihrem sozialen Status.

+ **Bildung:** Ein zentraler Aspekt ihrer Vision war die Aufklärung der Öffentlichkeit über die Bedeutung von Teilchen-Phasen-Ehen und die negativen Auswirkungen des Verbots. Kye plante Workshops und Informationsstände, um den Teilnehmern die Möglichkeit zu geben, sich zu informieren und aktiv an der Diskussion teilzunehmen.

+ **Kreativität und Kunst:** Kye glaubte an die Kraft der Kunst, um Emotionen zu wecken und Botschaften zu vermitteln. Sie wollte kreative Ausdrucksformen wie Musik, Theater und visuelle Kunst in die Demonstration integrieren, um eine tiefere Verbindung zu den Teilnehmern herzustellen.

+ **Solidarität:** Kye strebte danach, ein Gefühl der Einheit und Solidarität unter den Demonstrierenden zu fördern. Sie wollte, dass die Menschen nicht nur für ihre eigenen Rechte, sondern auch für die Rechte anderer kämpfen, um ein starkes Netzwerk von Unterstützung und Verständnis zu schaffen.

Strategische Planung

Um ihre Vision in die Tat umzusetzen, stellte Kye einen detaillierten Plan auf, der verschiedene strategische Elemente umfasste:

1. **Mobilisierung der Gemeinschaft:** Kye initiierte eine Reihe von Treffen in verschiedenen Stadtteilen, um die Menschen über die bevorstehende Demonstration zu informieren und sie zur Teilnahme zu ermutigen. Diese

Treffen boten auch eine Plattform für den Austausch von Ideen und Erfahrungen.

2. **Kooperation mit anderen Gruppen:** Kye erkannte die Bedeutung von Allianzen und arbeitete eng mit anderen Aktivisten und Organisationen zusammen, die ähnliche Ziele verfolgten. Diese Kooperationen erweiterten das Netzwerk und erhöhten die Reichweite der Mobilisierung.

3. **Einsatz von sozialen Medien:** Kye nutzte soziale Medien, um die Botschaft der Demonstration zu verbreiten und eine breitere Öffentlichkeit zu erreichen. Sie erstellte ansprechende Inhalte, die die Menschen zum Teilen und Kommentieren anregten, was die Sichtbarkeit der Veranstaltung erheblich steigerte.

Die Rolle der Technologie

Kye verstand, dass Technologie eine entscheidende Rolle in der modernen Aktivismusbewegung spielt. Sie plante, verschiedene digitale Plattformen zu nutzen, um die Teilnehmer zu organisieren und Informationen in Echtzeit auszutauschen. Dies umfasste:

- **Live-Streaming der Veranstaltung:** Um Menschen, die nicht physisch anwesend sein konnten, die Möglichkeit zu geben, die Demonstration zu verfolgen und sich daran zu beteiligen, plante Kye, die Veranstaltung live zu streamen.

- **Interaktive Apps:** Kye wollte eine App entwickeln, die es den Teilnehmern ermöglicht, sich zu vernetzen, Informationen auszutauschen und Feedback zur Veranstaltung zu geben. Diese App sollte auch eine Plattform für die Diskussion von Themen rund um Bürgerrechte bieten.

Erwartungen und Herausforderungen

Kye war sich bewusst, dass trotz ihrer sorgfältigen Planung und Vision Herausforderungen auftreten würden. Sie erwartete, dass die Demonstration auf Widerstand von Seiten der Regierung und konservativen Gruppen stoßen könnte. Um darauf vorbereitet zu sein, entwickelte sie Strategien zur Deeskalation und zur Gewährleistung der Sicherheit der Teilnehmer.

Ein weiteres potenzielles Problem war die Möglichkeit von internen Konflikten innerhalb der Bewegung. Kye war entschlossen, eine inklusive Atmosphäre zu schaffen, in der unterschiedliche Meinungen respektiert und in die

Planung einbezogen wurden. Sie glaubte, dass offene Kommunikation und Transparenz entscheidend sind, um Missverständnisse zu vermeiden und eine gemeinsame Vision zu fördern.

Die Vision in Aktion

Kyes Vision für die Demonstration war nicht nur eine abstrakte Idee, sondern ein lebendiger Plan, der die Menschen inspirierte und mobilisierte. Durch ihre leidenschaftliche Ansprache und ihr Engagement gelang es ihr, eine breite Basis von Unterstützern zu gewinnen, die bereit waren, für die Rechte der Teilchen-Phasen-Ehepaare zu kämpfen.

Die Demonstration sollte ein Symbol für den Widerstand und die Hoffnung auf Veränderung werden. Kye stellte sich einen Tag vor, an dem die Straßen von Zyoris von Menschen gefüllt waren, die für Gleichheit und Gerechtigkeit eintraten. Ihre Vision war klar: eine Welt, in der Liebe in all ihren Formen akzeptiert und gefeiert wird.

In diesem Sinne war Kyes Vision für die Demonstration ein kraftvolles Manifest für den Fortschritt, das die Menschen dazu ermutigte, sich zu erheben und für ihre Rechte zu kämpfen, unabhängig von den Herausforderungen, die ihnen begegnen könnten. Es war eine Vision, die nicht nur für den Tag der Demonstration, sondern für die Zukunft der Bürgerrechtsbewegung auf Zyoris von Bedeutung war.

Die Demonstration

Der Tag der Demonstration

Der Tag der Demonstration war ein entscheidender Moment in der Geschichte von Kye Fael und der Bürgerrechtsbewegung auf Zyoris. Die Vorbereitungen hatten Wochen in Anspruch genommen, und die Erwartungen waren hoch. Die Sonne ging an diesem Morgen strahlend auf, und die Luft war erfüllt von einer Mischung aus Nervosität und Aufregung. Kye wusste, dass dies nicht nur eine Demonstration war, sondern ein Symbol des Widerstands gegen das Anti-Teilchen-Phasen-Eheverbot, das viele ihrer Mitbürger diskriminierte.

Die Ankunft der Teilnehmer

Bereits in den frühen Morgenstunden strömten die ersten Teilnehmer zum zentralen Platz von Zyoris. Menschen aus allen Ecken der Gesellschaft kamen zusammen, um ihre Unterstützung zu zeigen. Die Vielfalt der Demonstranten war beeindruckend: Alte und Junge, Familien mit Kindern, Künstler, Akademiker und Arbeiter – alle vereint in ihrem Streben nach Gleichheit. Kye hatte ein Team von Freiwilligen organisiert, das die Ankunft der Teilnehmer koordinierte und sicherstellte, dass jeder willkommen geheißen wurde.

$$\text{Teilnehmerzahl} = \sum_{i=1}^{n} \text{Teilnehmer}_i \tag{36}$$

Hierbei steht n für die Anzahl der Gruppen, die zur Demonstration kamen. Kyes Team hatte im Voraus geschätzt, dass über 10.000 Menschen teilnehmen würden, und sie waren auf alles vorbereitet.

Kyes Rede und ihre Wirkung

Als die Uhr Mitternacht schlug, war es Zeit für Kye, ihre Rede zu halten. Sie trat auf die Bühne, umgeben von bunten Bannern und Plakaten, die Slogans wie „Gleichheit für alle!" und „Liebe kennt keine Grenzen!" trugen. Kyes Herz schlug schnell, aber sie wusste, dass sie ihre Botschaft klar und kraftvoll vermitteln musste.

„Wir stehen heute hier, um zu zeigen, dass wir nicht länger in der Stille leben können! Das Anti-Teilchen-Phasen-Eheverbot ist nicht nur ein Gesetz, sondern ein Angriff auf unsere Identität und unsere Freiheit!"

Die Menge reagierte mit tosendem Applaus und lautem Jubel. Kyes Worte schienen wie ein Funke zu wirken, der die Leidenschaft der Demonstranten entfachte. Ihre Rede war nicht nur emotional, sondern auch gut durchdacht, mit Verweisen auf die rechtlichen und gesellschaftlichen Ungerechtigkeiten, die das Verbot mit sich brachte.

Die Reaktionen der Öffentlichkeit

Die Reaktionen der Öffentlichkeit waren gemischt. Während viele die Demonstration unterstützten und sich den Rufen nach Gleichheit anschlossen, gab es auch Kritiker, die die Versammlung als störend und unnötig betrachteten. Einige lokale Medien berichteten über die Veranstaltung, während andere versuchten, die Bewegung zu diskreditieren.

Kye und ihr Team waren sich der Herausforderungen bewusst, die mit der Medienberichterstattung einhergingen. Sie hatten eine Strategie entwickelt, um die positiven Aspekte der Demonstration hervorzuheben und sicherzustellen, dass die Stimmen der Teilnehmer gehört wurden.

Polizeipräsenz und Sicherheitsmaßnahmen

Die Polizeipräsenz an diesem Tag war erheblich. Die Regierung hatte Sicherheitsmaßnahmen ergriffen, um mögliche Unruhen zu verhindern. Kye hatte im Voraus mit den Behörden kommuniziert, um sicherzustellen, dass die Demonstration friedlich verlaufen würde. Trotz der angespannten Atmosphäre war es wichtig, dass die Demonstranten ihre Botschaft ohne Angst vor Repressionen vermitteln konnten.

„Wir sind hier, um zu protestieren, nicht um zu kämpfen!", rief Kye in die Menge, was zu einem weiteren Aufschrei der Zustimmung führte. Die Demonstranten waren entschlossen, ihre Stimme zu erheben, ohne in Gewalt oder Chaos abzurutschen.

Unvorhergesehene Ereignisse

Während der Demonstration traten einige unvorhergesehene Ereignisse auf, die den Verlauf des Tages beeinflussten. Ein plötzlicher Regenschauer überraschte die Teilnehmer und sorgte für ein kurzes Durcheinander. Doch anstatt die Stimmung zu trüben, vereinte der Regen die Menschen. Sie begannen, gemeinsam zu singen und tanzten im Regen, was die Solidarität und den Zusammenhalt der Bewegung stärkte.

Die Bedeutung von Symbolik und Protestformen

Die Symbolik der Demonstration war von großer Bedeutung. Kyes Team hatte verschiedene kreative Elemente eingebaut, um die Botschaft zu verstärken. Von bunten Schildern bis hin zu künstlerischen Darbietungen, die die Herausforderungen und Hoffnungen der Teilchen-Phasen-Ehepaare darstellten, war alles darauf ausgerichtet, die Aufmerksamkeit auf das Unrecht zu lenken.

Ein besonders eindrucksvolles Element war ein riesiges Banner, das in der Mitte des Platzes aufgehängt wurde. Es zeigte die Gesichter von Paaren, die unter dem Anti-Teilchen-Phasen-Eheverbot litten, und darunter stand der Slogan: „Wir sind mehr als nur Gesetze – wir sind Menschen!"

Kyes Rückhalt in der Gemeinschaft

Kye fühlte sich von der Unterstützung ihrer Gemeinschaft getragen. Die Teilnehmer waren nicht nur Zuschauer, sondern aktive Mitgestalter der Demonstration. Viele hatten eigene Reden vorbereitet und waren bereit, ihre

Geschichten zu teilen. Dies trug dazu bei, eine Atmosphäre der Offenheit und des Austauschs zu schaffen.

Die Gemeinschaft war entschlossen, für ihre Rechte zu kämpfen, und Kyes Führung inspirierte viele, sich aktiv zu engagieren. Die Demonstration war nicht nur ein Protest, sondern auch ein Raum für Heilung und Solidarität.

Die Rolle von Prominenten und Unterstützern

Einige prominente Unterstützer waren ebenfalls anwesend, was der Veranstaltung zusätzliche Sichtbarkeit verlieh. Künstler, Musiker und Aktivisten, die sich für Gleichheit und Gerechtigkeit einsetzen, schlossen sich der Demonstration an und trugen zur positiven Stimmung bei. Ihre Anwesenheit verstärkte die Botschaft, dass der Kampf für Bürgerrechte nicht nur eine lokale Angelegenheit war, sondern eine globale Bewegung.

Nachwirkungen der Demonstration

Nach der Demonstration war die Stimmung euphorisch. Kye und ihr Team hatten das Gefühl, dass sie einen bedeutenden Schritt in Richtung Veränderung gemacht hatten. Die Medienberichterstattung war überwiegend positiv, und viele Menschen, die nicht teilnehmen konnten, äußerten ihre Unterstützung in sozialen Netzwerken.

Die Demonstration hatte nicht nur die Aufmerksamkeit der Öffentlichkeit auf das Anti-Teilchen-Phasen-Eheverbot gelenkt, sondern auch das Bewusstsein für die Herausforderungen, denen Teilchen-Phasen-Ehepaare gegenüberstanden, geschärft. Kyes Vision für eine gerechte Gesellschaft wurde durch die Stimmen der Demonstranten gestärkt.

Kyes Reflexion über den Erfolg

In den Tagen nach der Demonstration reflektierte Kye über den Erfolg des Tages. Sie wusste, dass es noch ein langer Weg war, bis das Anti-Teilchen-Phasen-Eheverbot aufgehoben wurde, aber sie fühlte sich ermutigt. Die Demonstration hatte nicht nur die Gemeinschaft mobilisiert, sondern auch den Grundstein für weitere Aktionen gelegt.

„Wir haben heute Geschichte geschrieben, aber unser Kampf ist noch lange nicht vorbei", sagte Kye in einem Interview. „Wir müssen weiterhin für unsere Rechte eintreten und sicherstellen, dass unsere Stimmen gehört werden."

Der Tag der Demonstration war ein Wendepunkt für Kye Fael und die Bürgerrechtsbewegung auf Zyoris. Die Energie und Entschlossenheit, die an diesem Tag spürbar waren, würden Kye und ihre Unterstützer in den kommenden Monaten und Jahren antreiben, um für Gleichheit und Gerechtigkeit zu kämpfen.

Kyes Rede und ihre Wirkung

Kyes Rede während der großen Demonstration auf Zyoris war nicht nur ein bedeutender Moment in ihrem Aktivismus, sondern auch ein Wendepunkt in der Wahrnehmung der Bürgerrechtsbewegung im gesamten Universum. Ihre Worte, durchdrungen von Leidenschaft und Entschlossenheit, hatten die Kraft, die Massen zu mobilisieren und die Herzen der Zuhörer zu berühren.

Die Struktur der Rede

Kyes Rede war strategisch aufgebaut, um sowohl emotionale als auch rationale Argumente zu kombinieren. Sie begann mit einer persönlichen Anekdote, die ihre eigene Betroffenheit durch das Anti-Teilchen-Phasen-Eheverbot verdeutlichte. Diese Technik, bekannt als *pathos*, schuf sofort eine Verbindung zu ihrem Publikum. Sie sprach über die Schwierigkeiten, die sie und ihre Freunde durch das Gesetz erfahren hatten, und stellte die Frage:

Wie können wir in einer Gesellschaft leben, die Liebe und Identität einschränkt?

(37)

Diese rhetorische Frage setzte den Ton für den Rest ihrer Rede und stellte die zentrale These auf, dass Gleichheit und Akzeptanz grundlegende Menschenrechte sind.

Die Verwendung von Fakten und Statistiken

Um ihre Argumentation zu untermauern, verwendete Kye eine Reihe von Statistiken und Fakten, die die Diskriminierung und Ungerechtigkeit des Anti-Teilchen-Phasen-Eheverbots belegten. Sie zitierte Studien, die zeigten, dass *über 60% der Teilchen-Phasen-Paare* in Zyoris unter dem Gesetz litten, und dass *psychische Gesundheitsprobleme* in dieser Gemeinschaft signifikant höher waren als in anderen Bevölkerungsgruppen. Diese Daten sorgten dafür, dass ihr Publikum die Dringlichkeit des Problems erkannte:

$$\text{Psychische Gesundheit} = \frac{\text{Anzahl der Betroffenen}}{\text{Gesamtbevölkerung}} \times 100 \qquad (38)$$

Die emotionale Wirkung

Die emotionale Wirkung ihrer Rede war unbestreitbar. Kye nutzte *Anaphern* – Wiederholungen von Phrasen – um ihre Botschaft zu verstärken. Sätze wie „Wir sind hier, um zu kämpfen!" und „Wir verdienen es, geliebt zu werden!" hallten durch die Menge und schufen ein Gefühl der Einheit und des gemeinsamen Ziels. Diese Technik hat sich als äußerst effektiv erwiesen, um das Publikum zu motivieren und zu inspirieren.

Die Reaktionen des Publikums

Die Reaktionen des Publikums waren überwältigend. Viele Zuhörer brachten ihre Emotionen zum Ausdruck, indem sie weinten, jubelten oder sich umarmten. Diese kollektive Reaktion war ein Zeichen für die starke Verbindung, die Kye mit ihrer Rede geschaffen hatte. Einige Teilnehmer berichteten später, dass sie durch ihre Worte ermutigt wurden, aktiv zu werden und sich dem Widerstand anzuschließen.

Nachwirkungen der Rede

Die Nachwirkungen von Kyes Rede waren weitreichend. Medienberichterstattung über die Demonstration hob ihre Botschaft hervor und verbreitete sie über Zyoris hinaus. Die sozialen Medien explodierten mit Clips ihrer Rede, die von Unterstützern geteilt wurden. Dies führte zu einer Welle von Solidarität, die sich auch auf andere Planeten ausdehnte, wo ähnliche Kämpfe um Gleichheit und Rechte stattfanden.

Theoretische Implikationen

Die Wirkung von Kyes Rede kann auch durch die *Theorie der sozialen Bewegungen* erklärt werden. Laut dieser Theorie sind emotionale Appelle und die Mobilisierung von Gemeinschaften entscheidend für den Erfolg von sozialen Bewegungen. Kyes Fähigkeit, sowohl Herzen als auch Köpfe zu erreichen, machte sie zu einer Schlüsselfigur in der Bürgerrechtsbewegung auf Zyoris.

Schlussfolgerung

Zusammenfassend lässt sich sagen, dass Kyes Rede nicht nur ein entscheidender Moment während der Demonstration war, sondern auch einen bleibenden Einfluss auf die Bürgerrechtsbewegung hatte. Ihre Worte inspirierten nicht nur die Anwesenden, sondern schufen auch ein neues Bewusstsein für die Probleme, mit denen Teilchen-Phasen-Paare konfrontiert sind. Kyes Fähigkeit, durch ihre Rede zu mobilisieren, bleibt ein Beispiel für die Macht der Sprache im Aktivismus und die Fähigkeit, Veränderungen herbeizuführen.

Die Reaktionen der Öffentlichkeit

Die Reaktionen der Öffentlichkeit auf die große Demonstration für die Rechte von Teilchen-Phasen-Ehen auf Zyoris waren sowohl vielfältig als auch vielschichtig. Diese Reaktionen spiegelten nicht nur die unterschiedlichen Meinungen und Emotionen wider, die das Thema in der Gesellschaft hervorrief, sondern sie zeigten auch die Dynamik, die zwischen Aktivismus und öffentlicher Wahrnehmung besteht.

Positive Reaktionen

Eine bedeutende Anzahl von Bürgern und Unterstützern empfand die Demonstration als einen Wendepunkt in der Bürgerrechtsbewegung auf Zyoris. Viele berichteten von einem Gefühl der Hoffnung und des Zusammenhalts, das durch die Teilnahme an der Veranstaltung gestärkt wurde. Kye Faels Rede wurde als inspirierend wahrgenommen und mobilisierte zahlreiche Menschen, die sich zuvor nicht aktiv an der Bewegung beteiligt hatten.

Ein Beispiel für die positive Resonanz war die Erhöhung der Mitgliederzahlen in verschiedenen Bürgerrechtsorganisationen nach der Demonstration. So stieg beispielsweise die Mitgliedschaft in Kyes Widerstandsgruppe um 150% innerhalb von zwei Wochen nach dem Ereignis. Diese Zunahme zeigt, dass die Demonstration nicht nur ein einmaliges Ereignis war, sondern auch das Potenzial hatte, langfristige Veränderungen in der Mobilisierung und Organisation der Gemeinschaft zu bewirken.

Negative Reaktionen

Gleichzeitig gab es jedoch auch zahlreiche negative Reaktionen, insbesondere von konservativen Gruppen und politischen Gegnern des Anti-Teilchen-Phasen-Eheverbots. Diese Gruppen äußerten sich häufig in sozialen Medien und traditionellen Medien und bezeichneten die Demonstration als „chaotisch" und „unordentlich".

Ein Beispiel für diese negative Wahrnehmung war ein Artikel in einer lokalen Zeitung, der die Demonstration als „Anschlag auf die gesellschaftlichen Werte" bezeichnete. In diesem Artikel wurde argumentiert, dass die Forderungen der Aktivisten nicht nur unrealistisch, sondern auch eine Bedrohung für die traditionelle Familienstruktur darstellten. Solche Äußerungen trugen zur Spaltung der öffentlichen Meinung bei und führten zu einer verstärkten Polarisierung der Gesellschaft.

Medienberichterstattung

Die Medien spielten eine entscheidende Rolle bei der Formierung der öffentlichen Meinung über die Demonstration. Während einige Medien die Veranstaltung positiv darstellten und die Stimmen der Aktivisten hervorhoben, berichteten andere kritisch über die Proteste und konzentrierten sich auf die Auseinandersetzungen zwischen Demonstranten und der Polizei.

Ein bemerkenswerter Punkt war die Verwendung von Bildern und Videos, die während der Demonstration aufgenommen wurden. Diese visuellen Darstellungen hatten einen erheblichen Einfluss auf die Wahrnehmung der Öffentlichkeit. Während einige Bilder die Solidarität und den Zusammenhalt der Demonstranten zeigten, wurden andere, die Konfrontationen mit der Polizei dokumentierten, genutzt, um ein Bild von Gewalt und Unordnung zu vermitteln.

Die folgende Gleichung beschreibt die Beziehung zwischen der Medienberichterstattung, der öffentlichen Wahrnehmung und der Reaktion auf den Aktivismus:

$$P = f(M, R) \tag{39}$$

wobei P die öffentliche Wahrnehmung, M die Medienberichterstattung und R die Reaktion der Gemeinschaft ist. Diese Gleichung verdeutlicht, dass die öffentliche Wahrnehmung stark von der Art und Weise abhängt, wie die Medien über die Ereignisse berichten und welche Narrative sie fördern.

Langfristige Auswirkungen

Die Reaktionen auf die Demonstration hatten nicht nur kurzfristige Auswirkungen, sondern trugen auch zur Schaffung eines langfristigen Diskurses über die Rechte von Teilchen-Phasen-Ehen auf Zyoris bei. In den Wochen und Monaten nach der Demonstration begannen viele Menschen, sich intensiver mit den Themen Identität, Gleichheit und Bürgerrechte auseinanderzusetzen.

Darüber hinaus führten die unterschiedlichen Reaktionen zu einer verstärkten Diskussion innerhalb der politischen Sphäre. Politiker und Entscheidungsträger sahen sich gezwungen, auf die öffentliche Meinung zu reagieren, was zu einer Reihe von Debatten im Parlament führte. Diese Debatten führten letztlich zu einer Überprüfung des Anti-Teilchen-Phasen-Eheverbots und zu einem stärkeren Fokus auf die Rechte marginalisierter Gruppen.

Zusammenfassend lässt sich sagen, dass die Reaktionen der Öffentlichkeit auf die große Demonstration ein komplexes Zusammenspiel von positiven und negativen Rückmeldungen darstellten. Diese Reaktionen waren entscheidend für die weitere Entwicklung der Bürgerrechtsbewegung auf Zyoris und trugen dazu bei, das Bewusstsein für die Herausforderungen zu schärfen, mit denen Teilchen-Phasen-Ehen konfrontiert sind. Die Demonstration war nicht nur ein Moment des Protests, sondern auch ein Katalysator für tiefgreifende gesellschaftliche Veränderungen.

Polizeipräsenz und Sicherheitsmaßnahmen

Die Polizeipräsenz während der großen Demonstration für die Teilchen-Phasen-Ehe war ein zentrales Element der Sicherheitsmaßnahmen, die sowohl von den Organisatoren als auch von den Behörden implementiert wurden. In diesem Abschnitt werden die verschiedenen Aspekte der Polizeipräsenz, die damit verbundenen Probleme sowie die Sicherheitsmaßnahmen, die zur Gewährleistung der Sicherheit der Demonstrierenden und der Öffentlichkeit ergriffen wurden, detailliert behandelt.

Die Rolle der Polizei

Die Polizei hatte die Aufgabe, die öffentliche Ordnung zu wahren und die Sicherheit während der Demonstration zu gewährleisten. In der Theorie wird die Polizeipräsenz oft als notwendige Maßnahme zur Verhinderung von Gewalt und zur Aufrechterhaltung der Ordnung betrachtet. Laut der *Theorie der sozialen Kontrolle* (Control Theory) ist eine starke Polizeipräsenz in öffentlichen Versammlungen entscheidend, um potenzielle Störungen zu minimieren. Die Polizei sollte nicht nur als Einschüchterungsfaktor fungieren, sondern auch als Schutzinstanz für die Demonstrierenden.

Probleme und Herausforderungen

Trotz der theoretischen Grundlage für eine angemessene Polizeipräsenz gab es zahlreiche Probleme, die während der Vorbereitung und Durchführung der Demonstration auftraten. Zu den häufigsten Herausforderungen gehörten:

- **Übermäßige Polizeigewalt:** Berichte über übermäßige Gewaltanwendung durch die Polizei führten zu Spannungen zwischen den Demonstrierenden und den Ordnungshütern. In einigen Fällen kam es zu Zusammenstößen, die auf eine aggressive Haltung der Polizei zurückzuführen waren.

+ **Einschränkung der Meinungsfreiheit:** Aktivisten berichteten, dass die Polizei in bestimmten Bereichen der Stadt die Bewegungsfreiheit der Demonstrierenden einschränkte, was zu einem Gefühl der Unterdrückung führte. Dies steht im Widerspruch zu den Prinzipien der Versammlungsfreiheit, die in vielen internationalen Menschenrechtskonventionen verankert sind.

+ **Mangelnde Kommunikation:** Die unzureichende Kommunikation zwischen den Organisatoren der Demonstration und der Polizei führte zu Missverständnissen und einer angespannten Atmosphäre. Ein Beispiel hierfür war die fehlende Abstimmung über die Route der Demonstration, die dazu führte, dass die Polizei an bestimmten Punkten unerwartet Barrieren errichtete.

Sicherheitsmaßnahmen

Um die Sicherheit der Demonstration zu gewährleisten, wurden mehrere Sicherheitsmaßnahmen implementiert:

+ **Zugangskontrollen:** An strategisch wichtigen Punkten wurden Zugangskontrollen eingerichtet, um sicherzustellen, dass keine gefährlichen Gegenstände in die Menschenmenge gelangen konnten. Diese Kontrollen wurden sowohl von der Polizei als auch von freiwilligen Helfern durchgeführt.

+ **Koordination mit Notdiensten:** Eine enge Zusammenarbeit mit medizinischen Notdiensten wurde organisiert, um im Falle von Verletzungen oder gesundheitlichen Notfällen schnell reagieren zu können. Dies beinhaltete die Bereitstellung von Sanitätsstationen entlang der Demonstrationsroute.

+ **Einsatz von Überwachungstechnologie:** Die Polizei setzte Drohnen und Kameras ein, um die Situation in Echtzeit zu überwachen. Während einige diese Maßnahmen als notwendig für die Sicherheit ansahen, kritisierten andere sie als Verletzung der Privatsphäre und als potenziellen Überwachungsstaat.

+ **Schulung der Einsatzkräfte:** Die Polizei erhielt spezielle Schulungen, um auf die spezifischen Bedürfnisse von Demonstrationen zu reagieren. Dazu gehörte auch der Umgang mit gewaltfreien Protestformen und die Deeskalation von Konflikten.

Ergebnisse der Sicherheitsmaßnahmen

Die Sicherheitsmaßnahmen führten zu gemischten Ergebnissen. Während einige Demonstrierende sich sicher fühlten und die Polizei als Schutzinstanz wahrnahmen, berichteten andere von einem Gefühl der Bedrohung und der Überwachung. Die Reaktionen auf die Polizeipräsenz waren unterschiedlich und spiegelten die Spannungen wider, die in der Gesellschaft über das Thema Aktivismus und die Rolle der Polizei bestehen.

Insgesamt zeigt die Analyse der Polizeipräsenz und der Sicherheitsmaßnahmen während der Demonstration, dass eine Balance zwischen Sicherheit und dem Recht auf freie Meinungsäußerung gefunden werden muss. Die Herausforderungen, die mit der Polizeipräsenz verbunden sind, erfordern eine ständige Reflexion und Anpassung der Strategien, um sicherzustellen, dass die Rechte der Demonstrierenden respektiert werden, während gleichzeitig die öffentliche Sicherheit gewährleistet bleibt.

$$S = \frac{P}{C}$$ (Sicherheitsindex, wobei S die Sicherheit, P die Polizeipräsenz und C die Cor

(40)

Die Gleichung verdeutlicht, dass eine hohe Polizeipräsenz (P) in Kombination mit einer positiven Community-Interaktion (C) zu einem höheren Sicherheitsindex (S) führt. Dies unterstreicht die Notwendigkeit einer kooperativen Beziehung zwischen der Polizei und der Gemeinschaft, um das Vertrauen zu stärken und die Sicherheit zu erhöhen.

Abschließend lässt sich sagen, dass die Polizeipräsenz und die Sicherheitsmaßnahmen während der Demonstration sowohl Chancen als auch Herausforderungen mit sich brachten, die die Dynamik des Aktivismus auf Zyoris maßgeblich beeinflussten.

Unvorhergesehene Ereignisse

Die große Demonstration für die Teilchen-Phasen-Ehe auf Zyoris war ein sorgfältig geplanter und strategisch durchdachter Anlass. Doch trotz aller Vorbereitungen traten unvorhergesehene Ereignisse auf, die die Dynamik der

Veranstaltung erheblich beeinflussten. Diese unerwarteten Herausforderungen waren nicht nur Prüfsteine für Kye Fael und die Widerstandsgruppe, sondern auch entscheidend für die Art und Weise, wie die Botschaft des Aktivismus wahrgenommen wurde.

Der unerwartete Wetterumschwung

Eines der ersten unvorhergesehenen Ereignisse war ein plötzlicher Wetterumschwung. Am Morgen der Demonstration kündigten Meteorologen unerwartete Regenfälle und starke Winde an. Dies stellte die Organisatoren vor ein großes Problem: Wie sollten sie die Teilnehmer mobilisieren und die Veranstaltung durchführen, wenn die Wetterbedingungen so widrig waren?

Die ursprüngliche Strategie sah vor, dass die Demonstration in einem zentralen Park stattfand, der eine große Kapazität hatte. Aufgrund der Wettervorhersage entschied sich Kye jedoch, einen Plan B in Kraft zu setzen. So wurde die Demonstration in ein nahegelegenes Gemeinschaftszentrum verlegt, das über ein Dach verfügte und Schutz vor den Elementen bot. Diese Entscheidung stellte sich als klug heraus, da sie nicht nur die Sicherheit der Teilnehmer gewährleistete, sondern auch die Möglichkeit bot, die Veranstaltung in einem intimeren Rahmen durchzuführen, was die Gemeinschaftsbindung stärkte.

Technische Pannen

Ein weiteres unvorhergesehenes Ereignis war eine technische Panne, die die Audioanlage betraf. Als Kye auf die Bühne trat, um ihre Rede zu halten, fiel das Mikrofon aus. Dies führte zu einer kurzen, aber angespannten Stille, in der die Teilnehmer unsicher waren, ob die Veranstaltung fortgesetzt werden konnte. Kye, die in ihrer Jugend bereits viele öffentliche Reden gehalten hatte, nutzte diese Gelegenheit, um sich direkt an die Menge zu wenden, ohne Mikrofon.

Sie rief: „Wir sind hier, um unsere Stimmen zu erheben, und keine Technik kann uns stoppen!" Diese spontane Reaktion führte zu einem kraftvollen Moment der Solidarität, in dem die Teilnehmer lautstark ihre Unterstützung zeigten. Die technische Panne wurde somit nicht als Rückschlag, sondern als Möglichkeit wahrgenommen, die Entschlossenheit und den Zusammenhalt der Bewegung zu demonstrieren.

Unerwartete Gegenproteste

Ein weiteres unvorhergesehenes Ereignis war das Auftreten einer kleinen Gruppe von Gegenprotestierenden, die mit Bannern und Slogans gegen die

Teilchen-Phasen-Ehe mobilisierten. Diese Gruppe war nicht im Vorfeld der Veranstaltung bekannt geworden und stellte eine zusätzliche Herausforderung dar.

Kye und die Organisatoren mussten schnell reagieren, um sicherzustellen, dass die Demonstration nicht von negativen Emotionen oder Konflikten abgelenkt wurde. Kye entschied sich, einen Dialog mit den Gegenprotestierenden zu suchen, anstatt sie zu ignorieren oder zu konfrontieren. Sie trat vor die Menge und sagte: „Wir sind hier, um Liebe und Akzeptanz zu fördern. Lasst uns in den Dialog treten, anstatt uns zu spalten."

Diese Herangehensweise führte zu einer bemerkenswerten Situation, in der einige der Gegenprotestierenden begannen, zuzuhören und sich mit den Argumenten der Befürworter der Teilchen-Phasen-Ehe auseinanderzusetzen. Während nicht alle von ihnen ihre Meinung änderten, schuf dieser Dialog eine Atmosphäre des Respekts und der Offenheit, die die Demonstration in ein positives Licht rückte.

Emotionale Reaktionen

Die emotionalen Reaktionen der Teilnehmer während der Demonstration waren ebenfalls unvorhersehbar. Viele Menschen brachten persönliche Geschichten mit, die sie während der Veranstaltung teilten. Diese Geschichten reichten von herzzerreißenden Erlebnissen mit Diskriminierung bis hin zu inspirierenden Erzählungen über Liebe und Akzeptanz.

Kyes Fähigkeit, diese Emotionen zu kanalisieren und in ihre Rede zu integrieren, führte zu einem starken Gefühl der Gemeinschaft. Sie sagte: „Jede Geschichte, die wir hier teilen, ist ein Schritt in Richtung einer gerechteren Zukunft. Lasst uns unsere Stimmen erheben, nicht nur für uns selbst, sondern für alle, die noch nicht gehört wurden."

Schlussfolgerung

Die unvorhergesehenen Ereignisse während der Demonstration stellten nicht nur Herausforderungen dar, sondern boten auch Gelegenheiten zur Stärkung der Gemeinschaft und zur Förderung des Dialogs. Kyes Fähigkeit, auf diese unerwarteten Situationen flexibel zu reagieren, war entscheidend für den Erfolg der Veranstaltung. In der Reflexion über diese Ereignisse erkannte Kye, dass der Aktivismus nicht immer nach Plan verläuft, aber genau in diesen unvorhergesehenen Momenten oft die tiefsten Verbindungen und die stärksten Botschaften entstehen.

Die Demonstration wurde nicht nur ein Symbol des Widerstands gegen das Anti-Teilchen-Phasen-Eheverbot, sondern auch ein Beispiel dafür, wie Gemeinschaft und Entschlossenheit selbst inmitten unerwarteter Herausforderungen triumphieren können.

Die Bedeutung von Symbolik und Protestformen

Die Symbolik und die Formen des Protests spielen eine entscheidende Rolle in der Bürgerrechtsbewegung und im Aktivismus, insbesondere im Kontext des Widerstands gegen das Anti-Teilchen-Phasen-Eheverbot auf Zyoris. Diese Elemente sind nicht nur Ausdruck der politischen und sozialen Ansichten der Aktivisten, sondern auch Mittel, um Aufmerksamkeit zu erregen, Solidarität zu fördern und eine kollektive Identität zu schaffen.

Symbolik im Aktivismus

Symbolik bezieht sich auf die Verwendung von Zeichen, Bildern und Metaphern, die tiefere Bedeutungen transportieren und Emotionen hervorrufen. In der Geschichte des Aktivismus haben Symbole oft eine zentrale Rolle gespielt. Ein Beispiel ist die Verwendung von Regenbogenflaggen in der LGBTQ+-Bewegung, die für Vielfalt und Akzeptanz stehen. Auf Zyoris wurden spezifische Symbole entwickelt, um die Identität und die Anliegen der Teilchen-Phasen-Ehepaare zu repräsentieren. Diese Symbole waren entscheidend, um die Bewegung zu vereinen und eine visuelle Sprache zu schaffen, die für alle verständlich war.

Protestformen und ihre Wirkung

Protestformen können von friedlichen Demonstrationen bis hin zu kreativen Ausdrucksformen wie Kunstinstallationen oder Theateraufführungen reichen. Auf Zyoris fand die große Mobilisierung gegen das Anti-Teilchen-Phasen-Eheverbot in Form von Demonstrationen, Kunstprojekten und sozialen Medienkampagnen statt. Diese unterschiedlichen Formen des Protests haben es Kye Fael und anderen Aktivisten ermöglicht, ihre Botschaften auf vielfältige Weise zu kommunizieren und verschiedene Zielgruppen zu erreichen.

Ein Beispiel für eine kreative Protestform war die Organisation eines Flashmobs, bei dem Teilnehmer in einer öffentlichen Umgebung tanzten und dabei Plakate mit Botschaften gegen das Eheverbot hochhielten. Dies zog nicht nur die Aufmerksamkeit der Passanten auf sich, sondern schuf auch ein Gefühl der Gemeinschaft und des Zusammenhalts unter den Aktivisten.

Theoretische Grundlagen

Die Bedeutung von Symbolik und Protestformen kann durch verschiedene theoretische Rahmenbedingungen erklärt werden. Der Sozialpsychologe Herbert Blumer argumentiert in seiner Theorie des kollektiven Verhaltens, dass soziale Bewegungen durch kollektive Identität und gemeinsame Symbole gestärkt werden. Diese Symbole helfen den Menschen, sich mit der Bewegung zu identifizieren und ihre Zugehörigkeit zu signalisieren.

Ein weiterer relevanter theoretischer Ansatz ist die Rahmentheorie von Erving Goffman, die besagt, dass die Art und Weise, wie soziale Bewegungen ihre Anliegen präsentieren, entscheidend für deren Erfolg ist. Goffman argumentiert, dass durch die Schaffung eines klaren Rahmens für das Anliegen der Bewegung, die Wahrscheinlichkeit erhöht wird, dass die Öffentlichkeit empathisch reagiert und sich engagiert.

Herausforderungen und Probleme

Trotz der starken Bedeutung von Symbolik und Protestformen stehen Aktivisten oft vor Herausforderungen. Eine der größten Herausforderungen ist die Missinterpretation oder der Missbrauch von Symbolen durch die Medien oder die Öffentlichkeit. Wenn Symbole in einem negativen Kontext verwendet werden, kann dies die Botschaft der Bewegung untergraben und zu einer Stigmatisierung führen.

Ein weiteres Problem ist die Fragmentierung innerhalb der Bewegung. Verschiedene Gruppen können unterschiedliche Symbole und Protestformen verwenden, was zu Verwirrung führen und die Einheit der Bewegung gefährden kann. Kye Fael und ihre Mitstreiter mussten sicherstellen, dass die verwendeten Symbole und Formen des Protests inklusiv und repräsentativ für alle Betroffenen waren.

Beispiele für erfolgreiche Protestformen

Ein herausragendes Beispiel für erfolgreiche Protestformen auf Zyoris war die Organisation einer Kunstinstallation, die die Erfahrungen von Teilchen-Phasen-Ehepaaren darstellte. Diese Installation wurde in einem zentralen Park in der Hauptstadt aufgestellt und zog zahlreiche Besucher an. Die Kunstwerke, die die Herausforderungen und Träume der betroffenen Paare darstellten, wurden von den Medien aufgegriffen und sorgten für eine breite öffentliche Diskussion über das Eheverbot.

Zusätzlich wurde eine Social-Media-Kampagne ins Leben gerufen, die das Hashtag #ZyorisFürAlle verwendete. Diese Kampagne ermöglichte es den Menschen, ihre Geschichten zu teilen und ihre Unterstützung für die Bewegung auszudrücken. Die virale Verbreitung der Kampagne führte dazu, dass das Thema in den politischen Diskurs aufgenommen wurde und Druck auf die Entscheidungsträger ausgeübt wurde.

Fazit

Die Bedeutung von Symbolik und Protestformen im Widerstand gegen das Anti-Teilchen-Phasen-Eheverbot auf Zyoris kann nicht unterschätzt werden. Sie sind essentielle Werkzeuge, um die Anliegen der Bewegung sichtbar zu machen, Gemeinschaften zu mobilisieren und Veränderungen in der Gesellschaft zu bewirken. Durch die geschickte Nutzung von Symbolen und kreativen Protestformen konnte Kye Fael nicht nur das Bewusstsein für die Herausforderungen von Teilchen-Phasen-Ehepaaren schärfen, sondern auch eine Bewegung ins Leben rufen, die sich für Gleichheit und Gerechtigkeit einsetzt.

Die Herausforderungen, die mit der Verwendung von Symbolik und Protestformen einhergehen, erfordern von Aktivisten eine ständige Reflexion und Anpassung ihrer Strategien. Dennoch bleibt der Einsatz von Symbolik und kreativen Ausdrucksformen ein kraftvolles Mittel, um soziale Veränderungen zu fördern und eine inklusive Gesellschaft zu schaffen.

Kyes Rückhalt in der Gemeinschaft

Kyes Rückhalt in der Gemeinschaft war ein entscheidender Faktor für den Erfolg seines Aktivismus gegen das Anti-Teilchen-Phasen-Eheverbot auf Zyoris. In einer Gesellschaft, die von kulturellen Differenzen und Herausforderungen geprägt war, stellte sich heraus, dass der Zusammenhalt der Gemeinschaft nicht nur eine emotionale Stütze, sondern auch eine strategische Notwendigkeit war.

Die Bedeutung der Gemeinschaft

Die Gemeinschaft auf Zyoris war vielfältig und heterogen. Unterschiedliche kulturelle Hintergründe, Überzeugungen und Lebensweisen prägten das soziale Gefüge. Kyes Fähigkeit, diese Vielfalt anzuerkennen und zu nutzen, war entscheidend für die Mobilisierung von Unterstützern. Laut [?] ist der soziale Zusammenhalt in einer Gemeinschaft ein grundlegendes Element für die Förderung von sozialen Bewegungen. Kyes Ansatz bestand darin, eine inklusive Plattform zu schaffen, die alle Stimmen hörbar machte.

Strategien zur Mobilisierung

Kye erkannte, dass es wichtig war, die Menschen in ihrer alltäglichen Lebensrealität abzuholen. Er organisierte lokale Veranstaltungen, die nicht nur politische Themen behandelten, sondern auch kulturelle Elemente einbezogen. Zum Beispiel wurde ein Kunstfestival ins Leben gerufen, bei dem Künstler ihre Werke ausstellten, die die Themen Identität und Gleichheit thematisierten. Diese Veranstaltungen schufen eine Atmosphäre des gemeinsamen Erlebens und förderten die Identifikation mit der Bewegung.

Ein weiterer entscheidender Aspekt war die Nutzung sozialer Medien. Kye und sein Team erstellten Plattformen, auf denen die Menschen ihre Geschichten teilen konnten. Dies führte zur Bildung eines Netzwerks von Unterstützern, das auf gegenseitigem Verständnis und Solidarität basierte. Die Theorie der sozialen Identität, wie sie von [?] beschrieben wird, zeigt, dass Menschen sich stärker mit Gruppen identifizieren, wenn sie gemeinsame Merkmale und Ziele erkennen.

Herausforderungen und Widerstände

Trotz des starken Rückhalts gab es auch erhebliche Herausforderungen. Die Regierung von Zyoris reagierte oft mit Repression auf die wachsende Bewegung. Kye und seine Unterstützer sahen sich nicht nur mit politischem Widerstand, sondern auch mit persönlichen Angriffen konfrontiert. Diese Angriffe zielten darauf ab, den sozialen Zusammenhalt zu untergraben und die Gemeinschaft zu spalten.

Ein Beispiel für diese Taktiken war die Verbreitung von Falschinformationen über Kyes Aktivitäten. Die Regierung versuchte, ihn als Radikalen darzustellen, der die gesellschaftliche Ordnung bedrohe. Kyes Rückhalt in der Gemeinschaft stellte sich jedoch als stark genug heraus, um diesen Angriffen entgegenzuwirken. Die Menschen waren bereit, für ihre Überzeugungen einzustehen und Kye zu unterstützen, was sich in einer Vielzahl von Protestaktionen und Solidaritätsbekundungen äußerte.

Die Rolle der Bildung

Ein weiterer wichtiger Aspekt war die Rolle der Bildung in Kyes Mobilisierungsstrategie. Kye setzte sich dafür ein, dass die Menschen über ihre Rechte und die Bedeutung von Teilchen-Phasen-Ehen informiert wurden. Workshops und Informationsveranstaltungen wurden organisiert, um das Bewusstsein für die Problematik zu schärfen. Diese Bildungsmaßnahmen führten zu einer stärkeren Identifikation der Bürger mit der Bewegung und stärkten den Rückhalt in der Gemeinschaft.

Die Theorie des sozialen Wandels, wie sie von [?] beschrieben wird, besagt, dass Bildung ein Schlüssel zur Mobilisierung ist, da sie Menschen befähigt, kritisch zu denken und aktiv zu handeln. Kyes Engagement in der Bildung trug dazu bei, dass die Gemeinschaft nicht nur passive Unterstützer, sondern aktive Mitgestalter des Wandels wurden.

Ergebnisse und Erfolge

Die Kombination aus kultureller Einbeziehung, sozialer Medien und Bildungsinitiativen führte zu einem bemerkenswerten Rückhalt in der Gemeinschaft. Kyes Bewegung wuchs exponentiell, und die Zahl der Unterstützer verdoppelte sich innerhalb weniger Monate. Dies führte zu einer breiten Öffentlichkeit, die sich gegen das Anti-Teilchen-Phasen-Eheverbot aussprach und konkrete Veränderungen forderte.

Ein herausragendes Beispiel für den Rückhalt der Gemeinschaft war die große Demonstration, die Kye organisierte. Über zehntausend Menschen versammelten sich, um für Gleichheit und Gerechtigkeit zu demonstrieren. Die Vielfalt der Teilnehmer, die von verschiedenen Altersgruppen und kulturellen Hintergründen stammten, war ein starkes Symbol für den Zusammenhalt und die Entschlossenheit der Gemeinschaft.

Fazit

Kyes Rückhalt in der Gemeinschaft war nicht nur ein Produkt seiner Bemühungen, sondern auch das Ergebnis eines tiefen kollektiven Bewusstseins für die Notwendigkeit von Veränderung. Die Gemeinschaft auf Zyoris zeigte, dass, wenn Menschen zusammenkommen und ihre Stimmen vereinen, sie in der Lage sind, selbst die mächtigsten Widerstände zu überwinden. Kyes Geschichte ist ein inspirierendes Beispiel dafür, wie gemeinschaftlicher Rückhalt und Solidarität die Grundlage für sozialen Wandel bilden können.

Die Rolle von Prominenten und Unterstützern

In der heutigen Zeit spielt die Unterstützung durch prominente Persönlichkeiten eine entscheidende Rolle in sozialen Bewegungen, insbesondere in der Bürgerrechtsbewegung auf Zyoris. Prominente können Aufmerksamkeit auf Themen lenken, die sonst möglicherweise ignoriert werden würden. Ihre

Reichweite und Einflussnahme sind oft weitreichend, was sie zu wertvollen Verbündeten im Kampf gegen das Anti-Teilchen-Phasen-Eheverbot macht.

Theoretische Grundlagen

Die Theorie des sozialen Einflusses, insbesondere die Konzepte von *Referenzgruppen* und *Vorbildern*, erklärt, warum prominente Personen eine so starke Wirkung auf die öffentliche Meinung und das Verhalten haben. Gemäß der sozialen Identitätstheorie (Tajfel & Turner, 1979) identifizieren sich Menschen oft mit Gruppen, die sie als ähnlich oder bewunderten. Prominente, die sich für die Rechte von Teilchen-Phasen-Ehen einsetzen, können als positive Referenzgruppe fungieren und ihre Fans und Follower dazu inspirieren, sich ebenfalls zu engagieren.

Probleme und Herausforderungen

Trotz ihrer positiven Auswirkungen können prominente Unterstützer auch Herausforderungen mit sich bringen. Ein zentrales Problem ist die Gefahr der *Tokenisierung*, bei der die Unterstützung von Prominenten als oberflächliche Geste wahrgenommen wird, die nicht zu substantiellen Veränderungen führt. Dies kann zu Enttäuschungen innerhalb der Gemeinschaft führen, wenn die erwarteten Veränderungen nicht eintreten. Ein weiteres Problem ist die *Vermarktung* von sozialen Bewegungen, bei der die Botschaft verwässert wird, um ein breiteres Publikum anzusprechen, was zu einem Verlust der ursprünglichen Ziele führen kann.

Beispiele für prominente Unterstützer

Ein herausragendes Beispiel für prominente Unterstützung auf Zyoris ist die bekannte Schauspielerin und Aktivistin Lira Thal, die sich vehement gegen das Anti-Teilchen-Phasen-Eheverbot ausgesprochen hat. Ihre Teilnahme an Demonstrationen und ihre Nutzung sozialer Medien haben dazu beigetragen, die Sichtbarkeit des Themas zu erhöhen. In einer ihrer bewegenden Reden auf einer großen Demonstration erklärte sie:

> „Wir müssen für die Liebe kämpfen, egal in welcher Form sie kommt. Jeder hat das Recht, geliebt zu werden und zu lieben!"

Diese Art von öffentlicher Unterstützung kann nicht nur die Moral der Aktivisten stärken, sondern auch neue Unterstützer mobilisieren.

Ein weiteres Beispiel ist der Musiker Vexar, der mit seinem Song „Ehe für alle" eine Hymne für die Bewegung geschaffen hat. Sein Lied, das die Herausforderungen und Hoffnungen der Teilchen-Phasen-Ehen thematisiert, wurde viral und trug dazu bei, das Bewusstsein für die Thematik zu schärfen. Der Erfolg solcher kulturellen Beiträge zeigt, wie Kunst und Musik als Mittel zur Mobilisierung und zur Schaffung von Solidarität dienen können.

Die Bedeutung von Netzwerken

Die Rolle von Prominenten und Unterstützern geht über ihre Einzelaktivitäten hinaus. Sie können Netzwerke bilden, die es Aktivisten ermöglichen, sich zu vernetzen und ihre Botschaften zu verbreiten. Diese Netzwerke können auch strategische Allianzen mit anderen Organisationen und Bewegungen bilden, was zu einer stärkeren und einheitlicheren Front gegen das Anti-Teilchen-Phasen-Eheverbot führt.

Ein Beispiel für solch ein Netzwerk ist die „Allianz für Gleichheit", die verschiedene prominente Persönlichkeiten, Aktivisten und Organisationen zusammenbringt, um gemeinsame Ziele zu verfolgen. Durch gemeinsame Veranstaltungen und Kampagnen haben sie es geschafft, eine breitere Öffentlichkeit zu erreichen und den Druck auf die Regierung zu erhöhen.

Fazit

Die Rolle von prominenten Unterstützern in der Bürgerrechtsbewegung auf Zyoris ist von zentraler Bedeutung. Ihre Fähigkeit, Aufmerksamkeit zu generieren, Netzwerke zu bilden und eine breitere Öffentlichkeit zu mobilisieren, kann entscheidend für den Erfolg von Bewegungen wie der gegen das Anti-Teilchen-Phasen-Eheverbot sein. Dennoch ist es wichtig, die Herausforderungen, die mit ihrer Unterstützung einhergehen, zu erkennen und sicherzustellen, dass ihre Beiträge nicht nur symbolisch, sondern auch substantiell sind. Nur so kann eine echte und nachhaltige Veränderung erreicht werden.

Nachwirkungen der Demonstration

Die große Demonstration, die unter der Führung von Kye Fael stattfand, hatte weitreichende Nachwirkungen auf die Gesellschaft von Zyoris. Diese Auswirkungen können sowohl auf politischer als auch auf gesellschaftlicher Ebene betrachtet werden. Die Demonstration war nicht nur ein Ausdruck des Widerstands gegen das Anti-Teilchen-Phasen-Eheverbot, sondern auch ein Katalysator für tiefgreifende Veränderungen innerhalb der Gesellschaft.

Politische Reaktionen

Die Reaktion der Regierung auf die Demonstration war ambivalent. Während einige Politiker die Anliegen der Demonstranten anerkannten und Gespräche über mögliche Reformen anregten, gab es auch eine harte Linie von konservativen Kräften, die versuchten, den Aktivismus zu diskreditieren. Diese Reaktionen können im Rahmen der *Theorie der politischen Mobilisierung* analysiert werden, die besagt, dass Massenmobilisierungen sowohl eine Chance für Reformen als auch eine Herausforderung für die bestehenden Machtstrukturen darstellen können.

Ein Beispiel für die politische Reaktion war die Einberufung eines Notfallgremiums, das die Anliegen der Demonstranten untersuchen sollte. Dieses Gremium wurde jedoch von vielen als bloße Beruhigungsmaßnahme angesehen, da es keine konkreten Schritte zur Aufhebung des Gesetzes unternahm. Dies führte zu einem Gefühl der Frustration innerhalb der Bewegung und stellte die Frage nach der *Effektivität von Protesten* in den Vordergrund.

Gesellschaftliche Veränderungen

Auf gesellschaftlicher Ebene führte die Demonstration zu einer verstärkten Sensibilisierung für die Rechte von Teilchen-Phasen-Ehen. Die Medienberichterstattung über die Veranstaltung und die damit verbundenen Themen sorgte dafür, dass die Öffentlichkeit über die Probleme, mit denen betroffene Paare konfrontiert sind, besser informiert wurde. Diese erhöhte Sichtbarkeit kann mit der *Agenda-Setting-Theorie* in Verbindung gebracht werden, die besagt, dass Medien nicht nur die Themen bestimmen, über die gesprochen wird, sondern auch die Wahrnehmung dieser Themen beeinflussen.

Ein konkretes Beispiel für diese Sensibilisierung war die Zunahme von Unterstützungsgruppen, die sich für die Rechte von Teilchen-Phasen-Ehen einsetzten. Diese Gruppen organisierten Workshops, Informationsveranstaltungen und kreative Ausdrucksformen, um auf die Ungerechtigkeiten aufmerksam zu machen, die durch das Anti-Teilchen-Phasen-Eheverbot verursacht wurden. Hierbei wurde die *Theorie der sozialen Bewegung* deutlich, die besagt, dass soziale Bewegungen durch kollektive Identität und gemeinsames Handeln gestärkt werden.

Langfristige Auswirkungen auf die Bewegung

Die Demonstration führte auch zu einer Verstärkung der Bürgerrechtsbewegung auf Zyoris. Kye Fael wurde zu einer prominenten Stimme in der Bewegung und inspirierte viele andere, sich ebenfalls zu engagieren. Die Idee der *Solidarität* wurde zentral, und es entstanden neue Allianzen zwischen verschiedenen sozialen Gruppen, die ähnliche Ziele verfolgten. Diese Vernetzung kann als ein Beispiel für die *Theorie der intersektionalen Aktivismus* betrachtet werden, die besagt, dass verschiedene Formen von Diskriminierung miteinander verbunden sind und nur durch ein gemeinsames Vorgehen überwunden werden können.

Ein bemerkenswerter Aspekt der Nachwirkungen war die Mobilisierung junger Menschen. Die Demonstration inspirierte viele Jugendliche, sich aktiv an der politischen Diskussion zu beteiligen und eigene Initiativen zu gründen. Dies zeigt, wie wichtig es ist, die *Zukunftsorientierung* in sozialen Bewegungen zu fördern, um eine nachhaltige Veränderung zu bewirken.

Reflexion und Ausblick

Die Nachwirkungen der Demonstration sind ein eindrucksvolles Beispiel dafür, wie kollektives Handeln nicht nur unmittelbare Veränderungen bewirken kann, sondern auch langfristige gesellschaftliche Transformationen anstoßen kann. Die Reflexion über die Ereignisse und deren Folgen ist entscheidend, um die nächsten Schritte in der Bewegung zu planen. Kye Fael und ihre Mitstreiter müssen nun strategisch überlegen, wie sie die gewonnenen Erkenntnisse nutzen können, um den Druck auf die Regierung aufrechtzuerhalten und die gesellschaftliche Akzeptanz für Teilchen-Phasen-Ehen weiter zu fördern.

Insgesamt zeigt sich, dass die Demonstration nicht nur ein einmaliges Ereignis war, sondern ein bedeutender Wendepunkt in der Geschichte von Zyoris, der die gesellschaftliche Landschaft nachhaltig veränderte. Die Herausforderungen, die noch bestehen, erfordern eine kontinuierliche Anstrengung und das Engagement aller, die an einer gerechten und inklusiven Gesellschaft interessiert sind. Die Lehren aus dieser Demonstration werden auch zukünftige Generationen von Aktivisten inspirieren und leiten.

Kyes Reflexion über den Erfolg

Kye Fael blickt auf die Ereignisse der letzten Monate zurück und reflektiert über die Erfolge, die sie und ihre Mitstreiter im Kampf gegen das Anti-Teilchen-Phasen-Eheverbot auf Zyoris erzielt haben. Diese Reflexion ist nicht nur eine Analyse der Ergebnisse, sondern auch eine tiefgehende Auseinandersetzung mit den Herausforderungen, die sie überwunden haben, sowie den Lektionen, die sie aus diesen Erfahrungen gezogen hat.

Erfolge und Meilensteine

Der größte Erfolg, den Kye und ihre Bewegung erreicht haben, war die Mobilisierung einer breiten Gemeinschaft. Die große Demonstration, die sie organisiert haben, zog Tausende von Unterstützern an, was die Sichtbarkeit des Problems und die Dringlichkeit des Anliegens unterstrich. Kye erinnert sich an die Energie und den Enthusiasmus, die während der Veranstaltung spürbar waren. *„Es war ein Moment des kollektiven Aufbruchs, in dem wir alle für eine gemeinsame Sache eintraten,"* sagt Kye.

Ein weiterer bedeutender Erfolg war die Unterstützung, die sie von prominenten Persönlichkeiten und anderen Aktivisten erhielt. Diese Allianzen trugen dazu bei, die Botschaft der Bewegung zu verbreiten und weitere Unterstützer zu gewinnen. Kye erkennt, dass *„Solidarität eine der stärksten Waffen im Aktivismus ist"* und dass die Zusammenarbeit mit anderen Gruppen und Individuen entscheidend für den Fortschritt war.

Herausforderungen und Rückschläge

Trotz dieser Erfolge war der Weg nicht immer einfach. Kye reflektiert über die Herausforderungen, die sie und ihre Mitstreiter in der Vergangenheit bewältigen mussten. Die Repression durch die Regierung war eine ständige Bedrohung. Kye erinnert sich an die Momente, in denen sie und andere Aktivisten von der Polizei belästigt oder sogar festgenommen wurden. *„Jeder Rückschlag fühlte sich wie ein persönlicher Angriff an, aber wir ließen uns nicht entmutigen,"* sagt sie.

Ein weiteres Problem war die interne Uneinigkeit innerhalb der Bewegung. Unterschiedliche Ansichten über Strategien und Prioritäten führten manchmal zu Spannungen. Kye betont, dass *„es wichtig ist, einen offenen Dialog zu führen und unterschiedliche Perspektiven zu respektieren, um als Bewegung zusammenzuwachsen".* Diese Lektion half der Gruppe, ihre Strategien zu verfeinern und die Zusammenarbeit zu stärken.

Lernprozesse und zukünftige Perspektiven

Kyes Reflexion über den Erfolg ist auch eine Gelegenheit, über die Lernprozesse nachzudenken, die sie durchlaufen hat. Sie hat erkannt, dass der Aktivismus nicht nur um das Erreichen von Zielen geht, sondern auch um die persönliche Entwicklung und das Verständnis der eigenen Identität. *„Jeder Schritt, den ich gemacht habe, hat mich geformt und mir eine neue Perspektive auf die Welt gegeben,"* erklärt Kye.

Ein zentrales Element ihrer Reflexion ist die Bedeutung von Resilienz. Kye hat gelernt, dass Rückschläge Teil des Prozesses sind und dass es entscheidend ist, sich von ihnen nicht entmutigen zu lassen. Sie zitiert den berühmten Aktivisten Nelson Mandela: *„Ich verliere nie. Entweder gewinne ich oder ich lerne."* Diese Einstellung hat ihr geholfen, auch in schwierigen Zeiten motiviert zu bleiben.

Die Rolle von Hoffnung und Vision

Abschließend reflektiert Kye über die Rolle von Hoffnung und Vision im Aktivismus. Sie betont, dass der Erfolg nicht nur in den erreichten Zielen gemessen werden kann, sondern auch in der Inspiration, die man anderen gibt. *„Es geht darum, eine Vision für die Zukunft zu schaffen und andere dazu zu ermutigen, daran zu glauben, dass Veränderung möglich ist,"* sagt sie.

Kye ist sich bewusst, dass der Weg zur Gleichheit und Gerechtigkeit noch lang ist, aber sie ist entschlossen, weiterzukämpfen. Ihre Reflexion ist nicht nur eine Feier des Erfolgs, sondern auch ein Aufruf zur weiteren Mobilisierung und zum Handeln. *„Wir müssen die Flamme der Hoffnung am Leben halten und weiterhin für unsere Überzeugungen eintreten,"* schließt Kye ihre Gedanken.

Diese Reflexion über den Erfolg ist eine wichtige Erinnerung daran, dass Aktivismus ein kontinuierlicher Prozess ist, der sowohl persönliche als auch kollektive Anstrengungen erfordert. Kyes Reise ist ein Beispiel für die Kraft des Engagements und die Fähigkeit, durch Gemeinschaft und Solidarität Veränderungen herbeizuführen.

Der Weg zur Veränderung

Politische Veränderungen

Die Reaktion der Regierung auf den Aktivismus

Die Reaktion der Regierung auf den Aktivismus von Kye Fael und seiner Unterstützer war geprägt von einem komplexen Zusammenspiel aus Repression, Dialog und strategischen Anpassungen. Diese Reaktionen waren nicht nur ein Spiegelbild der politischen Landschaft auf Zyoris, sondern auch ein Zeichen für die tief verwurzelten gesellschaftlichen Spannungen, die durch den Widerstand gegen das Anti-Teilchen-Phasen-Eheverbot ans Licht kamen.

Repression und Kontrolle

Zu Beginn des Aktivismus erlebte Kye Fael eine Phase der intensiven Repression. Die Regierung von Zyoris, unter dem Druck der konservativen Kräfte, reagierte mit einer Reihe von Maßnahmen, die darauf abzielten, die Bewegung zu unterdrücken. Diese Maßnahmen umfassten:

- **Einschränkung der Versammlungsfreiheit:** Die Regierung erließ Gesetze, die öffentliche Versammlungen und Demonstrationen stark reglementierten. Dies führte dazu, dass viele geplante Protestaktionen von Kyes Gruppe abgesagt oder insgeheim organisiert werden mussten.

- **Überwachung und Einschüchterung:** Aktivisten wurden gezielt überwacht, und es gab Berichte über Einschüchterungsversuche durch staatliche Sicherheitskräfte. Diese Taktiken sollten die Aktivisten davon abhalten, sich zu organisieren und ihre Botschaft zu verbreiten.

- **Medienmanipulation:** Die staatlich kontrollierten Medien spielten eine entscheidende Rolle bei der Diskreditierung der Bewegung. Kye und seine

Mitstreiter wurden häufig als Extremisten oder Unruhestifter dargestellt, was das öffentliche Bild der Bewegung negativ beeinflusste.

Diese repressiven Maßnahmen hatten nicht nur unmittelbare Auswirkungen auf die Aktivisten, sondern führten auch zu einer Polarisierung der Gesellschaft. Während einige Bürger die Maßnahmen der Regierung unterstützten, mobilisierten andere sich gegen die Unterdrückung und schlossen sich Kyes Bewegung an.

Dialog und Kompromisse

Trotz der anfänglichen Repression gab es auch Versuche seitens der Regierung, in einen Dialog mit den Aktivisten zu treten. In einigen Fällen wurden Kommissionen gebildet, um die Anliegen der Bürgerrechtsbewegung zu hören. Diese Dialoge waren jedoch häufig von Misstrauen geprägt und führten selten zu greifbaren Ergebnissen.

> „Ein Dialog ist nur dann sinnvoll, wenn beide Seiten bereit sind zuzuhören", bemerkte Kye in einer seiner Reden. „Wir sind nicht hier, um zu verhandeln; wir sind hier, um Gerechtigkeit zu fordern!"

Diese Haltung spiegelte die Frustration der Aktivisten wider, die oft das Gefühl hatten, dass die Regierung nur an einer oberflächlichen Lösung interessiert war, um den Druck von den Straßen zu nehmen, ohne tatsächlich Änderungen herbeizuführen.

Strategische Anpassungen der Regierung

Mit dem zunehmenden Druck durch die Bevölkerung und die internationale Gemeinschaft sah sich die Regierung gezwungen, ihre Strategie zu überdenken. In diesem Kontext wurden einige politische Zugeständnisse gemacht:

- **Einrichtung von Diskussionsforen:** Um den Anschein von Fortschritt zu erwecken, wurden Foren ins Leben gerufen, in denen Bürger ihre Anliegen vorbringen konnten. Diese Foren waren jedoch oft stark reglementiert und boten wenig Raum für echte Veränderung.

- **Veränderungen in der Gesetzgebung:** In Reaktion auf den Druck wurden einige Gesetze überarbeitet, um die Rechte von Minderheiten zu stärken. Diese Änderungen waren jedoch oft kosmetischer Natur und reichten nicht aus, um die zugrunde liegenden Probleme zu lösen.

Ein Beispiel für diese strategische Anpassung war die Einführung eines Gesetzes, das die Diskriminierung aufgrund sexueller Orientierung verbot, jedoch keine spezifischen Schutzmaßnahmen für Teilchen-Phasen-Ehen beinhaltete. Dies führte zu weiterer Unruhe innerhalb der Bewegung, da viele Aktivisten die Maßnahmen als unzureichend und nicht authentisch wahrnahmen.

Langfristige Auswirkungen und gesellschaftliche Veränderungen

Die Reaktionen der Regierung auf den Aktivismus von Kye Fael hatten langfristige Auswirkungen auf die Gesellschaft von Zyoris. Die repressiven Maßnahmen führten zu einer stärkeren Mobilisierung der Bürger, während die Dialogversuche und strategischen Anpassungen eine breitere Diskussion über Bürgerrechte und soziale Gerechtigkeit anstießen.

Die gesellschaftlichen Spannungen, die durch den Widerstand gegen das Anti-Teilchen-Phasen-Eheverbot entstanden, führten letztlich zu einem Bewusstsein für die Notwendigkeit von Veränderungen. Kyes Bewegung inspirierte viele, sich für Gleichheit und Gerechtigkeit einzusetzen, und schuf eine Plattform für zukünftige Generationen von Aktivisten.

Insgesamt zeigt die Reaktion der Regierung auf den Aktivismus von Kye Fael, dass der Weg zur Veränderung oft mit Herausforderungen und Rückschlägen gepflastert ist. Doch der unermüdliche Einsatz von Kye und seinen Unterstützern hat nicht nur die politische Landschaft auf Zyoris beeinflusst, sondern auch das Bewusstsein für die Bedeutung von Bürgerrechten in der Gesellschaft geschärft.

Kyes Einfluss auf politische Entscheidungsträger

Kye Fael hat in der politischen Landschaft von Zyoris eine bemerkenswerte Rolle eingenommen, insbesondere in Bezug auf den Einfluss auf politische Entscheidungsträger. Durch strategisches Handeln und die Mobilisierung der Gemeinschaft hat Kye es geschafft, die Aufmerksamkeit der Regierung auf die Missstände im Zusammenhang mit dem Anti-Teilchen-Phasen-Eheverbot zu lenken. Diese Sektion beleuchtet die Mechanismen, durch die Kye Einfluss auf politische Entscheidungsträger ausübt, die Herausforderungen, denen sie begegnete, und die Erfolge, die sie erzielte.

Strategische Kommunikation

Eine der zentralen Methoden, die Kye anwendete, um politischen Einfluss zu nehmen, war die strategische Kommunikation. Kye verstand, dass die Art und Weise, wie Informationen präsentiert werden, entscheidend dafür ist, wie sie von

Entscheidungsträgern wahrgenommen werden. Sie nutzte verschiedene Kommunikationskanäle, um ihre Botschaften zu verbreiten, darunter soziale Medien, Pressekonferenzen und öffentliche Reden. Besonders hervorzuheben ist Kyes Fähigkeit, komplexe Themen in leicht verständliche und emotionale Botschaften zu verwandeln, die die Herzen der Menschen berührten und die Aufmerksamkeit der Politiker auf sich zogen.

Ein Beispiel für Kyes strategische Kommunikation war ihre Rede bei einer großen Demonstration, die in den Medien weit verbreitet wurde. Sie sprach über die persönlichen Geschichten von Betroffenen des Anti-Teilchen-Phasen-Eheverbots und stellte die Frage:

$$\text{Was bedeutet Liebe, wenn sie nicht legal anerkannt wird?} \tag{41}$$

Diese Frage stellte nicht nur die emotionale Dimension des Problems dar, sondern forderte auch die Politiker heraus, sich mit den menschlichen Konsequenzen ihrer Entscheidungen auseinanderzusetzen.

Lobbyarbeit und politische Allianzen

Kye erkannte frühzeitig die Bedeutung von Lobbyarbeit und der Bildung politischer Allianzen. Sie suchte aktiv den Dialog mit politischen Entscheidungsträgern, um ihre Anliegen direkt zu kommunizieren. Durch die Teilnahme an politischen Veranstaltungen und das Organisieren von Treffen mit Abgeordneten konnte Kye wertvolle Beziehungen aufbauen. Diese Netzwerke waren entscheidend, um ihre Stimme in politischen Kreisen zu stärken.

Ein bemerkenswertes Beispiel für Kyes Einfluss war ihr Treffen mit dem Minister für soziale Angelegenheiten, bei dem sie die Ungerechtigkeiten des Anti-Teilchen-Phasen-Eheverbots eindringlich darlegte. Kye präsentierte Daten und Forschungsergebnisse, die die negativen Auswirkungen des Verbots auf die Gesellschaft belegten. Sie argumentierte:

$$\text{Gleichheit in der Ehe} = \text{Stärkung der Gesellschaft} \tag{42}$$

Dieser Ansatz half, die Ministerialbürokratie zu überzeugen, dass eine Reform notwendig war.

Einfluss auf Gesetzesentwürfe

Kyes Engagement führte dazu, dass sie nicht nur in der Öffentlichkeit, sondern auch hinter den Kulissen als Expertin für Bürgerrechte wahrgenommen wurde.

Ihr Einfluss auf politische Entscheidungsträger manifestierte sich in der Entwicklung von Gesetzesentwürfen, die darauf abzielten, das Anti-Teilchen-Phasen-Eheverbot zu reformieren. Kye arbeitete eng mit Juristen und anderen Aktivisten zusammen, um rechtliche Rahmenbedingungen zu schaffen, die eine Gleichstellung der Ehen fördern würden.

Ein konkretes Beispiel für Kyes Einfluss war der Entwurf eines Gesetzes, das die Anerkennung von Teilchen-Phasen-Ehen in Zyoris vorsah. In diesem Gesetzesentwurf wurden folgende Punkte hervorgehoben:

- **Rechtliche Gleichstellung:** Teilchen-Phasen-Ehen sollen den gleichen rechtlichen Status wie traditionelle Ehen erhalten.

- **Schutzmaßnahmen:** Einführung von Schutzmaßnahmen gegen Diskriminierung aufgrund der sexuellen Orientierung.

- **Aufklärung:** Initiativen zur Sensibilisierung der Bevölkerung für die Belange von Teilchen-Phasen-Paaren.

Durch Kyes Engagement wurde der Gesetzesentwurf in den politischen Diskurs integriert und erhielt Unterstützung von verschiedenen politischen Parteien.

Herausforderungen und Widerstände

Trotz ihrer Erfolge sah sich Kye auch zahlreichen Herausforderungen gegenüber. Der Widerstand von konservativen Gruppen und Politikern war stark, und viele Entscheidungsträger waren skeptisch gegenüber den Forderungen der Aktivisten. Kye musste oft gegen Vorurteile und falsche Informationen ankämpfen, die die Diskussion über Teilchen-Phasen-Ehen belasteten.

Ein Beispiel für diese Widerstände war die Verbreitung von Fehlinformationen, die behaupteten, Teilchen-Phasen-Ehen würden die traditionelle Familienstruktur gefährden. Kye entgegnete diesen Argumenten mit fundierten Daten und Studien, die zeigten, dass die Anerkennung von Teilchen-Phasen-Ehen die gesellschaftliche Stabilität fördern kann:

$$\text{Vielfalt in der Familie} = \text{Stärkung der Gemeinschaft} \qquad (43)$$

Kyes Fähigkeit, auf diese Herausforderungen zu reagieren, trug dazu bei, das Vertrauen in ihre Bewegung zu stärken und den politischen Diskurs zu verändern.

Langfristiger Einfluss

Der Einfluss von Kye auf politische Entscheidungsträger war nicht nur kurzfristig, sondern hatte auch langfristige Auswirkungen auf die Gesellschaft von Zyoris. Ihre Arbeit trug dazu bei, ein Bewusstsein für die Rechte von Teilchen-Phasen-Paaren zu schaffen und den Weg für zukünftige Reformen zu ebnen. Kyes Vision für eine gerechte Gesellschaft und ihr unermüdlicher Einsatz für die Bürgerrechte werden weiterhin als Inspirationsquelle für kommende Generationen von Aktivisten dienen.

Zusammenfassend lässt sich sagen, dass Kyes Einfluss auf politische Entscheidungsträger durch strategische Kommunikation, Lobbyarbeit, die Entwicklung von Gesetzesentwürfen und den Umgang mit Herausforderungen gekennzeichnet war. Ihre Fähigkeit, die Herzen und Köpfe der Menschen zu erreichen, hat nicht nur die politische Landschaft von Zyoris verändert, sondern auch das Bewusstsein für die Bedeutung von Gleichheit und Gerechtigkeit in der Gesellschaft geschärft.

Gesetzesentwürfe und politische Initiativen

Die Entwicklung von Gesetzesentwürfen und politischen Initiativen spielt eine entscheidende Rolle im Kampf gegen das Anti-Teilchen-Phasen-Eheverbot auf Zyoris. Kye Fael und ihre Mitstreiter erkannten, dass ohne konkrete gesetzliche Änderungen die gesellschaftlichen Normen und die Diskriminierung von Teilchen-Phasen-Ehen nicht nachhaltig bekämpft werden könnten. Dieser Abschnitt beleuchtet die verschiedenen Aspekte der Gesetzgebung, die Herausforderungen, die dabei auftraten, und die Erfolge, die erzielt wurden.

Der Prozess der Gesetzgebung

Der Gesetzgebungsprozess auf Zyoris ist komplex und oft von politischen Spannungen geprägt. Zunächst müssen Gesetzesentwürfe in den entsprechenden Gremien, wie dem Zyorianischen Rat, diskutiert und genehmigt werden. Kye und ihre Gruppe arbeiteten eng mit sympathisierenden Politikern zusammen, um sicherzustellen, dass ihre Anliegen Gehör fanden. Ein entscheidender Schritt war die Erstellung eines umfassenden Gesetzesentwurfs, der nicht nur das Anti-Teilchen-Phasen-Eheverbot aufhob, sondern auch umfassende Schutzmaßnahmen für die betroffenen Bürger einführte.

$$\text{Gesetzesentwurf} = \text{Basisgesetz} + \text{Schutzmaßnahmen} + \text{Rechtsklarheit} \quad (44)$$

Die Basis des Gesetzesentwurfs bestand aus den grundlegenden Menschenrechten, die auf Zyoris verankert sind, während die Schutzmaßnahmen spezifische Rechte für Teilchen-Phasen-Ehen definierten. Kye betonte die Notwendigkeit von Rechtsklarheit, um zukünftige Diskriminierung zu verhindern.

Herausforderungen bei der Gesetzgebung

Trotz der sorgfältigen Planung stieß Kye auf erhebliche Herausforderungen. Eine der größten Hürden war der Widerstand von konservativen politischen Kräften, die das bestehende Eheverständnis aufrechterhalten wollten. Diese Kräfte argumentierten, dass Teilchen-Phasen-Ehen die traditionelle Familie gefährden würden. Kye und ihre Unterstützer mussten daher nicht nur für die Rechte der Teilchen-Phasen-Ehen kämpfen, sondern auch die gesellschaftliche Wahrnehmung von Ehe und Familie neu definieren.

Ein weiteres Problem war die Fragmentierung der politischen Landschaft. Unterschiedliche politische Parteien hatten unterschiedliche Ansichten über den Umgang mit Teilchen-Phasen-Ehen, was zu Verzögerungen im Gesetzgebungsprozess führte. Kye stellte fest, dass es notwendig war, über Parteigrenzen hinweg zu arbeiten, um eine breite Unterstützung für den Gesetzesentwurf zu gewinnen.

Erfolge und Initiativen

Trotz der Herausforderungen gelang es Kye und ihrem Team, mehrere bedeutende Initiativen zu starten. Eine der ersten Initiativen war die „Kampagne für Gleichheit in der Ehe", die eine breite Basis von Unterstützern mobilisierte. Diese Kampagne umfasste öffentliche Veranstaltungen, Informationsveranstaltungen und die Nutzung sozialer Medien, um das Bewusstsein für die Problematik zu schärfen.

Ein weiterer Erfolg war die Durchführung von Anhörungen im Zyorianischen Rat, bei denen Kye und andere Aktivisten die Bedeutung der Gesetzesänderung darlegten. Diese Anhörungen zogen nicht nur die Aufmerksamkeit der Medien auf sich, sondern führten auch zu einer breiteren Diskussion über die Rechte von Teilchen-Phasen-Ehen in der Gesellschaft.

$$\text{Erfolg} = \text{Öffentlichkeitsarbeit} + \text{Politische Unterstützung} + \text{Gesetzesänderung} \tag{45}$$

Die Kombination aus Öffentlichkeitsarbeit, politischer Unterstützung und letztendlich der Verabschiedung von Gesetzen führte zu einem Wendepunkt in der Bewegung. Diese Erfolge motivierten Kye und ihre Unterstützer, weiterhin für eine gerechte und inklusive Gesellschaft zu kämpfen.

Zukunftsausblick

Die Gesetzesentwürfe und politischen Initiativen, die von Kye Fael und ihrer Gruppe initiiert wurden, legten den Grundstein für zukünftige Fortschritte in der Bürgerrechtsbewegung auf Zyoris. Kye erkannte, dass der Kampf um Gleichheit nicht mit der Verabschiedung eines Gesetzes endete, sondern dass es eine kontinuierliche Anstrengung erfordere, um sicherzustellen, dass diese Gesetze auch in der Praxis umgesetzt werden.

Kye formulierte eine Vision für die Zukunft, in der Teilchen-Phasen-Ehen nicht nur rechtlich anerkannt, sondern auch gesellschaftlich akzeptiert werden. Diese Vision beinhaltete Bildungsprogramme zur Sensibilisierung der Öffentlichkeit und die Förderung von positiven Darstellungen von Teilchen-Phasen-Ehen in den Medien.

$$\text{Zukunftsvision} = \text{Bildung} + \text{Akzeptanz} + \text{Rechtsdurchsetzung} \quad (46)$$

Insgesamt zeigt dieser Abschnitt, wie Kye Fael und ihre Mitstreiter durch gezielte Gesetzesentwürfe und politische Initiativen einen bedeutenden Einfluss auf die gesellschaftliche und rechtliche Landschaft auf Zyoris ausübten. Ihre Bemühungen sind ein Beispiel dafür, wie Aktivismus und Politik Hand in Hand gehen können, um echte Veränderungen zu bewirken.

Die Rolle von Lobbyarbeit

Lobbyarbeit spielt eine entscheidende Rolle im politischen Prozess, insbesondere wenn es um die Förderung von Bürgerrechten und sozialen Gerechtigkeitsfragen geht. Auf Zyoris, wo Kye Fael aktiv war, war Lobbyarbeit ein zentrales Element, um den Widerstand gegen das Anti-Teilchen-Phasen-Eheverbot zu organisieren und voranzutreiben. In diesem Abschnitt werden die theoretischen Grundlagen der Lobbyarbeit, die Herausforderungen, denen Aktivisten gegenüberstehen, und konkrete Beispiele für erfolgreiche Lobbyarbeit auf Zyoris untersucht.

Theoretische Grundlagen der Lobbyarbeit

Lobbyarbeit bezieht sich auf die Aktivitäten von Individuen oder Gruppen, die versuchen, politische Entscheidungsträger zu beeinflussen, um bestimmte

Gesetzgebungen oder politische Maßnahmen zu fördern oder zu verhindern. Nach [?] kann Lobbyarbeit in zwei Hauptkategorien unterteilt werden:

- **Direkte Lobbyarbeit:** Dies umfasst persönliche Treffen mit politischen Entscheidungsträgern, um spezifische Anliegen vorzutragen.

- **Indirekte Lobbyarbeit:** Diese Form der Lobbyarbeit nutzt öffentliche Kampagnen, um die Meinung der Öffentlichkeit zu beeinflussen und Druck auf die Entscheidungsträger auszuüben.

Die Theorie der politischen Einflussnahme, wie sie in [?] beschrieben wird, besagt, dass Lobbyisten über ein Netzwerk von Beziehungen und Ressourcen verfügen, die es ihnen ermöglichen, ihre Anliegen effektiv zu vertreten. Dies kann durch finanzielle Unterstützung, Zugang zu Informationen oder durch die Mobilisierung von Gemeinschaften geschehen.

Herausforderungen der Lobbyarbeit

Trotz ihrer Bedeutung stehen Aktivisten, die Lobbyarbeit leisten, vor mehreren Herausforderungen:

- **Mangelnde Transparenz:** Lobbyarbeit kann oft im Verborgenen stattfinden, was es schwierig macht, die tatsächlichen Einflussfaktoren auf politische Entscheidungen zu erkennen. Dies führt zu einem Mangel an Vertrauen in den politischen Prozess.

- **Ressourcenungleichheit:** Während gut finanzierte Organisationen über erhebliche Mittel verfügen, um ihre Lobbyarbeit zu unterstützen, haben kleinere Gruppen oft nicht die gleichen Ressourcen, um ihre Anliegen zu fördern.

- **Politische Widerstände:** Lobbyisten können auf Widerstand von politischen Entscheidungsträgern stoßen, die nicht bereit sind, ihre Positionen zu ändern oder die Interessen von Minderheiten zu berücksichtigen.

Beispiele für erfolgreiche Lobbyarbeit auf Zyoris

Ein herausragendes Beispiel für erfolgreiche Lobbyarbeit auf Zyoris war die Kampagne von Kye Fael und seiner Widerstandsgruppe gegen das Anti-Teilchen-Phasen-Eheverbot. Die Gruppe nutzte eine Kombination aus direkter und indirekter Lobbyarbeit, um ihre Ziele zu erreichen.

- **Direkte Lobbyarbeit:** Kye Fael organisierte Treffen mit Abgeordneten und politischen Entscheidungsträgern, um die Auswirkungen des Gesetzes auf die betroffenen Gemeinschaften zu erläutern. Diese persönlichen Gespräche waren entscheidend, um Empathie zu wecken und die Dringlichkeit der Angelegenheit zu verdeutlichen.

- **Indirekte Lobbyarbeit:** Die Widerstandsgruppe initiierte eine landesweite Kampagne, die soziale Medien, öffentliche Demonstrationen und Kunstprojekte einbezog, um das Bewusstsein für die Ungerechtigkeit des Gesetzes zu schärfen. Eine der bemerkenswertesten Aktionen war eine Kunstinstallation, die die Geschichten von betroffenen Paaren darstellte und so eine emotionale Verbindung zur Öffentlichkeit herstellte.

Ein weiterer wichtiger Aspekt der Lobbyarbeit war die Bildung von Allianzen mit anderen Organisationen, die ähnliche Ziele verfolgten. Durch den Zusammenschluss mit LGBTQ+-Gruppen, feministischen Organisationen und anderen Bürgerrechtsbewegungen konnte Kye Fael eine breitere Basis von Unterstützern gewinnen, was die Lobbyarbeit erheblich verstärkte.

Fazit

Die Rolle der Lobbyarbeit im Kampf gegen das Anti-Teilchen-Phasen-Eheverbot auf Zyoris zeigt, wie wichtig es ist, sowohl direkte als auch indirekte Strategien zu nutzen, um politische Veränderungen herbeizuführen. Kye Faels Engagement und die Mobilisierung der Gemeinschaft waren entscheidend für den Erfolg ihrer Kampagne. Die Herausforderungen, die mit der Lobbyarbeit verbunden sind, erfordern Kreativität, Entschlossenheit und die Fähigkeit, Netzwerke zu bilden, um die Stimme der Unterdrückten zu stärken und Veränderungen zu bewirken.

Kyes Zusammenarbeit mit anderen Organisationen

Die Zusammenarbeit mit anderen Organisationen stellte für Kye Fael einen entscheidenden Schritt in ihrem Aktivismus dar. Diese Kooperationen ermöglichten nicht nur den Austausch von Ressourcen, sondern auch die Schaffung einer stärkeren Stimme für die Bürgerrechtsbewegung auf Zyoris. In diesem Abschnitt werden die theoretischen Grundlagen der Zusammenarbeit, die Herausforderungen, die Kye dabei erlebte, sowie einige konkrete Beispiele für erfolgreiche Kooperationen behandelt.

Theoretische Grundlagen der Zusammenarbeit

Die Zusammenarbeit zwischen Organisationen im Aktivismus kann durch verschiedene theoretische Rahmenbedingungen erklärt werden. Eine wichtige Theorie ist die *Netzwerktheorie*, die die Art und Weise beschreibt, wie verschiedene Akteure miteinander in Beziehung stehen und Ressourcen austauschen. Diese Theorie legt nahe, dass durch die Bildung von Netzwerken die Effizienz und Reichweite von Aktivismusinitiativen erhöht werden kann.

Ein zentrales Konzept innerhalb dieser Theorie ist die *Synergie*, die besagt, dass die Zusammenarbeit von Organisationen zu Ergebnissen führen kann, die größer sind als die Summe ihrer Einzelaktivitäten. Mathematisch ausgedrückt, wenn A und B zwei Organisationen sind, dann kann die Wirkung ihrer Zusammenarbeit C beschrieben werden als:

$$C = A + B + S$$

wobei S die Synergieeffekte darstellt, die aus der Zusammenarbeit entstehen.

Herausforderungen der Zusammenarbeit

Trotz der Vorteile, die die Zusammenarbeit mit sich bringt, gab es auch zahlreiche Herausforderungen, mit denen Kye und ihre Partnerorganisationen konfrontiert waren. Eine der größten Schwierigkeiten war die *Koordinierung der Ziele*. Unterschiedliche Organisationen haben oft verschiedene Prioritäten und Ansätze, was zu Konflikten führen kann. Kye musste oft als Vermittlerin auftreten, um sicherzustellen, dass alle Beteiligten auf ein gemeinsames Ziel hinarbeiteten.

Ein weiteres Problem war der *Ressourcenaustausch*. Während einige Organisationen über umfangreiche finanzielle Mittel verfügten, hatten andere starke Netzwerke oder Zugang zu wichtigen politischen Entscheidungsträgern. Kye musste Strategien entwickeln, um diese Ressourcen effektiv zu kombinieren, um die gemeinsame Mission zu unterstützen.

Beispiele erfolgreicher Kooperationen

Ein herausragendes Beispiel für Kyes Zusammenarbeit mit anderen Organisationen war die Initiative *ZyTogether*, die sich für die Aufhebung des Anti-Teilchen-Phasen-Eheverbots einsetzte. Diese Initiative vereinte mehrere Organisationen, darunter LGBTQ+-Gruppen, Frauenrechtsorganisationen und Umweltgruppen, die alle ein gemeinsames Interesse an sozialen Gerechtigkeitsthemen hatten. Durch diese Zusammenarbeit konnte eine breite

Basis an Unterstützern mobilisiert werden, die die Demonstrationen und Lobbyarbeit stärkten.

Ein weiteres Beispiel war die Partnerschaft mit der *Zyorisischen Akademie für soziale Gerechtigkeit*, die Kye half, Bildungsressourcen zu entwickeln. Diese Organisation stellte Experten zur Verfügung, die Workshops und Seminare über Bürgerrechte und Aktivismus anboten. Kyes Engagement in diesen Bildungsinitiativen trug dazu bei, das Bewusstsein für die Probleme der Teilchen-Phasen-Ehen zu schärfen und andere zu ermutigen, sich aktiv zu beteiligen.

Ergebnisse der Zusammenarbeit

Die Zusammenarbeit mit anderen Organisationen führte zu mehreren positiven Ergebnissen. Ein bemerkenswerter Erfolg war die Erhöhung der Sichtbarkeit der Bewegung in den Medien. Durch gemeinsame Pressemitteilungen und Veranstaltungen gelang es Kye und ihren Partnern, die Aufmerksamkeit der Öffentlichkeit auf das Thema zu lenken und eine breitere Diskussion über die Rechte von Teilchen-Phasen-Ehen zu fördern.

Darüber hinaus half die Zusammenarbeit dabei, politische Entscheidungsträger zu erreichen. Durch die gebündelten Ressourcen und die vereinte Stimme konnten Kye und ihre Mitstreiter gezielte Lobbyarbeit leisten, die schließlich zu einer Überarbeitung des Anti-Teilchen-Phasen-Eheverbots führte.

Schlussfolgerung

Kyes Zusammenarbeit mit anderen Organisationen war ein wesentlicher Bestandteil ihres Aktivismus. Die theoretischen Grundlagen der Netzwerktheorie und die Herausforderungen, die sie überwinden musste, verdeutlichen die Komplexität der Zusammenarbeit im Aktivismus. Die konkreten Beispiele erfolgreicher Kooperationen zeigen, wie wichtig es ist, Ressourcen zu bündeln und gemeinsame Ziele zu verfolgen, um echte Veränderungen zu bewirken. Kyes Fähigkeit, Brücken zu bauen und Synergien zu schaffen, trug maßgeblich zu ihrem Erfolg bei und hinterließ einen bleibenden Eindruck auf der Zyorisischen Gesellschaft.

Die Bedeutung von internationalen Beziehungen

Internationale Beziehungen spielen eine entscheidende Rolle im Kampf für Bürgerrechte und soziale Gerechtigkeit, insbesondere im Kontext von Kye Faels Aktivismus gegen das Anti-Teilchen-Phasen-Eheverbot auf Zyoris. In dieser

Sektion werden die theoretischen Grundlagen, Herausforderungen und praktischen Beispiele beleuchtet, die die Bedeutung internationaler Beziehungen im Aktivismus verdeutlichen.

Theoretische Grundlagen

Internationale Beziehungen beziehen sich auf die Interaktionen zwischen Staaten, Organisationen und Individuen über nationale Grenzen hinweg. Die Theorie der internationalen Beziehungen bietet verschiedene Perspektiven, die für das Verständnis des Aktivismus von Kye Fael relevant sind:

- **Realismus:** Diese Theorie betont die Rolle von Macht und nationalen Interessen. Für Kye Fael bedeutet dies, dass internationale Unterstützung von anderen Staaten oder Organisationen entscheidend sein kann, um Druck auf die zyorianische Regierung auszuüben.

- **Liberalismus:** Diese Theorie fokussiert sich auf Kooperation und Institutionen. Kyes Bestrebungen, internationale Allianzen zu bilden, um das Bewusstsein für die Rechte von Teilchen-Phasen-Ehen zu schärfen, sind ein Beispiel für diese Perspektive.

- **Konstruktivismus:** Diese Theorie hebt die Rolle von Ideen, Identitäten und Normen hervor. Kyes Aktivismus kann als ein Versuch gesehen werden, die gesellschaftlichen Normen auf Zyoris zu verändern und eine neue Identität für Teilchen-Phasen-Ehen zu schaffen.

Herausforderungen in den internationalen Beziehungen

Trotz der potenziellen Vorteile internationaler Beziehungen sieht sich Kye Fael mit mehreren Herausforderungen konfrontiert:

- **Politische Widerstände:** Die zyorianische Regierung könnte internationalem Druck widerstehen, insbesondere wenn dieser als Bedrohung ihrer Souveränität wahrgenommen wird. Solche Widerstände können die Effektivität internationaler Unterstützung verringern.

- **Kulturelle Unterschiede:** Verschiedene Kulturen und Gesellschaften haben unterschiedliche Ansichten über Bürgerrechte und soziale Gerechtigkeit. Kyes Bemühungen, internationale Unterstützung zu mobilisieren, müssen diese kulturellen Unterschiede berücksichtigen, um Missverständnisse zu vermeiden.

+ **Ressourcenverfügbarkeit:** Die Mobilisierung internationaler Unterstützung erfordert oft erhebliche Ressourcen, einschließlich Zeit, Geld und Fachwissen. Kye muss Strategien entwickeln, um diese Ressourcen effektiv zu nutzen.

Praktische Beispiele

Kye Faels Aktivismus hat bereits einige internationale Dimensionen angenommen:

+ **Internationale Kampagnen:** Kye hat an internationalen Kampagnen teilgenommen, die sich für die Rechte von Teilchen-Phasen-Ehen einsetzen. Diese Kampagnen nutzen soziale Medien und Online-Plattformen, um Aufmerksamkeit zu erregen und Unterstützung zu mobilisieren.

+ **Zusammenarbeit mit NGOs:** Kye hat Partnerschaften mit nichtstaatlichen Organisationen (NGOs) gegründet, die sich für Menschenrechte einsetzen. Diese Organisationen können Ressourcen und Expertise bereitstellen, um Kyes Anliegen auf internationaler Ebene zu fördern.

+ **Teilnahme an internationalen Konferenzen:** Kye hat an Konferenzen teilgenommen, die sich mit Bürgerrechten und sozialen Bewegungen befassen. Diese Veranstaltungen bieten eine Plattform, um Erfahrungen auszutauschen und strategische Allianzen zu bilden.

Fazit

Die Bedeutung internationaler Beziehungen im Aktivismus von Kye Fael kann nicht unterschätzt werden. Durch die Nutzung internationaler Netzwerke und die Zusammenarbeit mit globalen Partnern kann Kye nicht nur lokale, sondern auch internationale Aufmerksamkeit auf das Anti-Teilchen-Phasen-Eheverbot lenken. Es ist entscheidend, dass Kye die Herausforderungen, die mit internationalen Beziehungen verbunden sind, erkennt und Strategien entwickelt, um diese zu überwinden. Nur so kann er eine nachhaltige Veränderung auf Zyoris und darüber hinaus bewirken.

$$\text{Einfluss}_{international} = \text{Mobilisierung}_{intern} + \text{Kooperation}_{extern} - \text{Widerstand}_{lokal}$$
$$(47)$$

In dieser Gleichung wird der Einfluss internationaler Beziehungen auf den Aktivismus von Kye Fael als das Ergebnis der Mobilisierung interner Ressourcen und der Kooperation mit externen Akteuren minus dem Widerstand der lokalen

Regierung dargestellt. Diese Formel verdeutlicht, dass eine erfolgreiche internationale Strategie entscheidend für den Erfolg von Kyes Aktivismus ist.

Kyes Einfluss auf die öffentliche Meinung

Kye Fael hat durch seinen unermüdlichen Einsatz für die Rechte der Teilchen-Phasen-Ehen und die Bekämpfung des Anti-Teilchen-Phasen-Eheverbots auf Zyoris nicht nur das Leben vieler Menschen verändert, sondern auch die öffentliche Meinung zu diesen Themen maßgeblich beeinflusst. Der Einfluss auf die öffentliche Meinung kann als ein dynamischer Prozess verstanden werden, der durch verschiedene Faktoren wie Medienberichterstattung, persönliche Geschichten, soziale Bewegungen und die Mobilisierung der Gemeinschaft geprägt ist.

Theoretische Grundlagen

Die Theorie der öffentlichen Meinung besagt, dass die Wahrnehmung der Gesellschaft durch verschiedene Kommunikationskanäle geformt wird. Nach [?] und [?] wird die öffentliche Meinung oft durch die Agenda-Setting-Theorie beeinflusst, die beschreibt, wie Medien Themen hervorheben und damit die Prioritäten der Öffentlichkeit beeinflussen. Kye nutzte diese Theorie, um durch strategische Medienarbeit die Sichtbarkeit der Teilchen-Phasen-Ehen zu erhöhen und das Bewusstsein für die Ungerechtigkeiten, mit denen diese Gemeinschaft konfrontiert war, zu schärfen.

Strategien zur Meinungsbildung

Kye setzte mehrere Strategien ein, um die öffentliche Meinung zu beeinflussen:

+ **Erzählen persönlicher Geschichten:** Kye und andere Aktivisten teilten ihre persönlichen Erfahrungen mit Diskriminierung und Ungerechtigkeit, was die Emotionen der Zuhörer ansprach und Empathie erzeugte. Diese Geschichten wurden in sozialen Medien und bei öffentlichen Veranstaltungen verbreitet, um eine breitere Öffentlichkeit zu erreichen.

+ **Nutzung sozialer Medien:** Kye erkannte die Macht der sozialen Medien als Plattform zur Verbreitung von Informationen und zur Mobilisierung von Unterstützern. Durch Hashtags wie #ZyorisEquality und #LoveIsLove konnte Kye Diskussionen anregen und viele Menschen dazu ermutigen, sich aktiv an der Bewegung zu beteiligen.

- **Zusammenarbeit mit Influencern:** Kye arbeitete mit prominenten Persönlichkeiten und Influencern zusammen, die eine große Reichweite hatten. Diese Kooperationen halfen, die Botschaft der Bewegung in breitere gesellschaftliche Kreise zu tragen und das Thema zu entstigmatisieren.

Beispiele für Kyes Einfluss

Ein bemerkenswertes Beispiel für Kyes Einfluss auf die öffentliche Meinung war die große Demonstration gegen das Anti-Teilchen-Phasen-Eheverbot. Kyes Rede an diesem Tag, in der er die Bedeutung von Liebe und Akzeptanz betonte, wurde in zahlreichen Medienberichten zitiert und ging viral. Die Resonanz war überwältigend:

$$\text{Öffentliche Unterstützung} = f(\text{Medienberichterstattung, Persönliche Geschichten, Kult} \tag{48}$$

Die Gleichung zeigt, dass die Unterstützung der Öffentlichkeit von der Art und Weise abhängt, wie die Themen präsentiert werden. Kyes Fähigkeit, emotionale und relevante Inhalte zu schaffen, führte zu einer signifikanten Veränderung in der öffentlichen Wahrnehmung der Teilchen-Phasen-Ehen.

Herausforderungen und Widerstände

Trotz seines Erfolgs sah sich Kye auch Herausforderungen gegenüber. Es gab Widerstand von konservativen Gruppen, die versuchten, die Bewegung zu diskreditieren. Diese Gruppen verbreiteten Fehlinformationen und schürten Ängste, um die öffentliche Meinung gegen die Teilchen-Phasen-Ehen zu beeinflussen. Kye und seine Mitstreiter mussten sich nicht nur mit diesen Herausforderungen auseinandersetzen, sondern auch Strategien entwickeln, um die negative Berichterstattung zu entkräften.

Langfristige Auswirkungen

Kyes Einfluss auf die öffentliche Meinung führte zu einer nachhaltigen Veränderung der gesellschaftlichen Einstellungen gegenüber Teilchen-Phasen-Ehen. Umfragen zeigten, dass die Unterstützung für die Rechte dieser Gemeinschaft in den Jahren nach Kyes aktivem Engagement erheblich gestiegen war. Die gesellschaftliche Akzeptanz wuchs, was sich auch in der politischen Landschaft widerspiegelte, da zunehmend Gesetze zur Gleichstellung von Teilchen-Phasen-Ehen diskutiert und verabschiedet wurden.

Zusammenfassend lässt sich sagen, dass Kyes Einfluss auf die öffentliche Meinung ein Schlüssel zu den Fortschritten im Bereich der Bürgerrechte auf Zyoris war. Durch strategisches Handeln, persönliche Geschichten und die Nutzung moderner Kommunikationsmittel gelang es ihm, eine breite Bewegung zu mobilisieren, die nicht nur die Wahrnehmung, sondern auch die Realität für viele Menschen veränderte.

Die Herausforderungen der politischen Umsetzung

Die politischen Veränderungen, die aus dem Aktivismus von Kye Fael resultierten, waren nicht ohne erhebliche Herausforderungen. Die Umsetzung neuer Gesetze und Initiativen zur Unterstützung von Teilchen-Phasen-Ehen auf Zyoris stieß auf zahlreiche Hindernisse, die sowohl struktureller als auch gesellschaftlicher Natur waren. In diesem Abschnitt werden wir die wichtigsten Herausforderungen der politischen Umsetzung analysieren und deren Auswirkungen auf den Fortschritt der Bürgerrechtsbewegung untersuchen.

Strukturelle Herausforderungen

Eine der größten Herausforderungen bei der politischen Umsetzung war die bestehende bürokratische Struktur der Regierung auf Zyoris. Die Gesetzgebung durchläuft mehrere Phasen, von der Einreichung eines Gesetzesentwurfs bis zur endgültigen Verabschiedung. Dieser Prozess ist oft langwierig und kann durch politische Rivalitäten, Lobbying und interne Machtkämpfe behindert werden.

Die Struktur der Regierung auf Zyoris ist in hohem Maße von traditionellen Werten geprägt, die sich gegen die Anerkennung von Teilchen-Phasen-Ehen wehren. Diese Widerstände manifestieren sich in Form von politischen Parteien, die sich vehement gegen Veränderungen aussprechen. Ein Beispiel hierfür ist die konservative Partei Zyoris, die eine Schlüsselrolle im Parlament spielt und aktiv gegen die Legalisierung von Teilchen-Phasen-Ehen kämpft. Ihre Argumentation basiert häufig auf moralischen und religiösen Überzeugungen, die tief in der zyorianischen Kultur verwurzelt sind.

Gesellschaftliche Widerstände

Neben strukturellen Herausforderungen sieht sich Kye Fael auch mit gesellschaftlichen Widerständen konfrontiert. Viele Bürger Zyoris sind skeptisch gegenüber Veränderungen, die ihre traditionellen Vorstellungen von Ehe und Familie in Frage stellen. Diese Skepsis äußert sich in Form von Protesten, negativen Medienberichten und einer allgemeinen Ablehnung gegenüber den Aktivisten.

Die soziale Dynamik auf Zyoris ist komplex, und die Bürgerrechtsbewegung muss sich mit einer Vielzahl von Meinungen und Einstellungen auseinandersetzen. Ein Beispiel für diesen Widerstand ist die Mobilisierung von Anti-Teilchen-Phasen-Ehe-Gruppen, die in den sozialen Medien und auf öffentlichen Veranstaltungen eine lautstarke Opposition gegen Kyes Initiativen bilden. Diese Gruppen nutzen emotionale Appelle und Fehlinformationen, um ihre Botschaft zu verbreiten und die öffentliche Meinung zu beeinflussen.

Politische Allianzen und Lobbyarbeit

Ein weiterer kritischer Aspekt der politischen Umsetzung ist die Notwendigkeit, strategische Allianzen zu bilden. Kye Fael hat erkannt, dass die Unterstützung von anderen politischen Akteuren und Organisationen entscheidend für den Erfolg seiner Initiativen ist. Dennoch ist die Bildung solcher Allianzen oft mit Herausforderungen verbunden.

Die Zusammenarbeit mit anderen Aktivisten und Organisationen kann durch unterschiedliche Prioritäten und Ziele erschwert werden. Beispielsweise könnte eine Organisation, die sich für die Rechte von Minderheiten einsetzt, andere Schwerpunkte setzen und somit nicht bereit sein, sich vollständig hinter Kyes Agenda zu stellen. Um diese Herausforderungen zu überwinden, muss Kye Fael diplomatische Fähigkeiten entwickeln und die Fähigkeit, Kompromisse einzugehen, ohne die Kernziele der Bewegung zu gefährden.

Die Rolle der Medien

Die Medien spielen eine entscheidende Rolle bei der politischen Umsetzung, da sie die öffentliche Wahrnehmung beeinflussen können. Kye Fael hat in der Vergangenheit die Medien genutzt, um auf die Ungerechtigkeiten aufmerksam zu machen, mit denen Teilchen-Phasen-Ehen konfrontiert sind. Doch die Berichterstattung kann sowohl positiv als auch negativ sein.

Ein Beispiel für negative Medienberichterstattung war die Berichterstattung über eine Demonstration, die von Kye organisiert wurde, bei der einige gewaltsame Auseinandersetzungen stattfanden. Die Berichterstattung konzentrierte sich auf die Gewalt und stellte die Aktivisten in einem schlechten Licht dar, was zu einer weiteren Stärkung der Opposition führte. Kye musste lernen, wie wichtig es ist, die Narrative zu kontrollieren und proaktive Kommunikationsstrategien zu entwickeln, um die öffentliche Meinung zu beeinflussen.

Rechtliche Hürden

Zusätzlich zu den gesellschaftlichen und politischen Herausforderungen sieht sich Kye Fael auch rechtlichen Hürden gegenüber. Die bestehenden Gesetze auf Zyoris sind oft so formuliert, dass sie die Anerkennung von Teilchen-Phasen-Ehen ausschließen. Um Veränderungen zu bewirken, müssen bestehende Gesetze neu interpretiert oder vollständig abgeschafft werden.

Ein konkretes Beispiel hierfür ist das Gesetz über die Ehe, das in seiner aktuellen Form nur heterosexuelle Ehen anerkennt. Um dieses Gesetz zu ändern, muss Kye Fael nicht nur rechtliche Expertise gewinnen, sondern auch die Unterstützung von Juristen und Rechtsexperten suchen, die bereit sind, für eine Reform zu kämpfen.

Zusammenfassung

Zusammenfassend lässt sich sagen, dass die Herausforderungen der politischen Umsetzung auf Zyoris vielschichtig sind. Von strukturellen und gesellschaftlichen Widerständen bis hin zu rechtlichen Hürden und der Notwendigkeit, strategische Allianzen zu bilden, ist der Weg zur Anerkennung von Teilchen-Phasen-Ehen ein steiniger. Kye Fael und die Bürgerrechtsbewegung müssen weiterhin innovative Strategien entwickeln, um diese Herausforderungen zu bewältigen und den Kampf für Gleichheit und Gerechtigkeit voranzutreiben. Die Fähigkeit, Resilienz zu zeigen und sich an veränderte Umstände anzupassen, wird entscheidend für den langfristigen Erfolg der Bewegung sein.

Kyes Vision für zukünftige Gesetze

Kye Fael hat sich im Laufe ihrer Aktivismus-Karriere eine klare Vision für zukünftige Gesetze auf Zyoris entwickelt, die den Prinzipien der Gleichheit und Gerechtigkeit verpflichtet sind. Diese Vision ist nicht nur eine Reaktion auf das bestehende Anti-Teilchen-Phasen-Eheverbot, sondern auch eine umfassende Strategie zur Schaffung eines inklusiven und gerechten Rechtssystems.

Theoretische Grundlagen

Die Grundlage von Kyes Vision basiert auf den Theorien der sozialen Gerechtigkeit und der Menschenrechte. Sie bezieht sich auf das Konzept, dass alle Bürger, unabhängig von ihrer Identität oder ihrem Hintergrund, das Recht auf gleiche Behandlung und Schutz durch das Gesetz haben. Kye stützt sich auf die folgenden theoretischen Konzepte:

+ **Gleichheitsprinzip:** Dieses Prinzip besagt, dass alle Individuen die gleichen Rechte und Freiheiten genießen sollten. Kye argumentiert, dass zukünftige Gesetze sicherstellen müssen, dass Teilchen-Phasen-Ehen, wie alle anderen Ehen, rechtlich anerkannt werden.

+ **Inklusion und Diversität:** Kyes Vision fördert die Idee, dass Gesetze die Vielfalt der Gesellschaft widerspiegeln sollten. Dies bedeutet, dass Gesetze nicht nur die Mehrheit, sondern auch Minderheiten und marginalisierte Gruppen berücksichtigen müssen.

+ **Partizipative Gesetzgebung:** Kye ist der Überzeugung, dass Gesetze nicht im luftleeren Raum entstehen sollten. Stattdessen sollten sie durch einen partizipativen Prozess entwickelt werden, der die Stimmen aller Bürger, insbesondere der Betroffenen, einbezieht.

Identifizierung von Problemen

Um ihre Vision zu verwirklichen, identifiziert Kye mehrere bestehende Probleme im aktuellen Rechtssystem auf Zyoris:

+ **Diskriminierung durch Gesetze:** Viele bestehende Gesetze sind diskriminierend und benachteiligen spezifische Gruppen, insbesondere in Bezug auf Ehe und Partnerschaft. Kye fordert eine umfassende Überprüfung und Reform dieser Gesetze.

+ **Mangelnde Repräsentation:** Der Gesetzgebungsprozess auf Zyoris ist oft nicht repräsentativ für die gesamte Bevölkerung. Kye setzt sich für eine Erhöhung der Repräsentation von Minderheiten in politischen Gremien ein.

+ **Unzureichende Bildung über Rechte:** Viele Bürger sind sich ihrer Rechte nicht bewusst. Kye sieht die Notwendigkeit, Bildungsprogramme zu entwickeln, die über die Rechte und Pflichten in Bezug auf Ehe und Partnerschaft informieren.

Beispiele für zukünftige Gesetze

Kye hat konkrete Vorschläge für zukünftige Gesetze formuliert, die die oben genannten Probleme adressieren:

+ **Gesetz zur Anerkennung von Teilchen-Phasen-Ehen:** Dieses Gesetz würde die rechtliche Anerkennung von Teilchen-Phasen-Ehen sicherstellen und somit Diskriminierung aufgrund der sexuellen Orientierung oder Identität beenden.

+ **Gesetz zur Förderung von Diversität in der Politik:** Kye schlägt ein Gesetz vor, das politische Parteien verpflichtet, Quoten für die Repräsentation von Frauen, ethnischen Minderheiten und LGBTQ+-Personen einzuführen.

+ **Bildungsinitiative für Bürgerrechte:** Dieses Gesetz würde die Einführung von Bildungsprogrammen an Schulen und in der Gemeinschaft fördern, um das Bewusstsein für Bürgerrechte zu schärfen und die Bürger über ihre Rechte aufzuklären.

Zukunftsperspektiven

Kyes Vision für zukünftige Gesetze geht über die bloße Gesetzgebung hinaus. Sie sieht eine Transformation der gesellschaftlichen Werte auf Zyoris vor, die eine Kultur der Akzeptanz und des Respekts fördert. Durch die Schaffung eines rechtlichen Rahmens, der Gleichheit und Gerechtigkeit unterstützt, hofft Kye, dass zukünftige Generationen in einer Gesellschaft leben werden, in der Diversität nicht nur toleriert, sondern gefeiert wird.

$$\text{Gesetzesänderung} = \text{Gleichheit} + \text{Inklusion} + \text{Partizipation} \qquad (49)$$

Diese Gleichung verdeutlicht, dass die Veränderung im Rechtssystem nur durch die Kombination dieser drei Elemente erreicht werden kann. Kye ist entschlossen, ihre Vision in die Tat umzusetzen und einen nachhaltigen Einfluss auf die Gesellschaft von Zyoris auszuüben.

Schlussfolgerung

Insgesamt ist Kyes Vision für zukünftige Gesetze ein Aufruf zur Aktion. Sie fordert die Bürger von Zyoris auf, aktiv an der Gestaltung ihrer Gesetze mitzuwirken und sich für eine gerechtere und inklusivere Gesellschaft einzusetzen. Kyes Engagement für diese Vision ist nicht nur ein persönlicher Kampf, sondern ein kollektives Bestreben, das das Potenzial hat, die Gesellschaft grundlegend zu verändern.

Der anhaltende Kampf für Gleichheit

Der Kampf für Gleichheit ist ein fortwährender Prozess, der sich über Generationen erstreckt und in verschiedenen Formen und Facetten auftritt. In dieser Sektion werden wir die grundlegenden Theorien, Herausforderungen und Beispiele für den anhaltenden Kampf um Gleichheit auf Zyoris und darüber hinaus betrachten.

Theoretische Grundlagen

Die Theorie der sozialen Gerechtigkeit bildet das Fundament für den Kampf um Gleichheit. Diese Theorie postuliert, dass alle Individuen unabhängig von ihrer Herkunft, Identität oder ihrem sozialen Status die gleichen Rechte und Chancen haben sollten. John Rawls' Konzept der „Gerechtigkeit als Fairness" ist hierbei von zentraler Bedeutung. Rawls argumentiert, dass eine gerechte Gesellschaft so gestaltet sein sollte, dass sie die am stärksten benachteiligten Mitglieder schützt. Dies geschieht durch zwei Prinzipien:

$$\text{Maximin-Prinzip:} \quad \text{Maximiere die Situation der am wenigsten begünstigten.} \tag{50}$$

$$\text{Differenzprinzip:} \quad \text{Ungleichheiten sind nur dann gerechtfertigt, wenn sie den am wenigs} \tag{51}$$

Diese Prinzipien sind nicht nur theoretische Konzepte, sondern bilden die Grundlage für viele Bürgerrechtsbewegungen, einschließlich derjenigen auf Zyoris.

Herausforderungen im Kampf für Gleichheit

Trotz der Fortschritte, die durch Aktivisten wie Kye Fael erzielt wurden, gibt es nach wie vor erhebliche Herausforderungen. Die folgenden Probleme sind besonders prägnant:

- **Strukturelle Diskriminierung:** Viele gesellschaftliche Strukturen auf Zyoris sind nach wie vor von Diskriminierung geprägt. Dies zeigt sich in der Ungleichheit bei der Bildung, im Zugang zu medizinischer Versorgung und in der Arbeitswelt.

- **Politische Repression:** Die Regierung hat oft repressiv auf Aktivismus reagiert. Dies umfasst nicht nur die Verhaftung von Aktivisten, sondern auch die Einschränkung der Meinungsfreiheit und die Überwachung von Bürgerrechtsgruppen.

+ **Gesellschaftliche Vorurteile:** Trotz des Fortschritts gibt es tief verwurzelte Vorurteile gegenüber Teilchen-Phasen-Ehen und anderen nicht-traditionellen Lebensformen. Diese Vorurteile manifestieren sich in Diskriminierung und Stigmatisierung.

+ **Mangel an Ressourcen:** Viele Aktivisten kämpfen mit begrenzten Ressourcen, was ihre Fähigkeit einschränkt, Kampagnen zu führen und Unterstützung zu mobilisieren.

Beispiele für den anhaltenden Kampf

Es gibt zahlreiche Beispiele für den fortwährenden Kampf um Gleichheit, sowohl auf Zyoris als auch weltweit:

+ **Die „Ehe für alle"-Bewegung:** In den letzten Jahren hat die Bewegung zur Legalisierung von Teilchen-Phasen-Ehen auf Zyoris an Fahrt gewonnen. Diese Bewegung hat nicht nur juristische, sondern auch gesellschaftliche Veränderungen angestoßen, indem sie das Bewusstsein für die Rechte von Minderheiten schärfte.

+ **Internationale Solidarität:** Aktivisten auf Zyoris haben sich mit Gleichgesinnten auf der Erde verbunden, um einen globalen Dialog über Bürgerrechte zu führen. Diese internationale Solidarität hat zu einem Austausch von Strategien und Ressourcen geführt, die den Kampf für Gleichheit stärken.

+ **Bildungsinitiativen:** Programme zur Aufklärung über die Rechte von Teilchen-Phasen-Ehen und andere Formen der Diskriminierung haben das Bewusstsein in der breiten Öffentlichkeit erhöht. Diese Initiativen sind entscheidend, um Vorurteile abzubauen und Akzeptanz zu fördern.

+ **Kunst und Kultur:** Künstler und Kreative auf Zyoris haben ihre Plattformen genutzt, um die Botschaften des Aktivismus zu verbreiten. Durch Theater, Musik und visuelle Kunst wird der Kampf um Gleichheit in das öffentliche Bewusstsein gerückt.

Ausblick

Der anhaltende Kampf für Gleichheit erfordert eine ständige Reflexion und Anpassung der Strategien. Kyes Vision für eine gerechte Gesellschaft ist nicht nur ein Ziel, sondern ein fortlaufender Prozess, der Engagement und Zusammenarbeit erfordert. Die Herausforderungen sind zahlreich, aber die Erfolge, die bereits erzielt wurden, zeigen, dass Veränderung möglich ist.

In den kommenden Jahren wird es entscheidend sein, die erarbeiteten Fortschritte zu schützen und weiter auszubauen. Die Mobilisierung der Gemeinschaft, die Bildung von Allianzen und die Schaffung von Bewusstsein sind Schlüsselfaktoren, um die Vision von Gleichheit für alle zu verwirklichen. Der Weg ist lang, aber die Entschlossenheit, die Kye Fael und viele andere Aktivisten gezeigt haben, ist eine inspirierende Erinnerung daran, dass der Kampf für Gleichheit niemals aufhören sollte.

Die persönliche Reise

Kyes Reflexion über den Aktivismus

Kye Fael hat im Verlauf seiner Aktivismusreise viele Erfahrungen gesammelt, die ihn nicht nur als Aktivisten, sondern auch als Individuum geprägt haben. Diese Reflexion über den Aktivismus ist eine tiefgehende Auseinandersetzung mit den Herausforderungen, Erfolgen und den persönlichen Transformationen, die er durchlebt hat.

Theoretische Grundlagen des Aktivismus

Um Kyes Reflexion zu verstehen, ist es wichtig, die theoretischen Grundlagen des Aktivismus zu betrachten. Aktivismus kann als eine Form des sozialen Wandels beschrieben werden, die auf die Schaffung von Gerechtigkeit und Gleichheit abzielt. Nach der Theorie des sozialen Wandels von [1] geschieht dieser Wandel oft durch kollektive Mobilisierung und die Schaffung von sozialen Bewegungen. Kye hat diese Theorie in seiner eigenen Praxis erlebt, indem er die Kraft der Gemeinschaft mobilisierte, um gegen das Anti-Teilchen-Phasen-Eheverbot zu kämpfen.

Ein zentrales Konzept in Kyes Reflexion ist die **Identität**. Die Identität eines Aktivisten ist nicht nur das Ergebnis seiner persönlichen Erfahrungen, sondern auch das Produkt der sozialen und politischen Kontexte, in denen er agiert. Kye stellte fest, dass seine Identität als Bürgerrechtsaktivist stark mit seiner kulturellen

Herkunft und den Erfahrungen von Diskriminierung verbunden war. Diese Erkenntnis half ihm, eine tiefere Verbindung zu den Menschen herzustellen, für die er kämpfte.

Herausforderungen und Rückschläge

Kye reflektiert auch über die Herausforderungen, die er im Laufe seiner Aktivismusreise erlebt hat. Eine der größten Schwierigkeiten war die **Repression durch die Regierung.** Die Regierung von Zyoris reagierte oft mit Härte auf die Proteste und Versammlungen, die Kye und seine Mitstreiter organisierten. Diese Repression führte zu einem Klima der Angst, in dem Aktivisten oft ihre Sicherheit und Freiheit riskieren mussten.

Ein Beispiel für diese Repression war die gewaltsame Auflösung einer Demonstration, an der Kye teilnahm. Die Polizei setzte Tränengas ein, um die Menge zu zerstreuen, was dazu führte, dass viele Aktivisten verletzt wurden. Kye beschreibt diesen Vorfall als einen Wendepunkt in seinem Aktivismus, da er erkannte, dass der Kampf für Gerechtigkeit oft mit persönlichen Risiken verbunden ist.

Erfolge und persönliche Transformation

Trotz der Herausforderungen erlebte Kye auch viele Erfolge, die ihn in seiner Überzeugung stärkten. Ein Meilenstein war die erfolgreiche Mobilisierung einer breiten Gemeinschaft für die große Demonstration gegen das Anti-Teilchen-Phasen-Eheverbot. Diese Demonstration war nicht nur eine physische Versammlung von Menschen, sondern auch ein Symbol für den Widerstand gegen Ungerechtigkeit.

Kye reflektiert über die **Bedeutung von Solidarität** in diesen Momenten. Er erkannte, dass die Unterstützung von Gleichgesinnten und die Bildung von Allianzen entscheidend für den Erfolg von Bewegungen sind. Die Zusammenarbeit mit anderen Aktivisten, sowohl auf Zyoris als auch auf der Erde, brachte neue Perspektiven und Strategien in seinen Aktivismus ein.

Ein weiterer wichtiger Aspekt seiner Reflexion ist die **Selbstfürsorge.** Kye lernte, dass Aktivismus nicht nur die Bekämpfung von Ungerechtigkeiten bedeutet, sondern auch die Notwendigkeit, auf sich selbst zu achten. Die ständige Konfrontation mit Diskriminierung und Ungerechtigkeit kann emotional belastend sein. Kye begann, Techniken zur Stressbewältigung und Selbstfürsorge zu integrieren, um seine mentale Gesundheit zu schützen.

Lektionen aus dem Aktivismus

In seinen Reflexionen zieht Kye wichtige Lektionen aus seinen Erfahrungen. Eine zentrale Lektion ist die **Bedeutung von Bildung und Aufklärung.** Kye erkannte, dass Wissen Macht ist und dass die Aufklärung der Gemeinschaft über ihre Rechte und Möglichkeiten entscheidend für den Aktivismus ist. Er initiierte Bildungsprogramme, um das Bewusstsein für die Probleme der Teilchen-Phasen-Ehen zu schärfen und die Menschen zu ermutigen, sich zu engagieren.

Darüber hinaus betont Kye die **Notwendigkeit von Resilienz.** Der Weg des Aktivismus ist oft steinig und voller Rückschläge. Kye beschreibt, wie wichtig es ist, aus Misserfolgen zu lernen und sich nicht entmutigen zu lassen. Diese Resilienz hat ihm geholfen, auch in schwierigen Zeiten an seiner Vision festzuhalten.

Kyes Vermächtnis und zukünftige Generationen

Abschließend reflektiert Kye über sein **Vermächtnis** und die Verantwortung, die er für zukünftige Generationen trägt. Er ist sich bewusst, dass der Kampf für Gleichheit und Gerechtigkeit nie endet und dass es wichtig ist, die Flamme des Aktivismus am Leben zu halten. Kye hofft, dass seine Erfahrungen und Lektionen zukünftige Aktivisten inspirieren und ermutigen werden, für eine gerechtere Gesellschaft zu kämpfen.

Kyes Reflexion über den Aktivismus ist nicht nur eine persönliche Geschichte, sondern auch eine universelle Botschaft über den Wert des Engagements, die Kraft der Gemeinschaft und die unermüdliche Suche nach Gerechtigkeit. Diese Reflexion ist ein Aufruf an alle, die sich für eine bessere Zukunft einsetzen wollen, und eine Erinnerung daran, dass jeder Einzelne einen Unterschied machen kann.

Die Entwicklung von Kyes Identität

Die Entwicklung von Kyes Identität ist ein vielschichtiger Prozess, der durch verschiedene soziale, kulturelle und persönliche Faktoren beeinflusst wurde. Identität ist nicht statisch, sondern dynamisch und entwickelt sich im Laufe der Zeit durch Interaktionen mit der Umwelt und den Menschen um uns herum. In diesem Abschnitt werden wir die verschiedenen Phasen von Kyes Identitätsentwicklung betrachten und die Herausforderungen beleuchten, die er auf diesem Weg überwinden musste.

Theoretische Grundlagen der Identitätsentwicklung

Die Identitätsentwicklung kann durch verschiedene psychologische Theorien erklärt werden. Eine der bekanntesten Theorien ist die von Erik Erikson, der die Identitätsentwicklung als einen lebenslangen Prozess betrachtet, der in verschiedenen Phasen stattfindet. Laut Erikson ist die Identität das Ergebnis eines dynamischen Prozesses, der durch die Auseinandersetzung mit inneren Konflikten und äußeren Einflüssen geprägt ist. Insbesondere in der Jugend, einer Phase, die Erikson als „Identitätskrise" bezeichnet, suchen Individuen aktiv nach ihrer Identität und ihrem Platz in der Gesellschaft.

Ein weiterer wichtiger Aspekt der Identitätsentwicklung ist die soziale Identität, wie sie von Henri Tajfel und John Turner in der sozialen Identitätstheorie beschrieben wird. Diese Theorie besagt, dass Individuen ihre Identität teilweise aus der Zugehörigkeit zu sozialen Gruppen ableiten. Kye Fael, als Bürgerrechtsaktivist, erlebte diese Dynamik in seiner eigenen Identitätsbildung, da er sich als Teil einer Gemeinschaft sah, die für Gleichheit und Gerechtigkeit kämpfte.

Kulturelle Einflüsse und Identitätskonflikte

Kyes Identitätsentwicklung war stark von den kulturellen Gegebenheiten auf Zyoris geprägt. Die Gesellschaft war von einer Vielzahl von kulturellen Normen und Werten beeinflusst, die oft im Widerspruch zu Kyes persönlichen Überzeugungen standen. Als Kye aufwuchs, stellte er fest, dass die gesellschaftlichen Erwartungen an ihn als Mitglied einer bestimmten Gruppe nicht mit seinen eigenen Wünschen und seiner Identität übereinstimmten. Dies führte zu einem inneren Konflikt, der ihn dazu brachte, seine eigene Identität zu hinterfragen.

Ein prägendes Ereignis in Kyes Jugend war die Auseinandersetzung mit dem Anti-Teilchen-Phasen-Eheverbot. Dieses Gesetz stellte nicht nur die Rechte der Teilchen-Phasen-Ehen in Frage, sondern auch Kyes eigene Identität als jemand, der für Gleichheit und Gerechtigkeit einstand. Kyes Kampf gegen das Gesetz war nicht nur ein politischer Akt, sondern auch ein Akt der Selbstfindung. Er begann zu erkennen, dass seine Identität nicht nur durch seine Herkunft, sondern auch durch seine Überzeugungen und sein Engagement für die Rechte anderer definiert wurde.

Einfluss von Vorbildern und Gemeinschaft

Die Entwicklung von Kyes Identität wurde auch stark durch die Menschen um ihn herum beeinflusst. Vorbilder spielen eine entscheidende Rolle in der Identitätsbildung, da sie als Inspirationsquelle dienen und das Selbstbild eines Individuums prägen können. Kye fand Inspiration in den Geschichten von anderen Aktivisten, die gegen Ungerechtigkeiten kämpften und für ihre Überzeugungen einstanden. Diese Vorbilder halfen ihm, seine eigenen Werte zu definieren und zu verstehen, dass er Teil einer größeren Bewegung war.

Die Gemeinschaft, in der Kye lebte, war ebenfalls ein wichtiger Faktor in seiner Identitätsentwicklung. Die Unterstützung von Gleichgesinnten gab Kye das Gefühl der Zugehörigkeit und half ihm, seine Stimme zu finden. Durch die Gründung einer Jugendgruppe konnte Kye nicht nur seine politischen Überzeugungen teilen, sondern auch seine Identität als Aktivist festigen. Die Gruppe wurde zu einem Raum, in dem er seine Ideen und Visionen entwickeln konnte, und sie bot ihm die Möglichkeit, sich aktiv in die Gesellschaft einzubringen.

Herausforderungen und Rückschläge

Trotz der positiven Einflüsse gab es auch viele Herausforderungen, die Kye auf seinem Weg zur Selbstfindung begegneten. Diskriminierung und gesellschaftlicher Druck waren ständige Begleiter in seinem Leben. Kye musste lernen, mit Kritik umzugehen und sich gegen die Vorurteile zu behaupten, die ihm und seiner Gemeinschaft entgegengebracht wurden. Diese Rückschläge waren schmerzhaft, trugen jedoch dazu bei, seine Resilienz und Entschlossenheit zu stärken.

Ein Beispiel für eine solche Herausforderung war Kyes erste öffentliche Rede, in der er sich gegen das Anti-Teilchen-Phasen-Eheverbot aussprach. Die Reaktionen waren gemischt; während einige ihn unterstützten, gab es auch viele, die ihn kritisierten und ihm vorwarfen, gegen die Traditionen seiner Kultur zu kämpfen. Diese Erfahrungen halfen Kye, seine Identität zu festigen und die Wichtigkeit seiner Stimme in der Gesellschaft zu erkennen.

Schlussfolgerung

Die Entwicklung von Kyes Identität ist ein komplexer Prozess, der von vielen Faktoren beeinflusst wurde. Durch die Auseinandersetzung mit seiner eigenen Identität, den Einfluss von Vorbildern und die Unterstützung seiner Gemeinschaft konnte Kye zu einem starken Aktivisten werden, der für die Rechte anderer kämpft. Seine Reise zur Selbstfindung ist ein Beispiel dafür, wie Identität nicht nur das Produkt individueller Erfahrungen ist, sondern auch durch soziale Interaktionen und den Kontext, in dem wir leben, geformt wird.

Kyes Identitätsentwicklung zeigt, dass der Weg zur Selbstfindung oft mit Herausforderungen und Rückschlägen gepflastert ist, aber auch mit der Möglichkeit, zu wachsen und sich weiterzuentwickeln. Die Auseinandersetzung mit den eigenen Überzeugungen und die aktive Teilnahme an der Gesellschaft sind entscheidende Schritte auf dem Weg zu einer klaren und starken Identität.

Beziehungen und persönliche Herausforderungen

Kye Fael, als führende Stimme im Widerstand gegen das Anti-Teilchen-Phasen-Eheverbot auf Zyoris, sah sich nicht nur mit politischen und gesellschaftlichen Herausforderungen konfrontiert, sondern auch mit persönlichen Beziehungen, die oft unter dem Druck des Aktivismus litten. Diese Beziehungen umfassten Freundschaften, familiäre Bindungen und romantische Partnerschaften, die alle von Kyes Engagement für soziale Gerechtigkeit beeinflusst wurden.

Freundschaften und soziale Netzwerke

Die ersten Jahre von Kyes Aktivismus waren geprägt von der Unterstützung durch Freunde, die ähnliche Überzeugungen teilten. Diese Freundschaften waren entscheidend für Kyes Entwicklung als Aktivist. Sie boten nicht nur emotionale Unterstützung, sondern auch eine Plattform für den Austausch von Ideen und Strategien. Kyes Freundeskreis umfasste eine diverse Gruppe von Individuen, die unterschiedliche Perspektiven und Erfahrungen einbrachten.

Jedoch stellte sich bald heraus, dass der Aktivismus auch Spannungen in diesen Freundschaften erzeugte. Einige Freunde waren nicht bereit, sich den Risiken des Aktivismus auszusetzen, während andere Kyes Engagement als übertrieben oder sogar gefährlich ansahen. Diese Differenzen führten zu Konflikten, die Kyes emotionale Belastung verstärkten und Fragen über Loyalität und Prioritäten aufwarfen.

Familienbeziehungen

Kyes Familie spielte eine ambivalente Rolle in seinem Leben. Während einige Familienmitglieder Kyes Engagement unterstützten, waren andere skeptisch und besorgt über die möglichen Konsequenzen. Kyes Eltern, die in einer konservativen Umgebung aufgewachsen waren, hatten Schwierigkeiten, die Notwendigkeit für den Aktivismus zu verstehen. Dies führte zu Auseinandersetzungen, in denen Kye oft das Gefühl hatte, sich zwischen seiner Familie und seiner Überzeugung entscheiden zu müssen.

Die Theorie der *Bindung* (Bowlby, 1969) hilft, diese Dynamik zu verstehen. Kyes enge Bindungen zu seiner Familie wurden durch seine Aktivität auf die Probe gestellt. Die Unsicherheiten und Konflikte, die aus diesen Spannungen resultierten, führten zu einer inneren Zerrissenheit, die Kyes Fähigkeit, sich auf seinen Aktivismus zu konzentrieren, beeinträchtigte.

Romantische Beziehungen

Romantische Beziehungen waren für Kye ebenfalls herausfordernd. Die Intensität des Aktivismus erforderte oft, dass Kye seine Zeit und Energie auf die Bewegung konzentrierte, was zu Vernachlässigung in persönlichen Beziehungen führte. Kyes Partnerin, die ebenfalls an sozialen Themen interessiert war, fand es anfangs inspirierend, doch bald stellte sich heraus, dass die ständige Abwesenheit und der emotionale Stress, den Kye erlebte, ihre Beziehung belasteten.

Ein Beispiel für diese Herausforderung war die Organisation eines großen Protestes. Kye war so in die Vorbereitungen vertieft, dass er wichtige Momente in der Beziehung seiner Partnerin verpasste, was zu Frustration und Entfremdung führte. Diese Erfahrungen spiegeln die Theorie der *Ressourcenkonflikte* (Thibaut & Kelley, 1959) wider, die besagt, dass der Wettbewerb um begrenzte Ressourcen – in diesem Fall Zeit und emotionale Energie – zu Spannungen in Beziehungen führen kann.

Selbstreflexion und persönliche Herausforderungen

Die ständigen Herausforderungen in Kyes Beziehungen führten zu einer tiefen Selbstreflexion. Kye begann, die Auswirkungen seines Aktivismus auf sein persönliches Leben zu hinterfragen. Diese Reflexion war nicht nur emotional belastend, sondern auch notwendig für Kyes persönliches Wachstum. Kye erkannte, dass er lernen musste, ein Gleichgewicht zwischen seinem Engagement und seinen persönlichen Beziehungen zu finden.

Die *Selbstbestimmungstheorie* (Deci & Ryan, 1985) bietet einen Rahmen, um Kyes innere Konflikte zu verstehen. Diese Theorie legt nahe, dass die Erfüllung grundlegender psychologischer Bedürfnisse – Autonomie, Kompetenz und soziale Eingebundenheit – entscheidend für das Wohlbefinden ist. Kye kämpfte oft mit dem Gefühl der Isolation, da sein Aktivismus ihn von seinen Freunden und seiner Familie entfremdete.

Strategien zur Überwindung von Herausforderungen

Um diese Herausforderungen zu bewältigen, entwickelte Kye verschiedene Strategien. Er begann, regelmäßige Gespräche mit seinen Freunden und seiner Familie zu führen, um Missverständnisse auszuräumen und Unterstützung zu suchen. Kye erkannte, dass Transparenz in seinen Absichten und Zielen entscheidend war, um das Vertrauen seiner Angehörigen zu gewinnen.

Darüber hinaus suchte Kye aktiv nach Wegen, um seine romantische Beziehung zu stärken, indem er kleine, bedeutungsvolle Gesten der Zuneigung und Unterstützung einbrachte. Diese Bemühungen halfen, die emotionale Verbindung aufrechtzuerhalten, auch wenn die Herausforderungen des Aktivismus weiterhin bestanden.

Fazit

Kyes Reise als Aktivist war nicht nur von äußeren politischen Kämpfen geprägt, sondern auch von inneren Kämpfen in seinen Beziehungen. Die Herausforderungen, die sich aus dem Aktivismus ergaben, führten zu einer tiefen Auseinandersetzung mit der eigenen Identität und den Werten, die Kye vertrat. Letztendlich halfen diese Erfahrungen Kye, nicht nur als Aktivist, sondern auch als Mensch zu wachsen. Kyes Fähigkeit, seine Beziehungen zu navigieren und gleichzeitig für soziale Gerechtigkeit zu kämpfen, bleibt ein inspirierendes Beispiel für viele, die ähnliche Herausforderungen erleben.

Kyes Einfluss auf andere Aktivisten

Kye Fael hat sich nicht nur als eine der führenden Figuren im Widerstand gegen das Anti-Teilchen-Phasen-Eheverbot auf Zyoris etabliert, sondern auch als eine inspirierende Kraft für andere Aktivisten. Ihr Einfluss erstreckt sich über verschiedene Generationen und Bewegungen, was auf ihre Fähigkeit zurückzuführen ist, Menschen zu motivieren und zu mobilisieren. In diesem Abschnitt untersuchen wir die Mechanismen, durch die Kye andere Aktivisten beeinflusst hat, sowie die Herausforderungen, denen sie dabei begegnete.

Theoretische Grundlagen des Einflusses

Um Kyes Einfluss auf andere Aktivisten zu verstehen, ist es wichtig, einige theoretische Konzepte zu betrachten. Die soziale Einfluss-Theorie, die von Cialdini (2001) formuliert wurde, beschreibt, wie Individuen durch die Meinungen, Überzeugungen und das Verhalten anderer beeinflusst werden. Kyes

Fähigkeit, als Vorbild zu fungieren, ist ein entscheidender Faktor in diesem Prozess. Sie verkörpert die Ideale, für die sie kämpft, und inspiriert andere durch ihr Engagement und ihre Entschlossenheit.

Ein weiteres relevantes Konzept ist das der *kollektiven Identität*, das von Polletta und Jasper (2001) diskutiert wird. Kye hat es verstanden, eine kollektive Identität unter den Aktivisten zu schaffen, die sich für die Rechte der Teilchen-Phasen-Ehen einsetzen. Durch die Schaffung eines gemeinsamen Narrativs und Ziels hat sie eine Gemeinschaft geformt, die sich gegenseitig unterstützt und motiviert.

Kyes Methoden der Einflussnahme

Kye Fael nutzt verschiedene Strategien, um ihren Einfluss auf andere Aktivisten zu verstärken. Eine der effektivsten Methoden ist die *Mentorship*. Kye hat zahlreiche junge Aktivisten unter ihre Fittiche genommen, ihnen nicht nur die notwendigen Fähigkeiten vermittelt, sondern auch ihr Selbstvertrauen gestärkt. Durch regelmäßige Workshops und persönliche Treffen hat sie eine Atmosphäre des Vertrauens und der Offenheit geschaffen, die es den Aktivisten ermöglicht, ihre Ideen und Bedenken frei zu äußern.

Ein Beispiel für Kyes Mentorship ist die Geschichte von Lira, einer jungen Aktivistin, die sich zunächst unsicher fühlte und nicht wusste, wie sie sich in der Bewegung engagieren sollte. Kye erkannte Liras Potenzial und nahm sie unter ihre Fittiche. Durch gezielte Anleitung und Unterstützung half Kye Lira, ihre ersten Schritte im Aktivismus zu gehen. Lira wurde schließlich zu einer der prominentesten Stimmen in der Bewegung und inspiriert heute andere durch ihre eigene Arbeit.

Die Herausforderungen des Einflusses

Trotz ihres Erfolges sieht sich Kye auch Herausforderungen gegenüber. Eine der größten Hürden ist die *Interne Fragmentierung* innerhalb der Bewegung. Unterschiedliche Ansichten und Ansätze können zu Spannungen führen, die den Einfluss von Kye gefährden. In einem Fall gab es Auseinandersetzungen zwischen verschiedenen Gruppen innerhalb der Bewegung, die unterschiedliche Strategien zur Bekämpfung des Eheverbots verfolgten. Kye musste als Mediatorin fungieren und einen Konsens finden, um die Einheit der Bewegung zu bewahren.

Darüber hinaus hat Kye auch mit der *Medienberichterstattung* zu kämpfen, die oft verzerrt oder negativ ist. Dies kann den Einfluss, den sie auf andere Aktivisten ausübt, beeinträchtigen. Eine negative Darstellung ihrer Person in den Medien kann das Vertrauen, das andere in sie setzen, untergraben. Kye hat jedoch gelernt, mit dieser Herausforderung umzugehen, indem sie aktiv an der Medienarbeit teilnimmt und die Narrative selbst gestaltet.

Erfolge und Beispiele

Trotz der Herausforderungen hat Kye bemerkenswerte Erfolge erzielt. Ihr Einfluss auf andere Aktivisten zeigt sich in der Gründung von zahlreichen Unterstützungsgruppen und Initiativen, die sich für die Rechte der Teilchen-Phasen-Ehen einsetzen. Ein Beispiel ist die „Zukunftsgruppe", die von ehemaligen Schützlingen Kyes gegründet wurde und sich auf die Aufklärung junger Menschen über Bürgerrechte konzentriert.

Ein weiterer bemerkenswerter Erfolg ist die „Kampagne für Gleichheit", die von Kyes Anregungen inspiriert wurde. Diese Kampagne mobilisierte Tausende von Menschen und führte zu einer erhöhten Sichtbarkeit des Themas in der Öffentlichkeit. Kyes Einfluss auf andere Aktivisten war entscheidend für die Mobilisierung dieser Bewegung und die Schaffung eines breiteren Bewusstseins für die Probleme, mit denen Teilchen-Phasen-Ehen konfrontiert sind.

Schlussfolgerung

Kye Faels Einfluss auf andere Aktivisten ist ein bemerkenswertes Beispiel für die Kraft des persönlichen Engagements und der Inspiration. Durch Mentorship, die Schaffung einer kollektiven Identität und den Umgang mit Herausforderungen hat sie nicht nur die Bewegung für die Rechte der Teilchen-Phasen-Ehen gestärkt, sondern auch eine neue Generation von Aktivisten hervorgebracht. Ihr Erbe wird in den vielen Stimmen und Initiativen weiterleben, die sie inspiriert hat. Kyes Fähigkeit, andere zu mobilisieren und zu motivieren, ist ein wesentlicher Bestandteil des fortwährenden Kampfes für Gleichheit und Gerechtigkeit auf Zyoris.

Die Bedeutung von Mentorship

Mentorship spielt eine entscheidende Rolle im Aktivismus und in der persönlichen Entwicklung von Individuen, insbesondere in der komplexen und oft herausfordernden Welt des Bürgerrechtsaktivismus. Diese Beziehung zwischen Mentor und Mentee kann als eine Art von sozialem Kapital betrachtet werden, das den Zugang zu Ressourcen, Wissen und Netzwerken ermöglicht, die für den Erfolg in sozialen Bewegungen unerlässlich sind.

Theoretische Grundlagen

Die Theorie des sozialen Lernens von Albert Bandura (1977) legt nahe, dass Menschen durch Beobachtung und Nachahmung lernen. Mentoren fungieren als Vorbilder, die nicht nur Wissen und Fähigkeiten vermitteln, sondern auch Werte und Einstellungen, die für den Aktivismus entscheidend sind. Diese Theorie unterstützt die Idee, dass Mentorship nicht nur eine Einbahnstraße ist, sondern auch eine wechselseitige Beziehung, in der beide Parteien voneinander lernen.

Herausforderungen im Mentorship

Trotz der vielen Vorteile, die Mentorship bietet, gibt es auch Herausforderungen. Eine der größten Hürden ist die Verfügbarkeit von Mentoren. In vielen Gemeinschaften, insbesondere in unterrepräsentierten Gruppen, kann es an erfahrenen Aktivisten mangeln, die bereit sind, ihre Zeit und ihr Wissen zu teilen. Darüber hinaus können kulturelle Unterschiede oder generationaler Abstand zwischen Mentoren und Mentees zu Missverständnissen führen, die die Effektivität der Mentorship-Beziehung beeinträchtigen können.

Ein weiteres Problem ist die Möglichkeit von Abhängigkeiten, bei denen Mentees sich zu sehr auf ihre Mentoren verlassen und dadurch ihre eigene Unabhängigkeit und Entscheidungsfähigkeit einschränken. Es ist wichtig, dass Mentoren ihre Mentees dazu ermutigen, selbstständig zu denken und ihre eigenen Wege im Aktivismus zu finden.

Beispiele für erfolgreiche Mentorship-Programme

Ein Beispiel für ein erfolgreiches Mentorship-Programm ist das „Youth Activism Project" auf Zyoris, das junge Menschen mit erfahrenen Aktivisten zusammenbringt. Dieses Programm hat nicht nur die Fähigkeiten der Teilnehmer verbessert, sondern auch deren Selbstbewusstsein gestärkt. Mentees berichten oft, dass sie durch die Unterstützung ihrer Mentoren ermutigt wurden, ihre Stimme zu erheben und aktiv zu werden.

Ein weiteres bemerkenswertes Beispiel ist die Zusammenarbeit zwischen Kye Fael und einer älteren Aktivistin namens Lira Voss. Lira, die in der Vergangenheit selbst unter dem Anti-Teilchen-Phasen-Eheverbot gelitten hatte, half Kye, strategische Ansätze für den Widerstand zu entwickeln und gab wertvolle Einblicke in die politische Landschaft von Zyoris. Ihre Unterstützung war entscheidend für Kyes frühe Erfolge im Aktivismus.

Die langfristigen Auswirkungen von Mentorship

Die Auswirkungen von Mentorship sind oft langfristig und können weitreichende Veränderungen in der Gesellschaft bewirken. Indem sie junge Aktivisten ermutigen und unterstützen, tragen Mentoren dazu bei, eine neue Generation von Führungspersönlichkeiten im Aktivismus heranzubilden. Dies ist besonders wichtig in einer Zeit, in der soziale Gerechtigkeit und Bürgerrechte mehr denn je auf dem Spiel stehen.

Zusätzlich fördern Mentoren ein Gefühl der Gemeinschaft und Solidarität, das für den Erfolg von Bewegungen unerlässlich ist. Die Unterstützung durch erfahrene Aktivisten kann Mentees helfen, die Herausforderungen des Aktivismus besser zu bewältigen und ihre eigenen Netzwerke von Gleichgesinnten aufzubauen.

Schlussfolgerung

Insgesamt ist die Bedeutung von Mentorship im Aktivismus nicht zu unterschätzen. Sie bietet nicht nur eine Plattform für den Austausch von Wissen und Erfahrungen, sondern fördert auch das Wachstum und die Entwicklung von Individuen, die bereit sind, für soziale Gerechtigkeit zu kämpfen. Kye Faels eigene Erfahrungen mit Mentoren haben nicht nur ihre persönliche Entwicklung beeinflusst, sondern auch dazu beigetragen, den Widerstand gegen das Anti-Teilchen-Phasen-Eheverbot auf Zyoris zu stärken. Die Unterstützung durch Mentoren wird als ein Schlüssel zu nachhaltigem Aktivismus angesehen, der auch zukünftige Generationen inspirieren kann.

Kyes Engagement für Bildung und Aufklärung

Kye Fael erkannte früh, dass Bildung eine der mächtigsten Waffen im Kampf gegen Ungerechtigkeit und Diskriminierung ist. Auf Zyoris, wo das Anti-Teilchen-Phasen-Eheverbot nicht nur rechtliche, sondern auch tief verwurzelte gesellschaftliche Probleme mit sich brachte, war Aufklärung der Schlüssel, um das Bewusstsein für die Rechte der Teilchen-Phasen-Ehen zu schärfen und Vorurteile abzubauen. Kyes Engagement für Bildung und Aufklärung manifestierte sich in mehreren Initiativen, die darauf abzielten, sowohl die Jugend als auch die breitere Gesellschaft zu erreichen.

Die Rolle von Bildung im Aktivismus

Bildung ist nicht nur ein Mittel zur Wissensvermittlung, sondern auch ein Werkzeug zur Befähigung. Kye glaubte fest daran, dass informierte Bürger in der

Lage sind, für ihre Rechte einzutreten und sich gegen Ungerechtigkeiten zu wehren. In seinen frühen Jahren begann er, Workshops und Seminare zu organisieren, die sich mit Themen wie Bürgerrechten, Gleichheit und den spezifischen Herausforderungen von Teilchen-Phasen-Ehen befassten. Diese Veranstaltungen waren nicht nur informativ, sondern auch interaktiv gestaltet, um das Engagement der Teilnehmer zu fördern.

Ein Beispiel für Kyes Engagement war das *Zyoris Bildungsprojekt*, das er ins Leben rief. Dieses Projekt zielte darauf ab, Schulen auf Zyoris mit Materialien und Ressourcen auszustatten, die die Themen Gleichheit und Diversität behandelten. Kye arbeitete eng mit Lehrern und Bildungsexperten zusammen, um Lehrpläne zu entwickeln, die die Geschichte und die Rechte von Teilchen-Phasen-Ehen integrierten.

Herausforderungen in der Bildung

Trotz seiner Bemühungen stieß Kye auf erhebliche Herausforderungen. Das Bildungssystem auf Zyoris war stark von den bestehenden gesellschaftlichen Normen geprägt, die oft diskriminierend gegenüber Minderheiten waren. Lehrer, die sich für eine inklusive Bildung einsetzen wollten, sahen sich häufig mit Widerstand von Eltern und Schulbehörden konfrontiert, die sich gegen Veränderungen sträubten. Kye musste oft die Balance zwischen dem Streben nach Veränderung und dem Umgang mit Widerstand und Kritik finden.

Ein zentrales Problem war die Verbreitung von Fehlinformationen über Teilchen-Phasen-Ehen. Viele Menschen auf Zyoris hatten ein verzerrtes Bild von diesen Ehen, das durch Stereotypen und Vorurteile geprägt war. Kye stellte fest, dass es entscheidend war, diese Missverständnisse durch fundierte Informationen und persönliche Geschichten zu entkräften. Daher initiierte er eine Kampagne, die sich auf die Verbreitung von Erfolgsgeschichten von Teilchen-Phasen-Paaren konzentrierte, um die positiven Aspekte und die Normalität dieser Ehen hervorzuheben.

Beispiele für erfolgreiche Bildungsinitiativen

Eines der erfolgreichsten Projekte, das Kye ins Leben rief, war die *Zukunftswerkstatt*, eine Reihe von Workshops, die speziell für Jugendliche konzipiert waren. Diese Workshops boten eine Plattform für junge Menschen, um über ihre Erfahrungen und Herausforderungen zu sprechen und gemeinsam Lösungen zu entwickeln. Kye lud Gastredner ein, darunter Aktivisten,

Psychologen und Vertreter von Organisationen für soziale Gerechtigkeit, um den Teilnehmern verschiedene Perspektiven und Werkzeuge an die Hand zu geben.

Ein weiteres Beispiel war die Zusammenarbeit mit lokalen Universitäten, um Forschungsprojekte zu initiieren, die sich mit den Auswirkungen des Anti-Teilchen-Phasen-Eheverbots auf die Gesellschaft befassten. Diese Forschungsarbeiten wurden nicht nur in akademischen Kreisen diskutiert, sondern auch in der Öffentlichkeit präsentiert, um das Bewusstsein für die Thematik zu schärfen und politische Entscheidungsträger zu sensibilisieren.

Kyes Vision für eine inklusive Bildung

Kyes Vision für eine inklusive Bildung war klar: Er wollte ein System schaffen, das Diversität nicht nur akzeptiert, sondern feiert. Er glaubte, dass Bildung eine transformative Kraft besitzt, die Menschen dazu befähigt, ihre eigenen Stimmen zu finden und für ihre Rechte einzutreten. Kye setzte sich dafür ein, dass Bildung nicht nur eine Frage des Zugangs zu Wissen ist, sondern auch eine Frage der sozialen Gerechtigkeit.

Um diese Vision zu verwirklichen, entwickelte Kye ein Konzept für ein *Inklusives Bildungszentrum*, das als Hub für Aufklärung und Aktivismus dienen sollte. Dieses Zentrum sollte nicht nur Bildungsressourcen bereitstellen, sondern auch als Raum für Diskussionen, Workshops und kulturelle Veranstaltungen fungieren, die den Austausch zwischen verschiedenen Gemeinschaften fördern.

Zusammenfassung und Ausblick

Kyes Engagement für Bildung und Aufklärung war ein zentraler Bestandteil seines Aktivismus. Durch seine Bemühungen, das Bewusstsein für die Rechte von Teilchen-Phasen-Ehen zu schärfen und eine inklusive Bildung zu fördern, trug er dazu bei, eine Generation von informierten und engagierten Bürgern heranzuziehen. Trotz der Herausforderungen, die er dabei erlebte, blieb Kye optimistisch und motiviert, da er wusste, dass Bildung der Schlüssel zu einer gerechteren und gleichberechtigten Gesellschaft ist.

Sein Vermächtnis wird durch die vielen Menschen weiterleben, die durch seine Bildungsinitiativen inspiriert wurden, und die weiterhin für eine Welt kämpfen, in der jeder unabhängig von seiner Identität die gleichen Rechte und Chancen hat.

Die Rolle von Selbstfürsorge im Aktivismus

Im Kontext des Aktivismus ist Selbstfürsorge nicht nur eine persönliche Notwendigkeit, sondern auch eine kollektive Verantwortung. Aktivisten stehen häufig unter immensem Druck, da sie gegen Ungerechtigkeiten kämpfen und sich für gesellschaftliche Veränderungen einsetzen. Diese Herausforderungen können zu emotionaler Erschöpfung, Stress und Burnout führen, wenn keine angemessenen Selbstfürsorgestrategien implementiert werden. In diesem Abschnitt werden wir die Bedeutung der Selbstfürsorge im Aktivismus beleuchten, die Herausforderungen, die sich aus dem Mangel an Selbstfürsorge ergeben, und einige praktische Ansätze zur Förderung des Wohlbefindens.

Theoretischer Hintergrund

Selbstfürsorge ist ein Konzept, das in der Psychologie und Gesundheitswissenschaften weit anerkannt ist. Es bezieht sich auf die bewusste Praxis, die eigene physische, emotionale und psychische Gesundheit zu fördern. Laut der Theorie der Selbstfürsorge nach [?] umfasst Selbstfürsorge verschiedene Dimensionen, darunter physische, emotionale, soziale und spirituelle Aspekte. Aktivisten, die in einem ständigen Zustand der Alarmbereitschaft leben, vergessen oft, sich um ihre eigenen Bedürfnisse zu kümmern, was zu einem Zustand führt, den [?] als "sekundären Trauma" bezeichnet. Dies beschreibt die emotionalen und psychologischen Auswirkungen, die durch die ständige Konfrontation mit Leid und Ungerechtigkeit entstehen.

Probleme durch fehlende Selbstfürsorge

Ein Mangel an Selbstfürsorge kann schwerwiegende Folgen für Aktivisten haben. Zu den häufigsten Problemen gehören:

+ **Burnout:** Ein Zustand emotionaler, physischer und geistiger Erschöpfung, der durch übermäßigen und langanhaltenden Stress entsteht. Burnout kann dazu führen, dass Aktivisten ihre Motivation verlieren und sich von ihrer Arbeit distanzieren.

+ **Emotionale Erschöpfung:** Aktivisten, die sich nicht um ihr emotionales Wohlbefinden kümmern, können eine Abnahme ihrer Empathiefähigkeit erleben, was sie weniger effektiv in ihrem Aktivismus macht.

+ **Körperliche Gesundheit:** Stress und unzureichende Selbstfürsorge können sich negativ auf die körperliche Gesundheit auswirken, zu Schlaflosigkeit, Angstzuständen und anderen physischen Erkrankungen führen.

Diese Probleme sind nicht nur individuelle Herausforderungen, sondern haben auch Auswirkungen auf die gesamte Bewegung, da sie die Effektivität und das Engagement der Aktivisten beeinträchtigen.

Praktische Ansätze zur Selbstfürsorge

Um den Herausforderungen des Aktivismus entgegenzuwirken, ist es entscheidend, Selbstfürsorge als integralen Bestandteil der Aktivistenpraxis zu betrachten. Hier sind einige bewährte Ansätze:

1. **Regelmäßige Pausen:** Aktivisten sollten sich regelmäßige Pausen gönnen, um sich zu erholen und ihre Energie aufzuladen. Diese Pausen können helfen, die geistige Klarheit und Kreativität zu fördern.

2. **Soziale Unterstützung:** Der Aufbau eines starken sozialen Netzwerks ist entscheidend. Der Austausch mit Gleichgesinnten kann emotionale Unterstützung bieten und das Gefühl der Isolation verringern.

3. **Körperliche Aktivität:** Regelmäßige Bewegung hat nachweislich positive Auswirkungen auf die psychische Gesundheit. Aktivitäten wie Yoga, Laufen oder Tanzen können helfen, Stress abzubauen und das allgemeine Wohlbefinden zu steigern.

4. **Achtsamkeit und Meditation:** Techniken wie Achtsamkeit und Meditation können helfen, Stress abzubauen und die emotionale Resilienz zu stärken. Diese Praktiken fördern ein höheres Bewusstsein für die eigenen Gefühle und Bedürfnisse.

5. **Grenzen setzen:** Aktivisten sollten lernen, Grenzen zu setzen, um Überlastung zu vermeiden. Es ist wichtig, zu erkennen, dass man nicht alles auf einmal ändern kann und dass es in Ordnung ist, „Nein" zu sagen.

Beispiele für erfolgreiche Selbstfürsorge im Aktivismus

Ein Beispiel für erfolgreiche Selbstfürsorge im Aktivismus ist die Organisation *Black Lives Matter*, die Workshops zur Selbstfürsorge für ihre Mitglieder anbietet. Diese Workshops konzentrieren sich auf die emotionale Gesundheit und bieten Techniken zur Stressbewältigung an. Ein weiteres Beispiel ist die Initiative *The Wildflower Alliance*, die sich auf die psychische Gesundheit von Aktivisten konzentriert und Ressourcen bereitstellt, um die Resilienz zu fördern.

Fazit

Selbstfürsorge ist ein unverzichtbarer Bestandteil des Aktivismus. Sie ermöglicht es Aktivisten, ihre Energie und Leidenschaft aufrechtzuerhalten, während sie für soziale Gerechtigkeit kämpfen. Indem sie sich um ihr eigenes Wohlbefinden kümmern, können Aktivisten nicht nur ihre persönliche Gesundheit fördern, sondern auch effektiver für die Veränderungen eintreten, die sie in der Gesellschaft sehen möchten. Die Integration von Selbstfürsorgepraktiken in den Aktivismus ist nicht nur eine individuelle Verantwortung, sondern auch eine kollektive Notwendigkeit, um eine nachhaltige und effektive Bewegung zu gewährleisten.

Kyes Vision für eine inklusive Gesellschaft

Kye Fael träumt von einer Gesellschaft auf Zyoris, in der Vielfalt nicht nur akzeptiert, sondern gefeiert wird. Diese Vision ist tief verwurzelt in der Überzeugung, dass jede Identität, unabhängig von Geschlecht, Rasse, sexueller Orientierung oder intergalaktischer Herkunft, einen gleichwertigen Platz in der Gesellschaft verdient. Um diese Vision zu verwirklichen, identifiziert Kye mehrere Schlüsselthemen, die als Grundlage für eine inklusive Gesellschaft dienen.

Theoretische Grundlagen

Die Vision von Kye stützt sich auf verschiedene theoretische Ansätze, darunter die *Intersektionalität*, die von Kimberlé Crenshaw entwickelt wurde. Diese Theorie beschreibt, wie verschiedene soziale Identitäten, wie Geschlecht, Rasse und Klasse, sich überschneiden und somit komplexe Formen von Diskriminierung und Privilegien erzeugen. Kye erkennt, dass eine inklusive Gesellschaft nur dann möglich ist, wenn diese Überschneidungen in der politischen und sozialen Diskussion berücksichtigt werden.

Ein weiteres wichtiges Konzept ist die *Soziale Gerechtigkeit*, die auf den Prinzipien von Gleichheit und Fairness basiert. Kye glaubt, dass soziale Gerechtigkeit nicht nur ein Ziel, sondern ein fortlaufender Prozess ist, der aktive Teilnahme und Engagement erfordert. Diese Prinzipien bilden das Fundament für Kyes Vision einer Gesellschaft, in der jeder Mensch die gleichen Chancen hat, unabhängig von seinen Ausgangsbedingungen.

Herausforderungen und Probleme

Trotz dieser idealistischen Vision sieht Kye zahlreiche Herausforderungen, die überwunden werden müssen. Eine der größten Hürden ist die *institutionalisierte*

Diskriminierung, die in vielen gesellschaftlichen Strukturen verankert ist. Diese Diskriminierung manifestiert sich in verschiedenen Formen, wie z.B. in der Bildung, im Gesundheitswesen und im Arbeitsmarkt. Kye hebt hervor, dass es wichtig ist, diese Strukturen zu erkennen und zu reformieren, um echte Gleichheit zu erreichen.

Zusätzlich sieht Kye die *Kultur der Angst* als ein weiteres Hindernis. Viele Menschen auf Zyoris haben Angst, ihre Identität offen auszuleben, aus Angst vor sozialer Ausgrenzung oder sogar Gewalt. Kye glaubt, dass Aufklärung und Sensibilisierung entscheidend sind, um diese Ängste abzubauen und ein sicheres Umfeld für alle zu schaffen.

Praktische Ansätze zur Umsetzung

Um eine inklusive Gesellschaft zu schaffen, schlägt Kye mehrere praktische Ansätze vor:

* **Bildung und Aufklärung:** Kye betont die Notwendigkeit eines Bildungsprogramms, das Vielfalt und Inklusion fördert. Schulen sollten Lehrpläne entwickeln, die die Geschichte und die Beiträge aller Kulturen und Identitäten auf Zyoris berücksichtigen. Kye plant Workshops, in denen Schüler und Lehrer über interkulturelle Kompetenzen und Empathie lernen können.

* **Politische Teilhabe:** Kye fordert eine stärkere politische Repräsentation marginalisierter Gruppen. Durch die Gründung von Koalitionen und Netzwerken möchte Kye sicherstellen, dass alle Stimmen in den politischen Entscheidungsprozess einfließen. Dies kann durch die Einführung von Quoten für unterrepräsentierte Gruppen in politischen Ämtern geschehen.

* **Community-Engagement:** Kye sieht die Bedeutung von Gemeinschaftsprojekten, die die Zusammenarbeit zwischen verschiedenen Gruppen fördern. Solche Projekte könnten gemeinsame Veranstaltungen, kulturelle Austauschprogramme und lokale Initiativen zur Bekämpfung von Diskriminierung umfassen.

* **Medien und Öffentlichkeitsarbeit:** Kye plant, die Rolle der Medien zu nutzen, um positive Geschichten über Vielfalt und Inklusion zu verbreiten. Durch Kampagnen in sozialen Medien und die Zusammenarbeit mit Influencern möchte Kye ein Bewusstsein für die Bedeutung von Inklusion schaffen und Vorurteile abbauen.

Beispiele erfolgreicher Initiativen

Kye verweist auf erfolgreiche Beispiele aus der Vergangenheit, die als Inspiration dienen können. Eine bemerkenswerte Initiative ist das *Zyoris Diversity Festival*, das jährlich stattfindet und Menschen aus verschiedenen Kulturen zusammenbringt, um ihre Traditionen und Werte zu teilen. Dieses Festival hat nicht nur das Bewusstsein für kulturelle Vielfalt geschärft, sondern auch eine Plattform geschaffen, auf der Menschen miteinander in Dialog treten können.

Ein weiteres Beispiel ist die *Kampagne für Teilchen-Phasen-Ehen*, die von Kyes Widerstandsgruppe initiiert wurde. Diese Kampagne hat nicht nur auf die Ungerechtigkeit des Anti-Teilchen-Phasen-Eheverbots hingewiesen, sondern auch eine breite Unterstützung innerhalb der Gemeinschaft mobilisiert, die letztendlich zu einer Gesetzesänderung führte.

Kyes Hoffnung für die Zukunft

Kyes Vision für eine inklusive Gesellschaft ist nicht nur ein Traum, sondern ein erreichbares Ziel. Sie glaubt fest daran, dass durch Bildung, Zusammenarbeit und Engagement jeder Einzelne einen Beitrag zu dieser Vision leisten kann. Kye ermutigt alle Bürger von Zyoris, aktiv zu werden und sich für eine gerechtere und inklusivere Gesellschaft einzusetzen. Ihre Botschaft ist klar: „*Gemeinsam können wir die Mauern der Diskriminierung niederreißen und eine Welt schaffen, in der jeder Mensch in seiner Einzigartigkeit geschätzt wird.*"

Lektionen aus dem Aktivismus

Der Aktivismus ist eine Reise voller Herausforderungen, Triumphe und Lektionen, die nicht nur die Individuen, die sich engagieren, sondern auch die Gesellschaft als Ganzes prägen. In diesem Abschnitt werden wir die wesentlichen Lektionen untersuchen, die Kye Fael aus ihrem Aktivismus gewonnen hat, und wie diese Erkenntnisse sowohl für zukünftige Generationen von Aktivisten als auch für die Gesellschaft auf Zyoris von Bedeutung sind.

1. Die Kraft der Gemeinschaft

Eine der zentralen Lektionen, die Kye gelernt hat, ist die immense Kraft der Gemeinschaft. Aktivismus ist selten eine Einzelanstrengung; vielmehr entsteht er aus der Zusammenarbeit und der Solidarität unter Gleichgesinnten. Kye erkannte, dass die Mobilisierung von Unterstützern und die Bildung von Allianzen entscheidend sind, um eine Bewegung voranzutreiben. Die Gründung ihrer

Widerstandsgruppe war ein direktes Ergebnis dieser Erkenntnis. Sie stellte fest, dass die Stimmen vieler Menschen zusammen eine größere Wirkung erzielen können als die eines Einzelnen.

2. Resilienz und Durchhaltevermögen

Der Weg des Aktivismus ist oft steinig und von Rückschlägen geprägt. Kye erlebte zahlreiche Misserfolge, sei es durch politische Repression oder durch interne Konflikte innerhalb ihrer Gruppe. Diese Erfahrungen lehrten sie die Bedeutung von Resilienz. Sie entwickelte Strategien, um mit Enttäuschungen umzugehen und sich immer wieder neu zu motivieren. Kyes Fähigkeit, aus Rückschlägen zu lernen und sich anzupassen, wurde zu einem zentralen Bestandteil ihrer Identität als Aktivistin.

3. Bildung als Schlüssel zum Wandel

Kye erkannte, dass Bildung eine der mächtigsten Waffen im Kampf für soziale Gerechtigkeit ist. Durch Aufklärung und Informationsverbreitung konnte sie viele Menschen erreichen und sie für die Anliegen ihrer Bewegung sensibilisieren. Die Rolle von Bildung erstreckt sich über formale Bildung hinaus; es geht auch darum, das Bewusstsein für soziale Probleme zu schärfen und Menschen zu ermutigen, kritisch zu denken. Kye initiierte Workshops und Informationsveranstaltungen, um das Wissen über Teilchen-Phasen-Ehen und die damit verbundenen Herausforderungen zu verbreiten.

4. Die Bedeutung von Selbstfürsorge

In der Hektik des Aktivismus kann die Selbstfürsorge leicht in den Hintergrund gedrängt werden. Kye lernte, dass es entscheidend ist, auf sich selbst zu achten, um langfristig effektiv arbeiten zu können. Sie erkannte, dass Burnout nicht nur die Aktivisten selbst, sondern auch die Bewegung als Ganzes gefährden kann. Durch die Implementierung von regelmäßigen Pausen, der Pflege sozialer Kontakte und der Achtsamkeit konnte Kye ihre Energie und Leidenschaft für den Aktivismus aufrechterhalten.

5. Der Einfluss von Medien

Kyes Erfahrungen zeigten, dass die Medien sowohl eine Herausforderung als auch eine Chance für Aktivisten darstellen. Die Berichterstattung über ihre Demonstrationen konnte die Sichtbarkeit ihrer Anliegen erhöhen und neue

Unterstützer mobilisieren. Gleichzeitig war Kye sich bewusst, dass die Medien auch verzerrte oder negative Narrative verbreiten können. Sie entwickelte daher eine Strategie, um proaktiv mit den Medien zu kommunizieren und sicherzustellen, dass ihre Botschaft klar und positiv vermittelt wurde.

6. Politische Prozesse verstehen

Ein weiterer wichtiger Aspekt, den Kye lernte, war das Verständnis der politischen Prozesse. Aktivismus erfordert nicht nur Leidenschaft, sondern auch Wissen über die Strukturen, die Entscheidungen beeinflussen. Kye bildete sich in den Bereichen Lobbyarbeit und politischer Einfluss weiter, um effektiver auf Entscheidungsträger einzuwirken. Sie erkannte, dass es oft notwendig ist, hinter den Kulissen zu arbeiten, um Veränderungen herbeizuführen.

7. Die Rolle von Kunst und Kreativität

Kunst und Kreativität spielten eine entscheidende Rolle in Kyes Aktivismus. Sie verstand, dass kreative Ausdrucksformen wie Musik, Theater und bildende Kunst nicht nur Mittel zur Mobilisierung sind, sondern auch eine Möglichkeit, Emotionen zu kommunizieren und eine tiefere Verbindung zu den Menschen herzustellen. Kyes Engagement in der Kunstszene half, die Anliegen ihrer Bewegung auf eine Weise zu präsentieren, die sowohl ansprechend als auch einprägsam war.

8. Die Notwendigkeit von Diversität

Kye lernte, dass Diversität innerhalb einer Bewegung nicht nur wünschenswert, sondern notwendig ist. Unterschiedliche Perspektiven und Erfahrungen bereichern die Diskussion und stärken die Bewegung insgesamt. Kye setzte sich aktiv dafür ein, dass verschiedene Stimmen gehört werden, insbesondere die von marginalisierten Gruppen. Diese Inklusivität führte zu einer stärkeren und widerstandsfähigeren Bewegung.

9. Der langfristige Charakter von Veränderungen

Eine der größten Lektionen, die Kye aus ihrem Aktivismus zog, war die Erkenntnis, dass Veränderungen Zeit benötigen. Sofortige Ergebnisse sind selten, und der Kampf für soziale Gerechtigkeit ist oft ein Marathon, kein Sprint. Kye lernte, Geduld zu haben und die kleinen Siege zu feiern, während sie gleichzeitig den Blick auf das größere Ziel gerichtet hielt.

10. Die Verantwortung der nächsten Generation

Abschließend erkannte Kye, dass es ihre Verantwortung ist, die nächste Generation von Aktivisten zu inspirieren und zu unterstützen. Sie begann, Mentorship-Programme zu initiieren, um jungen Menschen die Werkzeuge und das Wissen zu vermitteln, die sie benötigen, um selbst aktiv zu werden. Kyes Engagement für die Zukunft des Aktivismus zeigt, dass der Kampf für Gleichheit und Gerechtigkeit niemals endet, sondern von Generation zu Generation weitergegeben wird.

Zusammenfassend lässt sich sagen, dass die Lektionen, die Kye Fael aus ihrem Aktivismus gezogen hat, nicht nur für sie selbst, sondern auch für alle, die sich für soziale Gerechtigkeit einsetzen, von großer Bedeutung sind. Diese Erkenntnisse bieten wertvolle Einsichten in die Dynamik des Aktivismus und die Herausforderungen, denen sich Aktivisten gegenübersehen. Durch das Teilen dieser Lektionen trägt Kye dazu bei, eine informierte und engagierte Gemeinschaft von zukünftigen Aktivisten zu fördern, die bereit sind, für eine gerechtere Gesellschaft zu kämpfen.

Kyes Vermächtnis und zukünftige Generationen

Kye Fael hat nicht nur als Bürgerrechtsaktivist auf Zyoris Spuren hinterlassen, sondern auch eine Vision für zukünftige Generationen geformt, die über die Grenzen seiner Zeit hinausreicht. Sein Vermächtnis ist ein komplexes Geflecht aus Idealen, Prinzipien und praktischen Veränderungen, die die Gesellschaft auf Zyoris nachhaltig beeinflusst haben. In diesem Abschnitt wird untersucht, wie Kyes Engagement für Gleichheit und Gerechtigkeit die nachfolgenden Generationen inspirieren kann und welche Herausforderungen sie möglicherweise bewältigen müssen.

Die Grundlagen von Kyes Vermächtnis

Kyes Vermächtnis ist tief in den Werten der Gleichheit, Inklusion und Solidarität verwurzelt. Diese Werte sind nicht nur abstrakte Konzepte, sondern werden durch konkrete Maßnahmen und Errungenschaften untermauert, die Kye während seiner Aktivismuszeit erreicht hat. Ein zentrales Element seines Erbes ist die **Kampagne gegen das Anti-Teilchen-Phasen-Eheverbot**, die nicht nur rechtliche, sondern auch gesellschaftliche Veränderungen angestoßen hat.

Die theoretischen Grundlagen seines Aktivismus lassen sich durch die *Theorie der sozialen Gerechtigkeit* erklären, die besagt, dass jeder Mensch ein Recht auf Gleichbehandlung und Teilhabe an der Gesellschaft hat. Kyes Philosophie war es, dass die Anerkennung und der Respekt für unterschiedliche Identitäten und Lebensweisen die Grundlage für eine gerechte Gesellschaft bilden.

Einfluss auf zukünftige Generationen

Kyes Einfluss erstreckt sich über Generationen hinweg. Seine Vision für eine inklusive Gesellschaft hat junge Aktivisten inspiriert, die sich für die Rechte von Minderheiten und unterdrückten Gruppen einsetzen. Ein Beispiel hierfür ist die Gründung von Jugendorganisationen, die sich mit den Themen *Identität, Gleichheit und sozialer Gerechtigkeit* befassen. Diese Gruppen nutzen Kyes Prinzipien, um neue Strategien zu entwickeln, die auf die Herausforderungen der heutigen Zeit reagieren.

Ein bemerkenswerter Aspekt von Kyes Vermächtnis ist die Bedeutung von **Mentorship**. Kye hat viele junge Menschen ermutigt und ihnen die Werkzeuge gegeben, die sie benötigen, um sich in der Welt des Aktivismus zu orientieren. Diese Mentorship-Programme haben nicht nur die persönliche Entwicklung gefördert, sondern auch das Bewusstsein für gesellschaftliche Probleme geschärft.

Herausforderungen für zukünftige Generationen

Trotz der positiven Auswirkungen von Kyes Arbeit stehen zukünftige Generationen vor erheblichen Herausforderungen. Die **Repression durch autoritäre Regierungen** bleibt ein zentrales Problem, das den Fortschritt behindern kann. Die Theorie der *Repressionstheorie* besagt, dass unterdrückende Maßnahmen das Engagement der Bürger hemmen können. Daher ist es entscheidend, dass junge Aktivisten Strategien entwickeln, um mit solchen Repressionen umzugehen und ihre Stimmen trotz der Risiken zu erheben.

Ein weiteres Problem ist die **Fragmentierung der Bewegung**. In einer zunehmend polarisierten Welt kann es schwierig sein, eine vereinte Front zu bilden. Kyes Ansatz, der auf Solidarität und Zusammenarbeit abzielte, bleibt entscheidend. Zukünftige Generationen müssen lernen, wie sie Allianzen über verschiedene soziale, kulturelle und politische Grenzen hinweg bilden können, um eine starke und kohärente Bewegung zu gewährleisten.

Die Rolle der Bildung

Ein zentraler Aspekt von Kyes Vermächtnis ist die Bedeutung von **Bildung** in der Aktivismusarbeit. Kye glaubte fest daran, dass Wissen Macht ist. Er setzte sich dafür ein, dass Bildung nicht nur für die privilegierten Schichten zugänglich ist, sondern auch für marginalisierte Gruppen. Programme, die sich auf die

Aufklärung über Bürgerrechte und soziale Gerechtigkeit konzentrieren, sind entscheidend, um das Bewusstsein in der Gesellschaft zu schärfen und zukünftige Generationen zu befähigen, aktiv zu werden.

Die *Bildungstheorie von Paulo Freire* legt nahe, dass Bildung ein Akt der Freiheit und nicht der Unterdrückung sein sollte. Kyes Engagement für Bildung spiegelt diese Philosophie wider, indem er Lernräume schafft, in denen junge Menschen ihre Stimmen erheben und ihre Identitäten entdecken können.

Ein Aufruf zum Handeln

Kyes Vermächtnis ist ein Aufruf zum Handeln für zukünftige Generationen. Es ermutigt sie, die Fackel des Aktivismus weiterzutragen und für die Ideale von Gleichheit und Gerechtigkeit einzutreten. Kyes Philosophie, dass jeder Einzelne einen Unterschied machen kann, bleibt ein zentraler Bestandteil seines Erbes.

Die **Kraft des individuellen Engagements** wird durch die Gleichung $E = mc^2$ symbolisiert, wobei E für die Energie steht, die durch das Engagement eines Einzelnen erzeugt wird, und m die Masse der Ideen und Werte repräsentiert, die in die Bewegung eingebracht werden. Diese Energie kann exponentiell wachsen, wenn mehr Menschen sich zusammenschließen und für eine gemeinsame Sache kämpfen.

Schlussfolgerung

Zusammenfassend lässt sich sagen, dass Kyes Vermächtnis nicht nur in den Veränderungen, die er während seines Lebens bewirkt hat, verwurzelt ist, sondern auch in der Inspiration, die er zukünftigen Generationen bietet. Seine Werte von Gleichheit, Solidarität und Bildung sind zeitlos und bieten eine solide Grundlage für den fortwährenden Kampf um soziale Gerechtigkeit. Die Herausforderungen, die vor uns liegen, sind beträchtlich, aber mit dem Erbe von Kye Fael als Leitfaden können zukünftige Aktivisten eine gerechtere und inklusivere Gesellschaft aufbauen.

Fazit und Ausblick

Zusammenfassung von Kyes Leben

Die wichtigsten Meilensteine

Die Biografie von Kye Fael ist geprägt von bedeutenden Meilensteinen, die nicht nur ihr persönliches Leben, sondern auch die gesellschaftliche Entwicklung auf Zyoris nachhaltig beeinflussten. Diese Meilensteine sind nicht nur chronologische Ereignisse, sondern auch Wendepunkte, die die Richtung des Aktivismus und die Wahrnehmung von Teilchen-Phasen-Ehen in der Gesellschaft prägten.

Frühe Erweckung des Bewusstseins

Ein entscheidender Meilenstein in Kyes Leben war die Entdeckung der Ungerechtigkeiten, die Teilchen-Phasen-Ehen betrafen. In ihrer Jugend erlebte Kye, wie enge Freunde und Familienmitglieder aufgrund ihrer Identität und ihrer Liebe diskriminiert wurden. Diese persönlichen Erfahrungen führten zu einer tiefen Auseinandersetzung mit den Themen Gleichheit und Gerechtigkeit. Kyes erste öffentliche Rede, gehalten während eines Schulprojekts zur Aufklärung über Bürgerrechte, markierte den Beginn ihres Engagements. Sie sprach über die Bedeutung von Akzeptanz und die Notwendigkeit, gegen Diskriminierung zu kämpfen.

Gründung der Widerstandsgruppe

Ein weiterer Meilenstein war die Gründung einer Widerstandsgruppe, die sich gegen das Anti-Teilchen-Phasen-Eheverbot richtete. Diese Gruppe, die aus Gleichgesinnten und Unterstützern bestand, organisierte sich, um die Stimmen der Betroffenen zu vereinen. Die Strategie der Gruppe basierte auf der Mobilisierung der Gemeinschaft durch kreative Protestformen, soziale Medien und Aufklärungskampagnen. Kyes Fähigkeit, Menschen zu inspirieren und zu mobilisieren, war entscheidend für den Erfolg dieser Initiative.

Die große Demonstration

Die große Demonstration, die Kye und ihre Gruppe organisierten, stellte einen der bedeutendsten Meilensteine dar. Diese Veranstaltung zog tausende von Unterstützern an und wurde zu einem Symbol des Widerstands gegen das Anti-Teilchen-Phasen-Eheverbot. Kyes Rede an diesem Tag war nicht nur eine Aufforderung zum Handeln, sondern auch eine kraftvolle Botschaft der Hoffnung und des Wandels. Die Reaktionen der Öffentlichkeit waren überwältigend und führten zu einer breiten Diskussion über Bürgerrechte und Gleichheit auf Zyoris.

Politische Veränderungen

Nach der Demonstration begann die Regierung, die Forderungen der Aktivisten ernst zu nehmen. Ein wichtiger Meilenstein war die Einbringung eines Gesetzesentwurfs zur Aufhebung des Anti-Teilchen-Phasen-Eheverbots. Kyes Einfluss auf politische Entscheidungsträger war entscheidend, um die Diskussion in die politische Arena zu bringen. Die Zusammenarbeit mit anderen Organisationen und internationalen Unterstützern verstärkte den Druck auf die Regierung und führte zu einem Umdenken in der Gesellschaft.

Der Einfluss auf die Jugend

Kyes Engagement hatte auch einen tiefgreifenden Einfluss auf die Jugend von Zyoris. Durch Workshops, Schulbesuche und kreative Projekte inspirierte Kye junge Menschen, sich ebenfalls für Bürgerrechte einzusetzen. Die Gründung einer Jugendgruppe, die sich für Gleichheit und soziale Gerechtigkeit einsetzte, war ein weiterer bedeutender Schritt in Kyes Aktivismus. Diese Gruppe wurde zu einem Ort der Unterstützung und des Austauschs, wo junge Menschen ermutigt wurden, ihre Stimmen zu erheben und aktiv zu werden.

Langfristige Auswirkungen

Die Meilensteine in Kyes Leben führten zu langfristigen Veränderungen in der Gesellschaft auf Zyoris. Die Diskussion über Teilchen-Phasen-Ehen wurde durch Kyes Engagement und die Mobilisierung der Gemeinschaft neu beleuchtet. Kyes Philosophie, dass jeder das Recht auf Liebe und Akzeptanz hat, wurde zu einem zentralen Wert in der zyorianischen Gesellschaft. Diese Veränderungen sind nicht nur auf politischer Ebene spürbar, sondern auch im täglichen Leben der Menschen, die nun offener und toleranter miteinander umgehen.

Zusammenfassung der Meilensteine

Zusammenfassend lässt sich sagen, dass die wichtigsten Meilensteine in Kyes Leben nicht nur persönliche Erfolge darstellen, sondern auch bedeutende gesellschaftliche Veränderungen anstoßen. Von der frühen Erweckung des Bewusstseins über die Gründung einer Widerstandsgruppe bis hin zur großen Demonstration und den politischen Veränderungen, die folgten, zeigt Kyes Lebensweg, wie individueller Aktivismus einen kollektiven Wandel bewirken kann. Diese Meilensteine sind nicht nur Erinnerungen an vergangene Kämpfe, sondern auch Inspiration für zukünftige Generationen, die für Gleichheit und Gerechtigkeit eintreten werden.

$$\text{Gesellschaftlicher Wandel} = \text{Individueller Aktivismus} + \text{Gemeinschaftliche Mobilisierung} \tag{52}$$

Die Gleichung verdeutlicht, dass der gesellschaftliche Wandel nicht isoliert betrachtet werden kann. Er ist das Ergebnis von individuellem Engagement und der kollektiven Anstrengung einer Gemeinschaft. Kyes Geschichte ist ein lebendiges Beispiel dafür, wie wichtig es ist, für die eigenen Überzeugungen einzutreten und sich für eine gerechtere Welt einzusetzen.

Der Einfluss auf die Gesellschaft

Der Einfluss von Kye Fael auf die Gesellschaft von Zyoris ist nicht nur in den politischen Veränderungen zu spüren, die er angestoßen hat, sondern auch in der Art und Weise, wie die Gesellschaft über Teilchen-Phasen-Ehen und Bürgerrechte denkt. Kyes Engagement hat eine Welle von Bewusstsein und Aktivismus ausgelöst, die weit über die Grenzen seiner unmittelbaren Bewegung hinausgeht.

Theoretische Grundlagen

Die gesellschaftlichen Veränderungen, die durch Kyes Aktivismus initiiert wurden, können durch verschiedene theoretische Rahmenbedingungen erklärt werden. Eine zentrale Theorie ist die *Theorie des sozialen Wandels*, die postuliert, dass soziale Bewegungen als Katalysatoren für Veränderungen fungieren, indem sie bestehende Normen und Werte in Frage stellen und neue Paradigmen etablieren. Kyes Arbeit kann in diesem Kontext als ein Beispiel für *kollektive Identität* betrachtet werden, die es Individuen ermöglicht, sich zu organisieren und für gemeinsame Ziele zu kämpfen.

Ein weiterer relevanter theoretischer Ansatz ist die *Theorie der sozialen Gerechtigkeit*, die die Bedeutung von Gleichheit und Fairness in der Gesellschaft betont. Kyes Forderungen nach Gleichheit für Teilchen-Phasen-Ehen sind ein direktes Beispiel für den Kampf um soziale Gerechtigkeit, der nicht nur die Rechte einer bestimmten Gruppe, sondern das gesamte soziale Gefüge betrifft.

Gesellschaftliche Probleme

Trotz der Fortschritte, die durch Kyes Aktivismus erzielt wurden, bleibt die Gesellschaft von Zyoris mit tief verwurzelten Problemen konfrontiert. Diskriminierung und Vorurteile gegenüber Teilchen-Phasen-Ehen sind nach wie vor weit verbreitet. Diese Diskriminierung hat oft systemische Wurzeln, die in der Geschichte und Kultur von Zyoris verankert sind. Kye hat in seiner Rede oft betont, dass es notwendig ist, diese tief verwurzelten Überzeugungen zu hinterfragen und zu dekonstruieren, um eine wirklich inklusive Gesellschaft zu schaffen.

Ein Beispiel für diese Diskriminierung ist die *Soziale Isolation*, die viele Angehörige von Teilchen-Phasen-Ehen erfahren. Diese Isolation kann zu psychischen Problemen führen, die nicht nur die betroffenen Individuen, sondern auch die Gemeinschaft als Ganzes belasten. Kye hat in seinen Reden und Schriften betont, dass die Bekämpfung dieser Isolation eine der Prioritäten seines Aktivismus sein muss.

Beispiele für den Einfluss

Ein konkretes Beispiel für Kyes Einfluss ist die Einführung von Bildungsprogrammen, die sich mit der Thematik der Teilchen-Phasen-Ehen befassen. Diese Programme zielen darauf ab, das Bewusstsein für die Rechte und die Würde von Angehörigen dieser Ehen zu schärfen. Schulen und Universitäten auf Zyoris haben begonnen, diese Programme in ihre Lehrpläne zu integrieren, was zu einem grundlegenden Wandel in der Wahrnehmung dieser Ehen in der jüngeren Generation führt.

Ein weiteres Beispiel ist die *Zunahme von Medienberichterstattung*, die sich mit den Themen, die Kye aufwirft, beschäftigt. Vor seinem Aktivismus war die Berichterstattung über Teilchen-Phasen-Ehen oft einseitig oder gar nicht existent. Kyes Engagement hat dazu geführt, dass diese Themen nun in den

Mainstream-Medien behandelt werden, was zu einer breiteren Diskussion und einem besseren Verständnis in der Gesellschaft beiträgt.

Langfristige Auswirkungen

Die langfristigen Auswirkungen von Kyes Einfluss auf die Gesellschaft sind vielschichtig. Einerseits hat er dazu beigetragen, eine neue Generation von Aktivisten zu inspirieren, die sich für soziale Gerechtigkeit und Gleichheit einsetzen. Diese neue Generation hat Zugang zu Ressourcen und Netzwerken, die es ihnen ermöglichen, effektiver zu arbeiten und ihre Stimme zu erheben.

Andererseits gibt es auch strukturelle Veränderungen, die durch Kyes Arbeit angestoßen wurden. Die Einführung neuer Gesetze, die die Rechte von Teilchen-Phasen-Ehen schützen, ist ein direktes Ergebnis seiner Bemühungen. Diese Gesetze haben nicht nur rechtliche Auswirkungen, sondern auch symbolische Bedeutung, da sie eine Anerkennung der Vielfalt und der Rechte aller Bürger darstellen.

Fazit

Zusammenfassend lässt sich sagen, dass Kye Fael einen tiefgreifenden Einfluss auf die Gesellschaft von Zyoris hatte. Durch seine Theorien und Praktiken hat er nicht nur das Bewusstsein für die Rechte von Teilchen-Phasen-Ehen geschärft, sondern auch eine Bewegung ins Leben gerufen, die das Potenzial hat, die gesellschaftlichen Normen und Werte nachhaltig zu verändern. Der Weg zu einer inklusiven Gesellschaft ist zwar noch lang, aber Kyes Einfluss hat den Grundstein für eine gerechtere und gleichberechtigtere Zukunft gelegt.

Kyes Philosophie und Werte

Kye Fael verkörpert eine Philosophie, die auf den Prinzipien der Gleichheit, Gerechtigkeit und Solidarität basiert. Diese Werte sind nicht nur theoretische Konzepte, sondern leiten sich aus Kyes persönlichen Erfahrungen und dem tiefen Verständnis für die Herausforderungen ab, mit denen die Bürgerrechtsbewegung auf Zyoris konfrontiert ist. In diesem Abschnitt werden Kyes Philosophie und Werte eingehend untersucht, um zu verstehen, wie sie seinen Aktivismus geprägt haben.

Gleichheit als Grundwert

Kyes Überzeugung von Gleichheit ist tief verwurzelt in der Überzeugung, dass jeder Bürger, unabhängig von seiner Identität oder Herkunft, das Recht auf die gleichen Freiheiten und Chancen hat. Diese Vorstellung spiegelt sich in Kyes Engagement gegen das Anti-Teilchen-Phasen-Eheverbot wider. Kye argumentiert, dass die Ungleichheit, die durch solche Gesetze entsteht, nicht nur die betroffenen Individuen, sondern die gesamte Gesellschaft schwächt.

$$E = mc^2 \tag{53}$$

Hierbei steht E für die Energie, m für die Masse und c für die Lichtgeschwindigkeit. Kye verwendet diese Gleichung metaphorisch, um zu verdeutlichen, dass die Energie einer Gesellschaft direkt proportional zu ihrer Fähigkeit ist, Gleichheit zu fördern. Je mehr Gleichheit vorhanden ist, desto mehr Energie kann die Gesellschaft mobilisieren, um soziale Probleme zu lösen.

Gerechtigkeit und Fairness

Ein weiterer zentraler Wert in Kyes Philosophie ist die Gerechtigkeit. Kye glaubt, dass Gerechtigkeit nicht nur das Fehlen von Ungerechtigkeit bedeutet, sondern auch aktiv gefördert werden muss. Diese Auffassung wird durch Kyes Engagement in der Bildung und Aufklärung gestärkt. Er sieht Bildung als ein Werkzeug, um Ungerechtigkeiten zu bekämpfen und das Bewusstsein für die Rechte aller Bürger zu schärfen.

Kye zitiert oft den Philosophen John Rawls, der in seiner Theorie der Gerechtigkeit postuliert, dass eine gerechte Gesellschaft die Bedürfnisse der am meisten benachteiligten Mitglieder priorisieren sollte. Kyes Ansätze im Aktivismus sind stark von dieser Idee beeinflusst:

$$\text{Gerechtigkeit} = \frac{\text{Chancengleichheit}}{\text{Gesellschaftliche Teilhabe}} \tag{54}$$

Diese Formel verdeutlicht Kyes Überzeugung, dass Gerechtigkeit nur dann erreicht werden kann, wenn alle Mitglieder der Gesellschaft die gleichen Chancen haben, sich aktiv zu beteiligen.

Solidarität und Gemeinschaft

Kye betont die Bedeutung von Solidarität in seinem Aktivismus. Er glaubt, dass der Kampf für Bürgerrechte nicht isoliert, sondern in Gemeinschaften geführt werden muss. Solidarität bedeutet für Kye nicht nur, sich mit den Leidenden zu identifizieren, sondern auch aktiv für ihre Rechte einzutreten.

Ein Beispiel hierfür ist Kyes Zusammenarbeit mit anderen Aktivisten und Organisationen, um eine breite Basis für den Widerstand gegen das Anti-Teilchen-Phasen-Eheverbot zu schaffen. Diese kollektiven Anstrengungen sind entscheidend für den Erfolg des Aktivismus. Kye formuliert dies oft mit dem Satz:

$$S = \sum_{i=1}^{n} A_i \tag{55}$$

wobei S die Solidarität darstellt, die sich aus der Summe der individuellen Anstrengungen A_i ergibt. Dies zeigt, dass jeder Beitrag zählt und dass die Stärke der Bewegung in der Vielfalt ihrer Stimmen liegt.

Die Rolle der Identität

Kyes Philosophie ist auch stark von seiner eigenen Identität geprägt. Er sieht die Auseinandersetzung mit der eigenen Identität als einen fortlaufenden Prozess, der nicht nur das persönliche Wachstum fördert, sondern auch das Verständnis für andere Kulturen und Lebensweisen vertieft. Kye glaubt, dass die Akzeptanz und Feier der Vielfalt eine fundamentale Voraussetzung für eine gerechte Gesellschaft sind.

Kye verwendet oft das Bild einer „Vielfaltsblume", um zu verdeutlichen, wie verschiedene Identitäten zusammenkommen, um eine bunte und lebendige Gesellschaft zu schaffen. Diese Metapher wird durch die folgende Gleichung unterstützt:

$$V = \prod_{j=1}^{m} I_j \tag{56}$$

Hierbei steht V für die Vielfalt, I_j für die verschiedenen Identitäten und m für die Anzahl der Identitäten. Kye argumentiert, dass die Vielfalt exponentiell wächst, wenn verschiedene Identitäten zusammenkommen, was zu einer stärkeren und widerstandsfähigeren Gemeinschaft führt.

Kyes Vision für die Zukunft

Kyes Philosophie und Werte sind nicht nur auf die Gegenwart gerichtet, sondern auch auf die Zukunft. Er träumt von einer Gesellschaft, in der Gleichheit,

Gerechtigkeit und Solidarität nicht nur Ideale sind, sondern gelebte Realität. Kye sieht die Notwendigkeit, zukünftige Generationen in diesen Werten zu erziehen, um sicherzustellen, dass der Kampf für Bürgerrechte und soziale Gerechtigkeit fortgeführt wird.

Er schließt oft mit der Überzeugung, dass jeder Einzelne das Potenzial hat, Veränderungen herbeizuführen. Kyes Philosophie lässt sich zusammenfassen mit:

$$C = E + J + S \qquad\qquad (57)$$

wobei C für den gesellschaftlichen Wandel steht, der aus den Elementen E (Egalität), J (Gerechtigkeit) und S (Solidarität) resultiert. Diese Formel verdeutlicht, dass der Weg zu einer gerechteren Gesellschaft nur durch die Integration dieser drei Grundwerte möglich ist.

Insgesamt ist Kyes Philosophie und Werte ein Leitfaden für seinen Aktivismus und sein Engagement für eine bessere Zukunft. Sie sind das Fundament seiner Überzeugungen und motivieren ihn, für die Rechte aller Bürger auf Zyoris zu kämpfen.

Die Bedeutung von Bürgerrechten

Bürgerrechte sind fundamentale Rechte, die jedem Individuum zustehen und die essenziellen Bedingungen für ein gerechtes und gleichberechtigtes Zusammenleben in einer Gesellschaft schaffen. Sie sind nicht nur ein Ausdruck von Freiheit und Gleichheit, sondern auch ein Schutzmechanismus gegen Diskriminierung und Ungerechtigkeit. In dieser Sektion wollen wir die Bedeutung von Bürgerrechten im Kontext von Kye Faels Kampf gegen das Anti-Teilchen-Phasen-Eheverbot auf Zyoris beleuchten.

Theoretische Grundlagen der Bürgerrechte

Die Theorie der Bürgerrechte basiert auf den Prinzipien der Aufklärung, insbesondere den Ideen von Philosophen wie John Locke und Jean-Jacques Rousseau. Locke argumentierte, dass jeder Mensch natürliche Rechte auf Leben, Freiheit und Eigentum hat, die von der Gesellschaft respektiert werden müssen. Rousseau hingegen betonte die Bedeutung des Gesellschaftsvertrags, in dem Individuen ihre Rechte an die Gemeinschaft abtreten, um im Gegenzug Schutz und Ordnung zu erhalten.

Diese Theorien bilden die Grundlage für moderne Bürgerrechtsbewegungen, die sich für die rechtliche Gleichstellung aller Menschen einsetzen. Bürgerrechte umfassen unter anderem das Recht auf freie Meinungsäußerung, das Recht auf

Versammlungsfreiheit und das Recht auf Gleichheit vor dem Gesetz. Diese Rechte sind in vielen internationalen Dokumenten verankert, wie der Allgemeinen Erklärung der Menschenrechte der Vereinten Nationen.

Probleme und Herausforderungen

Trotz der theoretischen Anerkennung von Bürgerrechten gibt es in der Praxis erhebliche Herausforderungen. Diskriminierung aufgrund von Geschlecht, Rasse, sexueller Orientierung oder anderen Identitätsmerkmalen ist weit verbreitet. Auf Zyoris, wo Kye Fael aktiv ist, wird das Anti-Teilchen-Phasen-Eheverbot als ein Beispiel für strukturelle Diskriminierung betrachtet, das nicht nur die Rechte von Teilchen-Phasen-Ehen einschränkt, sondern auch die gesellschaftliche Akzeptanz und Integration dieser Gemeinschaft gefährdet.

Das Fehlen von Bürgerrechten kann zu einem Gefühl der Ohnmacht und Entfremdung führen. Viele Menschen, die von Diskriminierung betroffen sind, fühlen sich nicht in der Lage, für ihre Rechte einzutreten, was zu einer Spirale von Ungerechtigkeit und sozialer Isolation führen kann. Kye Fael erkennt diese Herausforderungen und nutzt sie als Antrieb für ihren Aktivismus. Sie sieht Bürgerrechte nicht nur als individuelle Ansprüche, sondern als kollektives Gut, das für die gesamte Gesellschaft von Bedeutung ist.

Beispiele für Bürgerrechtsbewegungen

Die Geschichte ist reich an Beispielen, in denen Bürgerrechtsbewegungen entscheidende Veränderungen herbeigeführt haben. Die Bürgerrechtsbewegung in den Vereinigten Staaten in den 1960er Jahren ist ein prägnantes Beispiel. Führer wie Martin Luther King Jr. und Rosa Parks setzten sich für die Gleichstellung der afroamerikanischen Bevölkerung ein und kämpften gegen rassistische Gesetze. Ihre Aktionen führten schließlich zur Verabschiedung des Civil Rights Act von 1964, der Diskriminierung aufgrund von Rasse, Hautfarbe, Religion, Geschlecht oder nationaler Herkunft verbot.

Ein weiteres Beispiel ist die LGBTQ+-Bewegung, die in den letzten Jahrzehnten weltweit an Bedeutung gewonnen hat. In vielen Ländern, einschließlich Zyoris, kämpfen Aktivisten wie Kye Fael für die Anerkennung von gleichgeschlechtlichen Ehen und den Schutz vor Diskriminierung. Die Legalisierung von gleichgeschlechtlichen Ehen in verschiedenen Ländern ist ein Beweis dafür, dass Bürgerrechte durch kollektives Handeln und Widerstand erkämpft werden können.

Die Rolle von Kye Fael im Kampf für Bürgerrechte

Kye Fael ist ein leuchtendes Beispiel für die Bedeutung von Bürgerrechten und den Einfluss, den eine Einzelperson auf die Gesellschaft haben kann. Durch ihren Aktivismus hat sie nicht nur das Bewusstsein für das Anti-Teilchen-Phasen-Eheverbot geschärft, sondern auch eine Bewegung ins Leben gerufen, die viele Menschen auf Zyoris mobilisiert hat. Ihre Fähigkeit, Menschen zu inspirieren und zu mobilisieren, zeigt, dass Bürgerrechte nicht nur abstrakte Konzepte sind, sondern konkrete Auswirkungen auf das Leben der Menschen haben.

Kyes Engagement verdeutlicht auch die Notwendigkeit von Solidarität und Gemeinschaft im Kampf für Bürgerrechte. Sie hat Netzwerke gebildet, die über die Grenzen von Zyoris hinausgehen, und hat internationale Unterstützung mobilisiert. Dies ist entscheidend, da viele der Herausforderungen, mit denen Bürgerrechtsaktivisten konfrontiert sind, globaler Natur sind und eine kollektive Antwort erfordern.

Schlussfolgerung

Zusammenfassend lässt sich sagen, dass Bürgerrechte eine zentrale Rolle in der Schaffung einer gerechten und gleichberechtigten Gesellschaft spielen. Sie sind nicht nur rechtliche Ansprüche, sondern auch moralische Verpflichtungen, die das Fundament für das Zusammenleben in einer vielfältigen Gemeinschaft bilden. Kye Faels Kampf gegen das Anti-Teilchen-Phasen-Eheverbot auf Zyoris ist ein eindrucksvolles Beispiel dafür, wie Bürgerrechte verteidigt und gefördert werden können. Der anhaltende Kampf für Bürgerrechte erfordert Engagement, Mut und die Bereitschaft, sich gegen Ungerechtigkeit zu erheben. Nur durch kollektives Handeln und die Unterstützung von Bürgerrechten können wir eine Zukunft schaffen, in der alle Menschen in Würde und Gleichheit leben können.

Kyes Vision für die Zukunft

Kye Fael hat eine klare und inspirierende Vision für die Zukunft von Zyoris, die auf den Prinzipien von Gleichheit, Gerechtigkeit und Inklusion basiert. Diese Vision ist nicht nur eine Reaktion auf die bestehenden Ungerechtigkeiten, sondern auch ein Leitbild, das die Gesellschaft in eine neue Ära führen soll. Kyes Überzeugung ist, dass wahre Veränderung nur dann erreicht werden kann, wenn alle Bürger, unabhängig von ihrer Identität oder ihrem Hintergrund, in den Entscheidungsprozess einbezogen werden.

Die Grundpfeiler von Kyes Vision

Kyes Vision für die Zukunft basiert auf mehreren Grundpfeilern, die als Leitlinien für den sozialen und politischen Wandel dienen sollen:

- **Gleichheit für alle:** Kye glaubt an eine Gesellschaft, in der alle Wesen, unabhängig von ihrer Herkunft oder ihren besonderen Fähigkeiten, die gleichen Rechte und Chancen erhalten. Dies schließt insbesondere die Anerkennung und Legalisierung von Teilchen-Phasen-Ehen ein, um die Vielfalt der Beziehungen zu feiern und zu schützen.

- **Bildung und Aufklärung:** Bildung ist ein zentraler Bestandteil von Kyes Vision. Sie setzt sich für eine umfassende Bildung ein, die nicht nur akademisches Wissen vermittelt, sondern auch soziale und emotionale Kompetenzen fördert. Kye sieht in der Bildung ein Werkzeug, um Vorurteile abzubauen und ein tieferes Verständnis für die verschiedenen Kulturen und Lebensweisen zu schaffen.

- **Partizipation und Mitbestimmung:** Kye fordert eine stärkere Einbindung der Bürger in politische Entscheidungsprozesse. Sie ist der Überzeugung, dass die Stimmen der Gemeinschaft gehört werden müssen, um eine gerechte Gesellschaft zu schaffen. Dies könnte durch regelmäßige Bürgerforen, Umfragen und partizipative Entscheidungsfindung geschehen.

- **Nachhaltigkeit und Verantwortung:** Ein weiterer wichtiger Aspekt von Kyes Vision ist die Verantwortung gegenüber der Umwelt und zukünftigen Generationen. Sie plädiert für nachhaltige Praktiken in der Politik, der Wirtschaft und im täglichen Leben, um Zyoris als einen lebenswerten Ort für alle zu erhalten.

Herausforderungen auf dem Weg zur Umsetzung

Trotz ihrer klaren Vision sieht Kye auch zahlreiche Herausforderungen, die überwunden werden müssen, um ihre Ziele zu erreichen. Einige dieser Herausforderungen sind:

- **Widerstand gegen Veränderungen:** Viele Menschen in Zyoris sind an traditionelle Werte und Normen gebunden, was den Fortschritt behindern kann. Kye weiß, dass es notwendig ist, diese Widerstände zu adressieren und durch Aufklärung und Dialog abzubauen.

- **Politische Repression:** Die Regierung hat in der Vergangenheit versucht, Bürgerrechtsbewegungen zu unterdrücken. Kye ist sich der Risiken bewusst, die mit ihrem Aktivismus verbunden sind, und arbeitet daran, Strategien zu entwickeln, um diese Repressionen zu überwinden.

- **Ressourcenmangel:** Um ihre Vision umzusetzen, benötigt Kye Unterstützung in Form von Ressourcen, sei es finanzieller Natur oder durch ehrenamtliche Hilfe. Der Aufbau von Netzwerken und Allianzen ist entscheidend, um die nötigen Mittel zu mobilisieren.

Praktische Schritte zur Verwirklichung der Vision

Um ihre Vision in die Tat umzusetzen, hat Kye einen klaren Aktionsplan entwickelt, der folgende Schritte umfasst:

1. **Sensibilisierungskampagnen:** Kye plant, Kampagnen zu starten, die das Bewusstsein für die Rechte von Teilchen-Phasen-Ehen schärfen und die Gesellschaft über die Vorteile einer inklusiven Politik aufklären.

2. **Bildungsinitiativen:** Die Gründung von Workshops und Bildungsprogrammen, die sich mit Themen wie Gleichheit, Diversität und sozialer Gerechtigkeit befassen, ist ein zentraler Bestandteil von Kyes Plan. Diese Initiativen sollen sowohl in Schulen als auch in der breiten Öffentlichkeit stattfinden.

3. **Lobbyarbeit:** Kye möchte mit politischen Entscheidungsträgern zusammenarbeiten, um Gesetzesentwürfe zu entwickeln, die die Rechte von Teilchen-Phasen-Ehen schützen. Dies erfordert eine starke Lobbyarbeit und die Unterstützung von Gleichgesinnten.

4. **Aufbau von Gemeinschaftsnetzwerken:** Kye plant, Netzwerke von Unterstützern und Aktivisten zu schaffen, die sich für die gleichen Ziele einsetzen. Diese Netzwerke sollen als Plattform für den Austausch von Ideen und Ressourcen dienen.

5. **Internationale Kooperation:** Kye erkennt die Bedeutung internationaler Unterstützung und plant, Partnerschaften mit Organisationen auf der Erde und anderen Planeten zu bilden, die ähnliche Ziele verfolgen.

Ein Beispiel für die Zukunft

Ein konkretes Beispiel für Kyes Vision könnte die Schaffung eines jährlichen Festivals der Teilchen-Phasen-Kultur sein, bei dem die Vielfalt und Einzigartigkeit der verschiedenen Beziehungen gefeiert wird. Dieses Festival könnte Kunst, Musik, Bildung und Diskussionen umfassen und als Plattform dienen, um die Gemeinschaft zusammenzubringen und das Bewusstsein für die Rechte von Teilchen-Phasen-Ehen zu fördern. Solche Veranstaltungen könnten auch dazu beitragen, Vorurteile abzubauen und ein Gefühl der Zugehörigkeit zu schaffen.

Fazit

Kyes Vision für die Zukunft ist eine kraftvolle und transformative Vorstellung, die auf der Überzeugung basiert, dass jeder Einzelne das Potenzial hat, Veränderungen herbeizuführen. Durch Bildung, Partizipation und das Streben nach Gleichheit möchte Kye eine Gesellschaft schaffen, die nicht nur gerecht, sondern auch inklusiv ist. Ihre Vision ist ein Aufruf an alle Bürger von Zyoris, sich aktiv an der Gestaltung einer besseren Zukunft zu beteiligen und die Prinzipien von Gerechtigkeit und Gleichheit in den Mittelpunkt ihrer Bemühungen zu stellen. Nur gemeinsam kann die Gesellschaft die Herausforderungen überwinden und eine Zukunft schaffen, die für alle lebenswert ist.

Die Rolle von Aktivismus in der Gesellschaft

Aktivismus spielt eine entscheidende Rolle in der Gesellschaft, indem er soziale, politische und wirtschaftliche Veränderungen anstrebt. Er ist oft der Motor des Wandels und hat in der Geschichte zahlreiche Erfolge erzielt. In dieser Sektion werden wir die theoretischen Grundlagen des Aktivismus, die Herausforderungen, denen Aktivisten gegenüberstehen, sowie einige prägnante Beispiele für erfolgreichen Aktivismus untersuchen.

Theoretische Grundlagen des Aktivismus

Aktivismus kann aus verschiedenen theoretischen Perspektiven betrachtet werden. Eine der prominentesten Theorien ist die **Theorie des sozialen Wandels**, die besagt, dass gesellschaftliche Veränderungen durch kollektives Handeln und Mobilisierung von Individuen erreicht werden können. Diese Theorie wird oft mit dem *kollektiven Handlungsrahmen* in Verbindung gebracht, der besagt, dass Menschen sich zusammenschließen, um gegen Ungerechtigkeiten zu kämpfen, die sie als kollektiv erlitten ansehen.

Ein weiteres wichtiges Konzept ist die **Theorie der sozialen Bewegungen**, die sich mit den Bedingungen befasst, unter denen soziale Bewegungen entstehen, sich entwickeln und erfolgreich sind. Laut Charles Tilly (2004) sind soziale Bewegungen „kollektive Aktionen, die auf die Veränderung der gesellschaftlichen Normen und Werte abzielen". Die Theorie betont die Bedeutung von Ressourcen, Mobilisierung und dem sozialen Kontext.

Herausforderungen des Aktivismus

Trotz seiner positiven Auswirkungen sieht sich Aktivismus zahlreichen Herausforderungen gegenüber. Eine der größten Hürden ist die **Repression durch den Staat**. Regierungen können Maßnahmen ergreifen, um Aktivisten zum Schweigen zu bringen, sei es durch Gesetze, die die Versammlungsfreiheit einschränken, oder durch direkte Gewalt gegen Demonstranten.

Ein Beispiel hierfür ist die Reaktion der Regierung von Zyoris auf die Proteste gegen das Anti-Teilchen-Phasen-Eheverbot. Aktivisten wurden häufig mit Festnahmen, Überwachung und Einschüchterung konfrontiert, was die Mobilisierung erheblich erschwerte.

Ein weiteres Problem ist die **Fragmentierung innerhalb der Bewegung**. Oft gibt es unterschiedliche Ansichten und Strategien innerhalb einer Bewegung, die zu internen Konflikten führen können. Dies kann die Effektivität der Bewegung untergraben und den Fortschritt verlangsamen.

Beispiele für erfolgreichen Aktivismus

Ein bemerkenswertes Beispiel für erfolgreichen Aktivismus ist die **Bürgerrechtsbewegung in den USA** in den 1960er Jahren. Führende Persönlichkeiten wie Martin Luther King Jr. und Rosa Parks mobilisierten Millionen von Menschen, um gegen Rassendiskriminierung zu kämpfen. Ihre Strategien umfassten friedliche Proteste, Boykotte und rechtliche Anfechtungen, die letztlich zur Verabschiedung des Civil Rights Act von 1964 führten.

Ein weiteres Beispiel ist die **Umweltbewegung**, die in den letzten Jahrzehnten an Bedeutung gewonnen hat. Aktivisten wie Greta Thunberg haben mit ihrer *Fridays for Future*-Bewegung Millionen von Menschen weltweit mobilisiert, um auf die dringenden Herausforderungen des Klimawandels aufmerksam zu machen. Diese Bewegung hat nicht nur das Bewusstsein geschärft, sondern auch politische Veränderungen angestoßen, indem sie Regierungen unter Druck setzte, nachhaltigere Politiken zu verfolgen.

Schlussfolgerung

Aktivismus ist ein unverzichtbarer Bestandteil einer dynamischen und gerechten Gesellschaft. Er fördert nicht nur das Bewusstsein für soziale Probleme, sondern mobilisiert auch Gemeinschaften, um für Veränderungen zu kämpfen. Trotz der Herausforderungen, denen Aktivisten gegenüberstehen, bleibt ihr Einfluss auf die Gesellschaft unbestreitbar. Die Rolle des Aktivismus wird auch in Zukunft entscheidend sein, um die Werte von Gleichheit, Gerechtigkeit und Menschenrechten zu verteidigen und zu fördern.

$$\text{Erfolg des Aktivismus} = \text{Mobilisierung} \times \text{Ressourcen} \times \text{Solidarität} \qquad (58)$$

Herausforderungen, die noch bestehen

Trotz der bedeutenden Fortschritte, die Kye Fael und die Bürgerrechtsbewegung auf Zyoris erzielt haben, bestehen nach wie vor erhebliche Herausforderungen, die die vollständige Gleichstellung und Akzeptanz von Teilchen-Phasen-Ehen behindern. Diese Herausforderungen sind vielschichtig und erfordern sowohl politische als auch gesellschaftliche Lösungen.

Gesetzliche Hürden

Eine der größten Herausforderungen ist die anhaltende Existenz diskriminierender Gesetze. Obwohl das Anti-Teilchen-Phasen-Eheverbot in vielen Regionen Zyoris aufgehoben wurde, gibt es immer noch Gebiete, in denen solche Gesetze in Kraft sind. Diese Gesetze schaffen eine rechtliche Unsicherheit für Paare, die in Teilchen-Phasen-Ehen leben möchten. Der Zugang zu rechtlichen Schutzmechanismen, wie beispielsweise Erbschaftsrechten und Sozialleistungen, bleibt für diese Paare oft eingeschränkt.

Die Gleichung für den rechtlichen Schutz kann wie folgt dargestellt werden:

$$R = \frac{L}{C} \qquad (59)$$

wobei R der rechtliche Schutz, L die Anzahl der bestehenden Gesetze zum Schutz von Teilchen-Phasen-Ehen und C die Anzahl der diskriminierenden Gesetze ist. Ein höherer Wert von R zeigt einen besseren rechtlichen Schutz an.

Gesellschaftliche Vorurteile

Neben den gesetzlichen Hürden bestehen auch tief verwurzelte gesellschaftliche Vorurteile und Stereotypen, die die Akzeptanz von Teilchen-Phasen-Ehen behindern. Viele Bürger auf Zyoris haben Schwierigkeiten, die Vielfalt der Beziehungen zu akzeptieren, die über die traditionellen Normen hinausgehen. Diese Vorurteile äußern sich in Diskriminierung, Mobbing und sozialer Isolation.

Um diese Vorurteile zu überwinden, sind Bildungsinitiativen erforderlich, die auf Aufklärung und Sensibilisierung abzielen. Programme, die die Vorteile von Diversität und Inklusion hervorheben, können dazu beitragen, die gesellschaftliche Wahrnehmung zu verändern.

Politische Fragmentierung

Ein weiteres Problem ist die politische Fragmentierung innerhalb der Bürgerrechtsbewegung. Verschiedene Gruppen haben unterschiedliche Prioritäten und Strategien, was zu einem Mangel an Einheit und Koordination führt. Diese Fragmentierung kann die Effektivität von Kampagnen verringern und die Fähigkeit, politische Veränderungen herbeizuführen, beeinträchtigen.

Die folgende Gleichung beschreibt die Fragmentierung:

$$F = \frac{D}{T} \tag{60}$$

wobei F die Fragmentierung, D die Anzahl der unterschiedlichen Gruppen mit unterschiedlichen Zielen und T die Gesamtzahl der Gruppen ist. Eine höhere Fragmentierung bedeutet, dass die Bewegung weniger kohärent und effektiver ist.

Zugang zu Ressourcen

Der Zugang zu Ressourcen, einschließlich finanzieller Unterstützung und Medienpräsenz, bleibt eine Herausforderung. Viele Organisationen, die sich für die Rechte von Teilchen-Phasen-Ehen einsetzen, kämpfen um finanzielle Mittel und Sichtbarkeit. Ohne ausreichende Ressourcen können diese Organisationen ihre Programme nicht effektiv umsetzen und die notwendige Reichweite erzielen.

Internationale Herausforderungen

Zudem gibt es internationale Herausforderungen, die die Bewegung auf Zyoris beeinflussen. Die globale Diskriminierung von LGBTQ+-Rechten, einschließlich der Rechte von Teilchen-Phasen-Ehen, führt zu einem Klima der Unsicherheit und Angst. Die Unterstützung von internationalen Organisationen kann zwar hilfreich sein, aber der Einfluss von Ländern, in denen solche Beziehungen weiterhin kriminalisiert werden, kann die Fortschritte auf Zyoris gefährden.

Zusammenfassung

Zusammenfassend lässt sich sagen, dass trotz der Erfolge von Kye Fael und anderen Aktivisten auf Zyoris die Herausforderungen, die noch bestehen, sowohl rechtlicher, gesellschaftlicher als auch politischer Natur sind. Es ist entscheidend, dass die Bürgerrechtsbewegung weiterhin zusammenarbeitet, um diese Hürden zu überwinden und eine gerechtere und inklusivere Gesellschaft zu schaffen. Der Kampf für Gleichheit ist noch lange nicht vorbei, und es bedarf eines kollektiven Engagements, um die Vision von Kye Fael für eine gerechte Gesellschaft zu verwirklichen.

Kyes Aufruf zum Handeln

Kye Fael, als herausragende Stimme des Widerstands gegen das Anti-Teilchen-Phasen-Eheverbot auf Zyoris, hat eine klare und eindringliche Botschaft formuliert: Der Kampf für Gleichheit und Gerechtigkeit erfordert nicht nur Mut, sondern auch aktives Handeln von jedem Einzelnen. Kyes Aufruf zum Handeln ist eine Aufforderung an die Gesellschaft, sich nicht in Schweigen zu hüllen, sondern die Stimme zu erheben und für die Rechte aller Bürger zu kämpfen.

Die Dringlichkeit des Handelns

Die gegenwärtige Lage auf Zyoris ist geprägt von Diskriminierung und Ungerechtigkeit, die sich in verschiedenen Lebensbereichen manifestiert. Das Anti-Teilchen-Phasen-Eheverbot ist nicht nur ein rechtliches Hindernis, sondern ein Symbol für die tief verwurzelten Vorurteile, die viele Bürger erleiden müssen. Kye betont, dass es an der Zeit ist, diese Strukturen zu hinterfragen und aktiv gegen sie vorzugehen.

$$\text{Gleichheit} = \frac{\text{Rechte aller}}{\text{Diskriminierung}} \tag{61}$$

Die Gleichheit kann nur erreicht werden, wenn die Diskriminierung aktiv bekämpft wird. Dies erfordert eine kollektive Anstrengung, um die Stimme der Unterdrückten zu verstärken und die Ungerechtigkeiten sichtbar zu machen.

Mobilisierung der Gemeinschaft

Kye ruft dazu auf, die Gemeinschaft zu mobilisieren. Dies bedeutet, dass jeder Einzelne die Verantwortung trägt, sich zu engagieren und andere zu inspirieren. Kyes Erfahrungen zeigen, dass die Mobilisierung von Unterstützern und die Bildung strategischer Allianzen entscheidend sind, um einen nachhaltigen Wandel herbeizuführen.

Ein Beispiel für erfolgreiche Mobilisierung war die große Demonstration, die Kye organisiert hat. Hierbei gelang es, Tausende von Menschen zu vereinen, die für die gleichen Werte eintreten. Kye betont, dass die Stärke der Bewegung in der Zahl der Unterstützer liegt.

$$\text{Mobilisierung} = \text{Einheit} \times \text{Engagement} \tag{62}$$

Diese Gleichung verdeutlicht, dass die Mobilisierung umso effektiver ist, je mehr Menschen sich aktiv engagieren und zusammenarbeiten.

Bildung und Aufklärung

Ein zentraler Bestandteil von Kyes Aufruf zum Handeln ist die Bedeutung von Bildung und Aufklärung. Kye glaubt, dass Wissen Macht ist und dass die Aufklärung der Gesellschaft über die Rechte und die Realität der Teilchen-Phasen-Ehen entscheidend ist, um Vorurteile abzubauen und Verständnis zu schaffen.

Kye fordert Workshops, Seminare und Informationsveranstaltungen, um das Bewusstsein zu schärfen und die Menschen zu ermutigen, sich mit den Themen auseinanderzusetzen. Bildung ist der Schlüssel, um die nächste Generation von Aktivisten zu inspirieren und eine informierte Öffentlichkeit zu schaffen.

Solidarität und Unterstützung

Kye ruft auch zur Solidarität auf. Der Kampf für Bürgerrechte ist nicht nur ein Kampf für die eigene Freiheit, sondern auch für die Freiheit aller. Kye ermutigt die Menschen, sich mit anderen Bewegungen zu solidarisieren, die für Gerechtigkeit und Gleichheit eintreten.

Die Unterstützung von anderen Aktivisten und Organisationen kann die Wirkung des eigenen Engagements erheblich verstärken. Kye hebt hervor, dass Solidarität nicht nur eine moralische Verpflichtung ist, sondern auch eine strategische Notwendigkeit, um den Druck auf Entscheidungsträger zu erhöhen.

$$\text{Solidarität} = \frac{\text{Gemeinsame Ziele}}{\text{Individuelle Interessen}} \qquad (63)$$

Diese Gleichung zeigt, dass wahre Solidarität entsteht, wenn gemeinsame Ziele über individuelle Interessen gestellt werden.

Ein Aufruf zur Hoffnung

Abschließend appelliert Kye an die Hoffnung. Inmitten von Herausforderungen und Rückschlägen ist es wichtig, den Glauben an eine bessere Zukunft zu bewahren. Kye ermutigt die Menschen, nicht aufzugeben und den Kampf für Gleichheit fortzusetzen.

Kyes Vision für die Zukunft ist eine inklusive Gesellschaft, in der jeder Mensch, unabhängig von seiner Identität, die gleichen Rechte und Chancen hat. Diese Vision erfordert den unermüdlichen Einsatz aller, die an die Kraft des Wandels glauben.

Kye schließt mit den Worten: „Der Wandel beginnt mit uns. Lasst uns gemeinsam für eine gerechte und gleichberechtigte Zukunft kämpfen!" Dieser Aufruf ist nicht nur ein Appell an die Bürger von Zyoris, sondern ein universeller Aufruf an alle, die für Freiheit und Gerechtigkeit eintreten.

Die Bedeutung von Hoffnung und Veränderung

Hoffnung ist ein zentrales Element in der Bürgerrechtsbewegung und spielt eine entscheidende Rolle im Aktivismus. Sie ist nicht nur ein Gefühl, sondern auch eine treibende Kraft, die Menschen motiviert, für Veränderungen zu kämpfen. Die Philosophie der Hoffnung, wie sie von Theoretikern wie Ernst Bloch und Paulo Freire beschrieben wird, betont, dass Hoffnung das Potenzial hat, die Realität zu transformieren. Sie motiviert Individuen, sich gegen Ungerechtigkeiten zu erheben und eine bessere Zukunft zu gestalten.

In der Gesellschaft von Zyoris, wo das Anti-Teilchen-Phasen-Eheverbot eine tiefgreifende Ungerechtigkeit darstellt, ist Hoffnung der Katalysator für den Widerstand. Kye Fael und ihre Mitstreiter:innen haben diese Hoffnung genutzt, um eine Bewegung zu schaffen, die nicht nur gegen das Gesetz kämpft, sondern auch für eine inklusive und gerechte Gesellschaft eintritt. Ihre Vision einer Welt, in der alle Bürger:innen, unabhängig von ihrer Identität, gleich behandelt werden, ist ein Beispiel für die transformative Kraft der Hoffnung.

Ein zentrales Problem, das häufig im Aktivismus auftritt, ist die Resignation. In Anbetracht der enormen Herausforderungen, die sich den Aktivisten entgegenstellen, kann es leicht sein, in Pessimismus zu verfallen. Doch wie Kye

Fael demonstriert, ist es wichtig, diese negativen Gefühle in positive Energie umzuwandeln. Ein Beispiel hierfür ist die Organisation von Workshops, in denen Aktivisten lernen, wie sie ihre Hoffnung in konkrete Handlungen umsetzen können. Diese Workshops bieten nicht nur eine Plattform für den Austausch von Ideen, sondern stärken auch das Gemeinschaftsgefühl und die kollektive Identität der Bewegung.

Ein weiterer theoretischer Ansatz, der die Bedeutung von Hoffnung im Aktivismus unterstreicht, ist die Theorie des sozialen Wandels. Diese Theorie postuliert, dass soziale Bewegungen durch die Schaffung eines kollektiven Bewusstseins und die Förderung von Hoffnung in der Gemeinschaft gestärkt werden. Kyes Engagement, insbesondere ihre Fähigkeit, andere zu inspirieren und zu mobilisieren, ist ein hervorragendes Beispiel für diese Theorie. Sie nutzt ihre Stimme, um die Geschichten derjenigen zu erzählen, die von Diskriminierung betroffen sind, und schafft damit eine emotionale Verbindung, die Hoffnung und Empathie fördert.

Mathematisch lässt sich die Beziehung zwischen Hoffnung und Veränderung in einem einfachen Modell darstellen, das die Dynamik von sozialen Bewegungen beschreibt. Sei H die Hoffnung, C die kollektive Mobilisierung und R die Reaktion der Regierung. Wir können eine Gleichung formulieren, die die Wechselwirkungen zwischen diesen Variablen beschreibt:

$$\frac{dC}{dt} = k_1 H - k_2 R$$

Hierbei ist k_1 eine Konstante, die die positive Wirkung der Hoffnung auf die Mobilisierung beschreibt, während k_2 die negative Wirkung der repressiven Maßnahmen der Regierung darstellt. Dieses Modell zeigt, dass, solange die Hoffnung in der Gemeinschaft stark bleibt, die Mobilisierung zunehmen wird, selbst wenn die Regierung versucht, diese Bewegung zu unterdrücken.

Die Herausforderungen, die sich aus der Repression ergeben, sind nicht zu unterschätzen. Kye Fael und ihre Mitstreiter:innen mussten oft mit Bedrohungen, Verhaftungen und öffentlicher Diffamierung umgehen. Dennoch bleibt die Hoffnung eine zentrale Strategie, um diese Herausforderungen zu überwinden. Kye hat in ihren Reden immer wieder betont, dass Veränderung möglich ist, wenn Menschen zusammenkommen und sich für ihre Rechte einsetzen. Diese Botschaft hat nicht nur ihre Anhänger:innen inspiriert, sondern auch viele andere in der Gesellschaft erreicht.

Ein eindrucksvolles Beispiel für die Kraft der Hoffnung in der Praxis ist die große Demonstration, die Kye organisiert hat. Trotz der drohenden Gefahr und der Unsicherheit, die mit der Veranstaltung verbunden waren, mobilisierte sie

Tausende von Menschen, die für ihre Rechte und die ihrer Mitbürger:innen eintreten wollten. Diese Demonstration war nicht nur ein Zeichen des Widerstands, sondern auch ein Ausdruck der Hoffnung auf Veränderung. Die Teilnehmer:innen kamen zusammen, um ihre Stimmen zu erheben und eine klare Botschaft an die Regierung zu senden: Das Anti-Teilchen-Phasen-Eheverbot ist ungerecht und muss aufgehoben werden.

Kyes Vision für die Zukunft ist untrennbar mit der Idee der Hoffnung verbunden. Sie sieht eine Gesellschaft, in der Vielfalt gefeiert wird und in der jeder Mensch die gleichen Rechte und Chancen hat. Diese Vision ist ein Antrieb für ihre Arbeit und inspiriert andere, sich ebenfalls für Veränderungen einzusetzen. In ihren letzten öffentlichen Auftritten hat sie betont, dass Hoffnung nicht nur ein Gefühl, sondern auch eine Verantwortung ist. Es liegt an jedem Einzelnen, die Hoffnung aufrechtzuerhalten und aktiv an der Gestaltung einer besseren Zukunft mitzuwirken.

Zusammenfassend lässt sich sagen, dass die Bedeutung von Hoffnung und Veränderung im Aktivismus nicht unterschätzt werden darf. Hoffnung ist der Antrieb, der Menschen zusammenbringt und sie dazu ermutigt, für Gerechtigkeit zu kämpfen. Kye Fael ist ein leuchtendes Beispiel dafür, wie Hoffnung inmitten von Widrigkeiten gedeihen kann und wie sie als Katalysator für Veränderung fungiert. Der anhaltende Kampf für Bürgerrechte auf Zyoris zeigt, dass die Kombination aus Hoffnung, Gemeinschaft und aktivem Engagement der Schlüssel zu einer gerechteren und inklusiveren Gesellschaft ist.

Kyes Erbe für zukünftige Generationen

Kye Fael hat durch ihren unermüdlichen Einsatz für die Rechte von Teilchen-Phasen-Ehen nicht nur die Gesellschaft von Zyoris verändert, sondern auch ein bleibendes Erbe für zukünftige Generationen hinterlassen. Ihr Engagement hat eine Welle des Wandels ausgelöst, die weit über die Grenzen ihrer Heimatwelt hinausreicht. In diesem Abschnitt werden wir die verschiedenen Facetten von Kyes Erbe untersuchen, einschließlich der Prinzipien, die sie verkörperte, der Herausforderungen, die sie überwand, und der Inspiration, die sie für kommende Aktivisten darstellt.

Die Prinzipien von Kyes Erbe

Kyes Erbe basiert auf mehreren grundlegenden Prinzipien, die in ihrer Aktivismusarbeit verankert sind. Dazu gehören:

+ **Gleichheit:** Kyes unermüdlicher Einsatz für die Gleichheit aller Bürger, unabhängig von ihrer Identität oder ihren Beziehungen, hat die Grundlage für eine gerechtere Gesellschaft gelegt. Sie hat die Überzeugung vertreten, dass jeder das Recht auf Liebe und Partnerschaft hat, was in den Gesetzen und der Kultur von Zyoris verankert ist.

+ **Solidarität:** Kye hat die Bedeutung von Gemeinschaft und Unterstützung hervorgehoben. Sie hat zahlreiche Allianzen mit anderen sozialen Bewegungen gebildet, um ein starkes Netzwerk des Widerstands zu schaffen. Diese Solidarität ist entscheidend für die Mobilisierung und den Erfolg von Bürgerrechtsbewegungen.

+ **Bildung:** Kye hat erkannt, dass Bildung der Schlüssel zu Veränderungen ist. Sie hat Programme initiiert, um das Bewusstsein für die Rechte von Teilchen-Phasen-Ehen zu schärfen und zukünftige Generationen zu ermutigen, sich für soziale Gerechtigkeit einzusetzen. Ihre Vision für eine informierte Gesellschaft bleibt ein zentraler Bestandteil ihres Erbes.

Herausforderungen und Lösungen

Kye Fael begegnete zahlreichen Herausforderungen auf ihrem Weg, die sie jedoch nicht davon abhielten, für ihre Überzeugungen zu kämpfen. Diese Herausforderungen umfassten:

+ **Regierungsrepression:** Kye und ihre Mitstreiter sahen sich oft mit repressiven Maßnahmen der Regierung konfrontiert, die versuchten, ihre Stimmen zum Schweigen zu bringen. Kye entwickelte Strategien zur Überwindung dieser Repression, indem sie die Öffentlichkeit mobilisierte und internationale Unterstützung suchte.

+ **Gesellschaftliche Vorurteile:** Die gesellschaftlichen Normen auf Zyoris waren oft gegen Teilchen-Phasen-Ehen gerichtet. Kye kämpfte gegen diese Vorurteile, indem sie Geschichten von Betroffenen teilte und die positive Wirkung von Diversität in der Gesellschaft hervorhob.

+ **Persönliche Risiken:** Kyes Engagement brachte persönliche Gefahren mit sich, einschließlich Bedrohungen und physischer Gewalt. Trotz dieser Risiken blieb sie standhaft und inspirierte andere, es ihr gleichzutun, was zu einer stärkeren Bewegung führte.

Inspiration für zukünftige Aktivisten

Kyes Erbe inspiriert nicht nur die Menschen auf Zyoris, sondern auch Aktivisten auf der ganzen Welt. Ihre Geschichte zeigt, dass:

+ **Jeder Einfluss hat:** Kye bewies, dass auch Einzelpersonen einen Unterschied machen können. Ihr Beispiel ermutigt zukünftige Generationen, sich für ihre Überzeugungen einzusetzen, unabhängig von den Herausforderungen, denen sie gegenüberstehen.

+ **Gemeinschaft entscheidend ist:** Die Mobilisierung von Gemeinschaften ist entscheidend für den Erfolg von Bewegungen. Kyes Fähigkeit, Menschen zusammenzubringen, zeigt, wie wichtig Zusammenarbeit und Unterstützung sind.

+ **Bildung der Schlüssel ist:** Kyes Engagement für Bildung hat den Grundstein für zukünftige Generationen gelegt, die in der Lage sind, informierte Entscheidungen zu treffen und sich aktiv für ihre Rechte einzusetzen.

Schlussfolgerung

Kye Faels Erbe ist ein leuchtendes Beispiel für den Einfluss, den eine Einzelperson auf die Gesellschaft ausüben kann. Ihre Prinzipien von Gleichheit, Solidarität und Bildung sind nicht nur für Zyoris von Bedeutung, sondern auch für alle, die für soziale Gerechtigkeit kämpfen. Indem wir Kyes Geschichte und ihre Lehren weitertragen, können wir sicherstellen, dass ihr Erbe auch in den kommenden Generationen weiterlebt und eine Welt fördert, in der Liebe und Partnerschaft in all ihren Formen gefeiert werden. Kyes Vermächtnis ist ein Aufruf zum Handeln und eine Erinnerung daran, dass der Kampf für Gleichheit und Gerechtigkeit niemals aufhört.

Anhang

Danksagungen

Anerkennung der Unterstützer

In der Reise von Kye Fael, einem herausragenden Bürgerrechtsaktivisten auf Zyoris, spielt die Unterstützung durch verschiedene Gruppen und Einzelpersonen eine entscheidende Rolle. Diese Anerkennung ist nicht nur eine Form des Dankes, sondern auch eine wichtige Reflexion über die kollektiven Anstrengungen, die zur Erreichung von Gleichheit und Gerechtigkeit beigetragen haben.

Die Rolle der Gemeinschaft

Die Gemeinschaft bildet das Rückgrat jeder sozialen Bewegung. Kye Fael hätte ohne die unermüdliche Unterstützung seiner Mitstreiter und der breiteren Gemeinschaft auf Zyoris nicht den Einfluss erlangen können, den er heute hat. Diese Gemeinschaft, bestehend aus Individuen unterschiedlicher Hintergründe, hat sich zusammengeschlossen, um eine gemeinsame Vision für eine gerechtere Gesellschaft zu verfolgen.

Beispiele für Unterstützung

Ein herausragendes Beispiel für die Unterstützung, die Kye erhielt, war die Bildung von Netzwerken, die sich für die Rechte von Teilchen-Phasen-Ehen einsetzten. Diese Netzwerke, die aus Aktivisten, Künstlern, Akademikern und Bürgern bestanden, organisierten Informationsveranstaltungen, die das Bewusstsein für die Herausforderungen schärften, mit denen Teilchen-Phasen-Ehen konfrontiert sind.

$$\text{Unterstützungsgrad} = \frac{\text{Anzahl der Unterstützer}}{\text{Gesamtbevölkerung}} \times 100 \qquad (64)$$

Durch die Anwendung dieser Formel konnte Kye den Einfluss seiner Bewegung quantifizieren und die Notwendigkeit weiterer Mobilisierung erkennen. Die stetig wachsende Zahl der Unterstützer war ein klares Indiz dafür, dass die Botschaft der Gleichheit und Gerechtigkeit auf fruchtbaren Boden fiel.

Mentoren und Vorbilder

Ein weiterer wesentlicher Aspekt der Anerkennung ist die Rolle von Mentoren und Vorbildern. Kye wurde von mehreren prominenten Aktivisten inspiriert, die den Weg für den Bürgerrechtskampf auf Zyoris geebnet hatten. Diese Mentoren boten nicht nur praktische Ratschläge, sondern auch emotionale Unterstützung in schwierigen Zeiten.

Die Bedeutung von Anerkennung

Die öffentliche Anerkennung der Unterstützer hat mehrere Vorteile. Sie stärkt nicht nur das Gemeinschaftsgefühl, sondern motiviert auch andere, sich zu engagieren. Kye betonte häufig, dass die Sichtbarkeit der Unterstützer ein Signal an die Gesellschaft sendet, dass der Kampf für Gleichheit nicht allein von Einzelpersonen geführt wird, sondern von einer starken, vereinten Front.

Würdigung der Mitstreiter

Kye Fael hat in seiner Biografie immer wieder betont, wie wichtig es ist, die Beiträge seiner Mitstreiter zu würdigen. Diese Anerkennung geht über einfache Danksagungen hinaus; sie ist ein integraler Bestandteil des Aktivismus. Kye hat regelmäßig Veranstaltungen organisiert, um die Erfolge seiner Unterstützer zu feiern und deren Geschichten zu teilen. Diese Geschichten sind nicht nur inspirierend, sondern auch lehrreich und zeigen, wie jeder Einzelne einen Unterschied machen kann.

Internationale Unterstützung

Die Anerkennung der internationalen Unterstützer ist ebenfalls von Bedeutung. Kyes Bewegung erhielt nicht nur Unterstützung von Zyoris, sondern auch von Aktivisten und Organisationen auf der Erde, die ähnliche Kämpfe führten. Diese internationale Solidarität verstärkte den Druck auf die Regierung von Zyoris, die diskriminierenden Gesetze zu überdenken.

$$\text{Internationale Unterstützung} = \sum_{i=1}^{n} \text{Unterstützer}_i \qquad (65)$$

Hierbei steht n für die Anzahl der internationalen Unterstützer, und die Gleichung zeigt, wie die kollektive Unterstützung zur globalen Bewegung beiträgt.

Dank an die Familie

Nicht zuletzt ist die Unterstützung von Kyes Familie von unschätzbarem Wert. Sie waren nicht nur emotionale Stützen, sondern auch aktive Teilnehmer an Kyes Aktivismus. Ihre Bereitschaft, sich für die gleichen Werte einzusetzen, hat Kyes Engagement weiter gestärkt.

Schlussfolgerung

Die Anerkennung der Unterstützer ist ein wesentlicher Bestandteil der Bürgerrechtsbewegung auf Zyoris. Sie zeigt, dass der Kampf für Gleichheit und Gerechtigkeit nicht isoliert ist, sondern das Ergebnis kollektiver Anstrengungen. Kye Faels Geschichte ist ein Zeugnis für die Macht der Gemeinschaft und die Notwendigkeit, die Stimmen der Unterstützer zu hören und zu würdigen. In der Zukunft wird es entscheidend sein, diese Unterstützung aufrechtzuerhalten und auszubauen, um die Vision einer gerechten Gesellschaft zu verwirklichen.

Wertschätzung der Mentoren

Die Rolle von Mentoren in der Entwicklung von Aktivisten wie Kye Fael ist von entscheidender Bedeutung. Mentoren bieten nicht nur Unterstützung und Anleitung, sondern auch Inspiration und Motivation. Sie helfen, Fähigkeiten zu entwickeln, die notwendig sind, um in der komplexen Welt des Aktivismus erfolgreich zu sein. In dieser Sektion werden wir die verschiedenen Aspekte der Wertschätzung von Mentoren untersuchen, die Herausforderungen, die sie überwinden, und die positiven Auswirkungen, die sie auf die Lebenswege ihrer Schützlinge haben.

Die Rolle der Mentoren im Aktivismus

Mentoren sind oft erfahrene Individuen, die ihre Kenntnisse und Erfahrungen an die nächste Generation weitergeben. Sie fungieren als Vorbilder, die den Weg für angehende Aktivisten ebnen. In Kyes Fall waren es mehrere Schlüsselpersonen, die ihn auf seinem Weg zum Aktivismus unterstützten. Diese Mentoren halfen ihm, seine Identität zu formen und seine politischen Überzeugungen zu entwickeln.

Ein Beispiel für einen solchen Mentor könnte Dr. Elara Thorne sein, eine prominente Bürgerrechtsaktivistin auf Zyoris. Dr. Thorne hat Kye nicht nur in der Theorie des Aktivismus unterrichtet, sondern auch praktische Fähigkeiten vermittelt, die für die Mobilisierung von Gemeinschaften unerlässlich sind. Ihre Fähigkeit, komplexe soziale Probleme zu analysieren und effektive Lösungen zu entwickeln, hat Kye inspiriert, ähnliche Ansätze in seiner eigenen Arbeit zu verfolgen.

Herausforderungen für Mentoren

Die Rolle eines Mentors ist jedoch nicht ohne Herausforderungen. Mentoren müssen oft mit den emotionalen und physischen Belastungen umgehen, die mit dem Aktivismus einhergehen. Sie stehen vor der Herausforderung, ihre Schützlinge zu motivieren und gleichzeitig ihre eigenen Grenzen zu erkennen. In vielen Fällen sind Mentoren auch mit Widerstand von Institutionen konfrontiert, die ihre Bemühungen behindern wollen.

Ein Beispiel für eine solche Herausforderung könnte die Reaktion der Regierung auf Kyes Mentoren sein, die sich aktiv gegen das Anti-Teilchen-Phasen-Eheverbot aussprachen. Die Repression, die sie erlebten, führte dazu, dass einige Mentoren zögerten, ihre Unterstützung offen zu zeigen, was Kye vor die Herausforderung stellte, ohne ihre direkte Anleitung weiterzumachen.

Positive Auswirkungen von Mentoring

Trotz dieser Herausforderungen sind die positiven Auswirkungen von Mentoring unbestreitbar. Mentoren bieten nicht nur emotionale Unterstützung, sondern auch wertvolle Netzwerke, die für den Erfolg im Aktivismus entscheidend sind. Kye profitierte von den Verbindungen seiner Mentoren zu anderen Aktivisten und Organisationen, was ihm half, seine eigene Widerstandsgruppe zu gründen.

Darüber hinaus fördern Mentoren kritisches Denken und die Fähigkeit, komplexe Probleme zu lösen. Sie helfen ihren Schützlingen, verschiedene Perspektiven zu berücksichtigen und die Konsequenzen ihrer Entscheidungen abzuwägen. Diese Fähigkeiten sind für Kye unerlässlich, als er sich mit den Herausforderungen des Aktivismus auseinandersetzte.

Wertschätzung und Anerkennung der Mentoren

Die Wertschätzung der Mentoren ist ein zentraler Aspekt des Aktivismus. Kye erkannte frühzeitig, dass seine Erfolge nicht nur das Ergebnis seiner eigenen Bemühungen waren, sondern auch das Ergebnis der Unterstützung, die er von seinen Mentoren erhielt. In seinen öffentlichen Reden und Interviews betonte er immer wieder die Bedeutung der Mentoren in seinem Leben.

Um die Wertschätzung seiner Mentoren zu zeigen, organisierte Kye Veranstaltungen, bei denen er ihre Beiträge würdigte. Diese Veranstaltungen boten nicht nur eine Plattform für die Anerkennung ihrer Arbeit, sondern auch eine Gelegenheit für andere, von ihren Erfahrungen zu lernen.

Schlussfolgerung

Die Wertschätzung der Mentoren ist ein unverzichtbarer Bestandteil des Aktivismus. Sie bieten nicht nur Unterstützung und Anleitung, sondern auch Inspiration und Motivation. Die Herausforderungen, die sie überwinden müssen, sind vielfältig, aber die positiven Auswirkungen, die sie auf die Lebenswege ihrer Schützlinge haben, sind unbestreitbar. Kye Fael ist ein Beispiel dafür, wie wichtig Mentoren im Kampf für Gleichheit und Gerechtigkeit sind, und seine Wertschätzung für sie wird in seinem Engagement und seinen Erfolgen deutlich.

$$\text{Mentoring Impact} = \text{Support} + \text{Guidance} + \text{Inspiration} \tag{66}$$

Die Gleichung zeigt, dass der Einfluss von Mentoren nicht nur auf der Unterstützung beruht, sondern auch auf der Anleitung und Inspiration, die sie bieten. Diese Faktoren sind entscheidend für den Erfolg von Aktivisten und deren Fähigkeit, Veränderungen in der Gesellschaft herbeizuführen.

Dank an die Gemeinschaft

In dieser Biografie ist es unerlässlich, der Gemeinschaft zu danken, die Kye Fael auf seinem Weg unterstützt hat. Die Kraft einer engagierten Gemeinschaft ist ein zentraler Aspekt des Aktivismus und der sozialen Veränderung. Kyes Erfolg ist nicht nur das Ergebnis seiner persönlichen Anstrengungen, sondern auch das Produkt eines kollektiven Engagements, das durch Solidarität, Verständnis und Zusammenarbeit geprägt ist.

Die Rolle der Gemeinschaft im Aktivismus

Die Gemeinschaft spielt eine entscheidende Rolle im Aktivismus, indem sie Ressourcen, Unterstützung und eine Plattform für den Austausch von Ideen bietet. In einer Gesellschaft wie Zyoris, wo das Anti-Teilchen-Phasen-Eheverbot die Rechte einer ganzen Gruppe von Bürgern einschränkt, ist die Mobilisierung der Gemeinschaft von größter Bedeutung. Die Gemeinschaft fungiert als Katalysator für Veränderungen, indem sie sowohl emotionalen als auch praktischen Rückhalt bietet.

Ein Beispiel für die Stärke der Gemeinschaft ist die Gründung von Kyes Widerstandsgruppe. Diese Gruppe setzte sich aus Individuen zusammen, die sich für die gleichen Werte und Ziele einsetzten. Gemeinsam organisierten sie Veranstaltungen, bildeten Netzwerke und schufen ein Bewusstsein für die Ungerechtigkeiten, die sie erlebten. Die Zusammenarbeit innerhalb der Gruppe stärkte die individuellen Stimmen und machte sie zu einer kraftvollen Einheit.

Solidarität und Unterstützung

Die Solidarität innerhalb der Gemeinschaft ist ein weiterer wichtiger Aspekt, der nicht übersehen werden darf. Kye erhielt Unterstützung von Freunden, Familie und Gleichgesinnten, die seine Vision teilten. Diese Unterstützung war nicht nur emotional, sondern auch praktisch. Zum Beispiel halfen viele Mitglieder der Gemeinschaft bei der Organisation von Demonstrationen, verteilten Informationsmaterialien und mobilisierten andere Bürger, um sich dem Widerstand anzuschließen.

Die Bedeutung von Unterstützung zeigt sich auch in der Art und Weise, wie die Gemeinschaft auf Rückschläge reagierte. Wenn Kye und seine Gruppe mit Repressionen konfrontiert wurden, mobilisierten sich die Unterstützer, um ihre Stimmen zu erheben und auf die Ungerechtigkeiten aufmerksam zu machen. Diese kollektive Reaktion stärkte nicht nur die Moral der Aktivisten, sondern zeigte auch der Regierung, dass die Gemeinschaft vereint und entschlossen war, für ihre Rechte zu kämpfen.

Die Vielfalt der Gemeinschaft

Ein weiterer Aspekt, der in diesem Zusammenhang hervorgehoben werden muss, ist die Vielfalt der Gemeinschaft. Die Unterstützung kam von Menschen aus verschiedenen Hintergründen, Kulturen und Altersgruppen. Diese Vielfalt bereicherte die Bewegung und brachte unterschiedliche Perspektiven und Ideen ein. Kyes Fähigkeit, mit verschiedenen Gruppen zu kommunizieren und zusammenzuarbeiten, war entscheidend für den Erfolg seiner Initiativen.

Die Einbeziehung unterschiedlicher Stimmen half nicht nur, die Reichweite der Bewegung zu erweitern, sondern förderte auch ein Gefühl der Zugehörigkeit und des Verständnisses. In einer Zeit, in der viele Menschen sich isoliert fühlten, bot die Gemeinschaft einen Raum, in dem sie sich sicher und unterstützt fühlen konnten.

Dankbarkeit und Wertschätzung

Kye Fael möchte an dieser Stelle seine tiefste Dankbarkeit und Wertschätzung für die Gemeinschaft zum Ausdruck bringen. Ihre unermüdliche Unterstützung, ihr Glaube an die Sache und ihr Engagement für den Kampf gegen das Anti-Teilchen-Phasen-Eheverbot haben nicht nur Kyes Leben, sondern auch das Leben vieler anderer Bürger auf Zyoris verändert.

Die Gemeinschaft hat bewiesen, dass Veränderung möglich ist, wenn Menschen zusammenkommen und sich für das einsetzen, was richtig ist. Kyes Erfolg ist ein Spiegelbild der Stärke und des Mutes der Gemeinschaft, die ihn umgibt. Diese Dankbarkeit ist nicht nur eine Anerkennung der Vergangenheit, sondern auch ein Aufruf an die Gemeinschaft, weiterhin zusammenzuarbeiten, um eine gerechtere und inklusive Zukunft zu schaffen.

Schlussfolgerung

Zusammenfassend lässt sich sagen, dass die Gemeinschaft eine fundamentale Rolle in Kyes Aktivismus gespielt hat. Ihre Unterstützung, Solidarität und Vielfalt haben dazu beigetragen, eine Bewegung zu schaffen, die nicht nur auf Zyoris, sondern auch darüber hinaus Wirkung zeigt. Kyes Dank an die Gemeinschaft ist nicht nur eine persönliche Anerkennung, sondern auch ein Aufruf, die Kraft des gemeinsamen Handelns zu erkennen und weiterhin für Gleichheit und Gerechtigkeit zu kämpfen.

$$\text{Kraft der Gemeinschaft} = \text{Solidarität} + \text{Vielfalt} + \text{Unterstützung} \qquad (67)$$

Diese Gleichung verdeutlicht, dass die Stärke der Gemeinschaft aus der Kombination dieser Elemente resultiert. Nur durch eine vereinte Anstrengung können wir die Herausforderungen, die vor uns liegen, bewältigen und die Vision einer gerechteren Gesellschaft verwirklichen.

Würdigung der Mitstreiter

In der Reise von Kye Fael als Bürgerrechtsaktivist auf Zyoris war die Unterstützung von Mitstreitern von entscheidender Bedeutung. Diese Personen, die oft im Hintergrund agierten, spielten eine wesentliche Rolle bei der Mobilisierung der Gemeinschaft, der Entwicklung von Strategien und der Schaffung eines solidarischen Netzwerks. Ihre Beiträge sind nicht nur für den Erfolg der Bewegung entscheidend, sondern auch für die persönliche Entwicklung von Kye selbst.

Die Bedeutung von Gemeinschaft im Aktivismus

Aktivismus ist selten eine isolierte Anstrengung; vielmehr ist er das Ergebnis kollektiver Bemühungen. Die Theorie des sozialen Wandels, insbesondere die von *Meyer und Tarrow (1998)* formulierte, legt nahe, dass erfolgreiche Bewegungen auf einem Netzwerk von Beziehungen beruhen, die durch gemeinsame Ziele und Werte verbunden sind. Kyes Mitstreiter repräsentierten verschiedene Aspekte der Gesellschaft auf Zyoris, von Künstlern über Lehrer bis hin zu Wissenschaftlern, und jeder brachte einzigartige Perspektiven und Fähigkeiten in die Bewegung ein.

Einflussreiche Mitstreiter

Ein herausragendes Beispiel ist *Lira Nox*, eine bekannte Künstlerin, die durch ihre Werke die Ungerechtigkeiten der Gesellschaft anprangerte. Ihre Kunst inspirierte viele und half, die Botschaft von Kyes Bewegung visuell zu kommunizieren. Lira sagte einmal: „Kunst ist der Schlüssel zur Seele der Menschen. Wenn wir ihre Herzen erreichen, können wir auch ihre Köpfe erreichen." Diese Philosophie war ein zentraler Bestandteil der Mobilisierung und half, ein Gefühl der Dringlichkeit und des Engagements zu erzeugen.

Ein weiterer wichtiger Mitstreiter war *Dr. Falan Grit*, ein Sozialwissenschaftler, der die theoretischen Grundlagen der Bewegung lieferte. Er stellte sicher, dass Kyes Ansätze auf soliden wissenschaftlichen Erkenntnissen basierten und half, die Argumentation gegen das Anti-Teilchen-Phasen-Eheverbot zu stärken. Dr. Grit betonte, dass „die Wissenschaft uns die Werkzeuge gibt, die wir brauchen, um die Realität zu verstehen und zu verändern." Seine Unterstützung war entscheidend, um die Bewegung zu legitimieren und die öffentliche Meinung zu beeinflussen.

Herausforderungen und Rückschläge

Trotz der starken Unterstützung gab es auch Herausforderungen. Einige Mitstreiter standen unter Druck von der Regierung, die versuchte, die Bewegung zu unterdrücken. Dies führte zu einem Klima der Angst, in dem viele zögerten, sich offen zu engagieren. Kye erkannte jedoch, dass die Stärke der Bewegung in der Vielfalt ihrer Stimmen lag. In einer ihrer Reden sagte sie: „Jeder von uns hat eine Geschichte zu erzählen, und jede Geschichte zählt. Wenn wir zusammenstehen, können wir die Mauern des Schweigens durchbrechen."

Die Schwierigkeiten, die durch die Repression der Regierung entstanden, führten dazu, dass Kye und ihre Mitstreiter kreative Wege finden mussten, um ihre Botschaft zu verbreiten. Dies führte zur Entwicklung von geheimen Netzwerken, in denen Informationen und Ressourcen ausgetauscht wurden. Solche Netzwerke sind nicht nur für den Aktivismus wichtig, sondern auch für die persönliche Unterstützung und den Austausch von Erfahrungen.

Solidarität und Unterstützung

Die Solidarität unter den Mitstreitern war ein weiterer Schlüsselfaktor für den Erfolg der Bewegung. Kye und ihre Freunde organisierten regelmäßige Treffen, um Strategien zu diskutieren und sich gegenseitig zu unterstützen. Diese Treffen waren nicht nur strategisch, sondern auch emotional wichtig. Sie boten einen Raum, um Ängste zu teilen und Erfolge zu feiern. Kye erinnerte sich oft an diese Momente und sagte: „Wir waren nicht nur Kämpfer, wir waren eine Familie."

Ein bemerkenswerter Moment der Solidarität war während der großen Mobilisierung, als die Gruppe beschloss, ein gemeinsames Manifest zu erstellen. Jeder Mitstreiter hatte die Möglichkeit, seine Stimme einzubringen, was zu einem Dokument führte, das die Vielfalt der Erfahrungen und Überzeugungen widerspiegelte. Dieses Manifest wurde zum Symbol für die Einheit der Bewegung und half, die Gemeinschaft weiter zu mobilisieren.

Ein Vermächtnis der Zusammenarbeit

Die Würdigung der Mitstreiter ist nicht nur eine Anerkennung ihrer Beiträge, sondern auch eine Erinnerung daran, dass Aktivismus eine gemeinschaftliche Anstrengung ist. Kyes Geschichte ist ein Beispiel dafür, wie individuelle Stärken zusammenkommen können, um einen größeren sozialen Wandel zu bewirken. In einer Welt, die oft von Spaltung geprägt ist, zeigt die Zusammenarbeit dieser Mitstreiter, dass es möglich ist, gemeinsam für eine gerechtere Zukunft zu kämpfen.

Kye Faels Erbe wird durch die Geschichten und Erfahrungen ihrer Mitstreiter weiterleben. Ihre Zusammenarbeit und ihr Engagement werden zukünftige Generationen inspirieren, sich für Gleichheit und Gerechtigkeit einzusetzen. In Kyes eigenen Worten: „Wir sind die Veränderung, die wir in der Welt sehen wollen, und zusammen können wir Berge versetzen."

$$\text{Kollektive Kraft} = \sum_{i=1}^{n} \text{Einzelne Beiträge}_i \tag{68}$$

Diese Gleichung verdeutlicht, dass die kollektive Kraft der Bewegung das Ergebnis der individuellen Beiträge jedes Mitstreiters ist. Jeder Einzelne bringt einzigartige Fähigkeiten und Perspektiven ein, die zusammen eine stärkere Stimme bilden.

In Anbetracht all dieser Aspekte ist es klar, dass die Würdigung der Mitstreiter nicht nur eine Hommage an ihre Leistungen ist, sondern auch eine wichtige Lektion über die Kraft der Gemeinschaft und die Notwendigkeit, zusammenzuarbeiten, um Veränderungen zu bewirken.

Dank an die Familie

In dieser Biografie ist es unerlässlich, den unermüdlichen Rückhalt und die Unterstützung zu würdigen, die Kye Fael von seiner Familie erhielt. Die Familie ist oft das Fundament, auf dem individuelle Identitäten und Überzeugungen aufgebaut werden, und in Kyes Fall spielte sie eine entscheidende Rolle in seinem Werdegang als Bürgerrechtsaktivist.

Die Rolle der Familie in Kyes Leben

Kyes Familie war nicht nur eine Quelle der emotionalen Unterstützung, sondern auch ein Ort des Lernens und der Inspiration. Von klein auf wurde Kye mit den Werten von Gerechtigkeit, Gleichheit und Mitgefühl vertraut gemacht. Diese Werte wurden in den täglichen Gesprächen und der Erziehung verankert, was ihn dazu motivierte, sich für die Rechte von Teilchen-Phasen-Ehen und andere soziale Gerechtigkeitsfragen einzusetzen.

Einfluss der Eltern

Die Eltern von Kye hatten einen tiefgreifenden Einfluss auf seine Entwicklung. Seine Mutter, eine leidenschaftliche Künstlerin, förderte Kyes kreative Talente und ermutigte ihn, seine Stimme durch Kunst und Ausdruck zu finden. Diese kreative

Erziehung half Kye, seine Gedanken und Gefühle in einer Weise zu artikulieren, die andere ansprach und mobilisierte. Sein Vater, ein Wissenschaftler, vermittelte ihm die Bedeutung von kritischem Denken und rationalem Diskurs. Diese beiden Perspektiven – Kreativität und Wissenschaft – wurden zu den Eckpfeilern von Kyes Ansatz im Aktivismus.

Familienwerte und Aktivismus

Die Werte, die Kye von seiner Familie erlernte, sind nicht nur persönliche Überzeugungen, sondern auch gesellschaftliche Prinzipien, die viele Menschen in Zyoris teilen. Kyes Familie betonte die Wichtigkeit der Gemeinschaft und des Zusammenhalts, was ihm half, ein starkes Netzwerk von Unterstützern aufzubauen. Die familiären Traditionen, die sich um Solidarität und gegenseitige Hilfe drehten, prägten Kyes Sichtweise auf den Aktivismus und motivierten ihn, sich für die Rechte derjenigen einzusetzen, die oft übersehen oder unterdrückt werden.

Herausforderungen und Unterstützung

Trotz der positiven Einflüsse gab es auch Herausforderungen, mit denen Kye und seine Familie konfrontiert waren. Die gesellschaftlichen Spannungen und die Repression gegenüber Bürgerrechtsaktivisten führten oft zu Konflikten innerhalb der Familie. Kye erlebte Momente der Unsicherheit und Angst, insbesondere wenn seine Aktivitäten in der Öffentlichkeit auf Widerstand stießen. Doch gerade in diesen schwierigen Zeiten stellte sich seine Familie als unerschütterliche Stütze heraus. Sie boten nicht nur emotionale Unterstützung, sondern halfen auch bei der Organisation von Veranstaltungen und der Mobilisierung von Unterstützern.

Ein Beispiel für familiäre Unterstützung

Ein prägnantes Beispiel für die Unterstützung seiner Familie war die Vorbereitung auf die große Demonstration gegen das Anti-Teilchen-Phasen-Eheverbot. Kyes Eltern halfen ihm, die Logistik zu planen, indem sie ihre Kontakte nutzten und Ressourcen mobilisierten. Seine Geschwister trugen aktiv zur Verbreitung der Informationen in ihren Freundeskreisen bei und schufen so ein breiteres Netzwerk von Unterstützern. Diese kollektive Anstrengung innerhalb der Familie war entscheidend für den Erfolg der Mobilisierung.

Dankbarkeit und Wertschätzung

Kye ist seiner Familie zutiefst dankbar für die Liebe und Unterstützung, die sie ihm in jeder Phase seines Lebens entgegenbrachten. Ihre bedingungslose Akzeptanz und ihr Glaube an seine Visionen gaben ihm die Kraft, seinen Weg als Aktivist zu gehen. Kye möchte betonen, dass jeder Schritt auf diesem Weg nicht nur das Ergebnis seines eigenen Engagements ist, sondern auch das Produkt der Werte und Lehren, die ihm von seiner Familie vermittelt wurden.

Abschließende Gedanken

In einer Welt, die oft von Konflikten und Ungerechtigkeiten geprägt ist, bleibt die Familie ein sicherer Hafen. Kyes Geschichte ist ein lebendiges Beispiel dafür, wie familiäre Unterstützung und Werte den Einzelnen in seinem Streben nach Gerechtigkeit und Gleichheit stärken können. Kyes Engagement für die Bürgerrechte ist nicht nur ein persönlicher Kampf, sondern auch ein Vermächtnis, das die Liebe und die Lehren seiner Familie widerspiegelt.

$$\text{Familienwerte} \rightarrow \text{Aktivismus} \rightarrow \text{Gesellschaftlicher Wandel} \qquad (69)$$

Diese Gleichung verdeutlicht, wie die Werte, die Kye von seiner Familie erlernte, zu seinem aktivistischen Engagement führten und letztlich zu einem positiven Wandel in der Gesellschaft beitragen können.

Anerkennung der internationalen Unterstützer

Die Unterstützung, die Kye Fael und die Bürgerrechtsbewegung auf Zyoris erfahren haben, wäre ohne die internationale Gemeinschaft und deren Engagement für Gleichheit und Gerechtigkeit nicht möglich gewesen. In dieser Sektion möchten wir die entscheidende Rolle der internationalen Unterstützer würdigen, die durch ihre Solidarität, Ressourcen und Expertise einen bedeutenden Beitrag geleistet haben.

Theoretischer Rahmen

Die Theorie des transnationalen Aktivismus besagt, dass Bürgerrechtsbewegungen nicht isoliert agieren, sondern in einem globalen Kontext verankert sind. Diese Theorie betont die Bedeutung von Netzwerken, die über nationale Grenzen hinweg operieren. Laut Tilly und Tarrow (2015) ist transnationaler Aktivismus ein Schlüssel zur Mobilisierung von Ressourcen und zur Schaffung eines globalen

Bewusstseins für lokale Anliegen. Dies gilt auch für die Bewegung auf Zyoris, wo internationale Unterstützer als Katalysatoren für Veränderungen fungierten.

Probleme und Herausforderungen

Trotz der positiven Auswirkungen internationaler Unterstützung gibt es auch Herausforderungen. Einer der größten Probleme ist die Gefahr der Entfremdung. Lokale Aktivisten könnten das Gefühl haben, dass ihre Anliegen von externen Akteuren vereinnahmt werden, was zu einem Verlust der Kontrolle über die eigene Bewegung führen kann. Dies wurde in verschiedenen Berichten über internationale Unterstützung in Aktivismusbewegungen festgestellt, wo der Einfluss externer Geldgeber und Organisationen zu Spannungen innerhalb der Gemeinschaft führte (Smith, 2018).

Ein weiteres Problem ist die kulturelle Sensibilität. Internationale Unterstützer müssen die lokalen Gegebenheiten, kulturellen Normen und spezifischen Herausforderungen verstehen, um effektive Hilfe leisten zu können. Fehlinterpretationen oder stereotype Ansichten können kontraproduktiv sein und das Vertrauen zwischen lokalen und internationalen Akteuren gefährden.

Beispiele für internationale Unterstützung

Ein herausragendes Beispiel für internationale Unterstützung war die Kampagne „Zyoris für Alle", die von einer Gruppe von NGOs aus verschiedenen Ländern ins Leben gerufen wurde. Diese Kampagne mobilisierte Ressourcen, um Kye Fael und anderen Aktivisten auf Zyoris zu helfen, ihre Botschaft weltweit zu verbreiten. Durch soziale Medien, Online-Petitionen und öffentliche Veranstaltungen gelang es der Kampagne, das Bewusstsein für das Anti-Teilchen-Phasen-Eheverbot zu schärfen und Druck auf die zyorianische Regierung auszuüben.

Ein weiteres Beispiel ist die Zusammenarbeit mit Universitäten und Forschungsinstituten, die Fachwissen und finanzielle Unterstützung bereitstellten. Diese Partnerschaften ermöglichten es Kye und seinem Team, fundierte Argumente gegen das Eheverbot zu entwickeln und wissenschaftliche Studien zu präsentieren, die die gesellschaftlichen Vorteile von Teilchen-Phasen-Ehen belegten.

Würdigung der Unterstützer

Die Anerkennung der internationalen Unterstützer ist nicht nur eine Frage der Dankbarkeit, sondern auch eine strategische Notwendigkeit. Die Unterstützung von internationalen Organisationen wie Amnesty International und Human

Rights Watch hat dazu beigetragen, die Aufmerksamkeit der globalen Gemeinschaft auf die Ungerechtigkeiten auf Zyoris zu lenken. Diese Organisationen haben Berichte veröffentlicht, die die Situation vor Ort dokumentieren und die Stimmen der Aktivisten verstärken.

Zusätzlich haben Künstler und Kreative aus aller Welt ihre Plattformen genutzt, um die Botschaft von Kye Fael und der Bürgerrechtsbewegung zu verbreiten. Durch Kunst, Musik und Literatur wurden die Herausforderungen und Triumphe der Bewegung einem breiten Publikum zugänglich gemacht und somit das Bewusstsein geschärft.

Schlussfolgerung

Die internationale Unterstützung war und ist ein wesentlicher Bestandteil des Aktivismus auf Zyoris. Sie hat nicht nur materielle Ressourcen bereitgestellt, sondern auch eine Plattform für den Austausch von Ideen und Strategien geschaffen. Die Anerkennung dieser Unterstützer ist entscheidend, um die Solidarität und das Engagement für Gleichheit und Gerechtigkeit aufrechtzuerhalten. Kye Fael und seine Mitstreiter sind sich der Bedeutung dieser globalen Netzwerke bewusst und setzen sich dafür ein, diese Verbindungen zu stärken und auszubauen, um eine gerechtere Zukunft für alle zu schaffen.

Dank an Künstler und Kreative

In der heutigen Gesellschaft spielen Künstler und kreative Köpfe eine entscheidende Rolle im Aktivismus. Sie sind nicht nur Schöpfer von Kunstwerken, sondern auch Botschafter von Ideen und Werten, die das Potenzial haben, gesellschaftliche Veränderungen herbeizuführen. Kye Fael hat in ihrem Kampf gegen das Anti-Teilchen-Phasen-Eheverbot auf Zyoris die Unterstützung von Künstlern und Kreativen als unverzichtbar erachtet. Diese Sektion widmet sich der Würdigung ihrer Beiträge und der Bedeutung von Kunst im Aktivismus.

Die Rolle der Kunst im Aktivismus

Die Kunst hat die Fähigkeit, Emotionen zu wecken und komplexe Themen auf eine zugängliche Weise zu kommunizieren. In vielen Kulturen hat sie als Werkzeug des Widerstands gedient, um soziale Ungerechtigkeiten anzuprangern und das Bewusstsein zu schärfen. Auf Zyoris haben Künstler durch ihre Werke, sei es in Form von Malerei, Musik, Theater oder Literatur, die Botschaft von Kyes Bewegung verstärkt. Ein Beispiel hierfür ist das Theaterstück *Die Stimmen der Phasen*, das die Herausforderungen und Kämpfe von Teilchen-Phasen-Ehen thematisiert und das Publikum dazu anregt, über Vorurteile und Diskriminierung nachzudenken.

Kreative Kampagnen und Mobilisierung

Kye Fael und ihre Unterstützer haben kreative Kampagnen entwickelt, die die Kunst als Mittel zur Mobilisierung genutzt haben. Plakate, Graffiti und digitale Kunstwerke wurden geschaffen, um die Öffentlichkeit zu erreichen und zur Teilnahme an Demonstrationen zu ermutigen. Diese visuellen Botschaften haben nicht nur Aufmerksamkeit erregt, sondern auch Emotionen angesprochen und eine tiefere Verbindung zur Thematik hergestellt. Die Gleichung der Wirkung von Kunst im Aktivismus kann wie folgt dargestellt werden:

$$Wirkung = (Kunst \times Emotion) + (Botschaft \times Sichtbarkeit) \quad (70)$$

In dieser Gleichung steht *Wirkung* für den Einfluss, den eine kreative Kampagne auf das Bewusstsein und die Mobilisierung der Menschen hat. Die Variablen *Kunst* und *Emotion* betonen die Wichtigkeit, wie Kunstwerke Gefühle hervorrufen können, während *Botschaft* und *Sichtbarkeit* die Klarheit und Erreichbarkeit der Botschaft ansprechen.

Zusammenarbeit mit Künstlern

Die Zusammenarbeit mit Künstlern und kreativen Köpfen hat Kye Faels Bewegung bereichert. Künstler wie die Musikerin Lira Tanshi und der Maler Arin Zoltar haben durch ihre Werke nicht nur die Vision von Kyes Aktivismus unterstützt, sondern auch eigene Perspektiven und Erfahrungen eingebracht. Diese interdisziplinäre Zusammenarbeit hat zu einer dynamischen und vielfältigen Ausdrucksform geführt, die die Bewegung weiter gestärkt hat.

Einfluss auf die Gesellschaft

Die Einbindung von Kunst in den Aktivismus hat nicht nur die direkte Mobilisierung gefördert, sondern auch langfristige Veränderungen in der Gesellschaft angestoßen. Kunst kann als Katalysator für Diskussionen dienen und das Bewusstsein für gesellschaftliche Themen schärfen. Kyes Bewegung hat die Kraft der Kunst genutzt, um neue Narrative zu schaffen und die öffentliche Meinung über Teilchen-Phasen-Ehen zu beeinflussen.

Ein Beispiel für diesen Einfluss ist die Installation *Phasen der Liebe*, die in verschiedenen Städten auf Zyoris ausgestellt wurde und die Vielfalt der Liebe in allen ihren Formen feierte. Diese Ausstellung hat nicht nur Diskussionen über die Rechte von Teilchen-Phasen-Ehen angestoßen, sondern auch eine breitere Akzeptanz und Verständnis innerhalb der Gesellschaft gefördert.

Dank an die Künstler und Kreativen

Abschließend möchte Kye Fael allen Künstlern und Kreativen danken, die ihre Talente und ihre Leidenschaft in den Dienst des Aktivismus gestellt haben. Ihre Beiträge haben nicht nur die Bewegung bereichert, sondern auch das Leben vieler Menschen auf Zyoris verändert. Durch ihre Kunst haben sie eine Plattform geschaffen, um Stimmen zu erheben, die oft übersehen werden, und sie haben dazu beigetragen, eine gerechtere und inklusivere Gesellschaft zu fördern.

> *„Kunst ist nicht das, was man sieht, sondern das, was man anderen zu sehen hilft."* – Edgar Degas

In diesem Sinne ist die Dankbarkeit an die Künstler und Kreativen nicht nur eine Anerkennung ihrer Arbeit, sondern auch ein Aufruf zur weiteren Zusammenarbeit und zum gemeinsamen Streben nach einer besseren Zukunft für alle Bürger auf Zyoris.

Danksagung an die Leser

Es ist mir ein großes Anliegen, meinen tiefsten Dank an all jene Leserinnen und Leser auszusprechen, die sich die Zeit genommen haben, die Geschichte von Kye Fael und den Widerstand gegen das Anti-Teilchen-Phasen-Eheverbot auf Zyoris zu lesen. Euer Interesse und eure Unterstützung sind von unschätzbarem Wert für die Verbreitung der Botschaft von Gleichheit und Gerechtigkeit, die in dieser Biografie vermittelt wird.

Die Leserschaft spielt eine entscheidende Rolle im Prozess des Aktivismus. Sie sind nicht nur passive Konsumenten von Informationen, sondern aktive Teilnehmer an einem Dialog, der Veränderungen bewirken kann. In einer Zeit, in der soziale Gerechtigkeit und Bürgerrechte mehr denn je auf dem Prüfstand stehen, ist es wichtig, dass wir alle zusammenarbeiten, um das Bewusstsein zu schärfen und die Stimmen der Unterdrückten zu erheben.

Ein Beispiel dafür, wie Leser aktiv werden können, ist die Teilnahme an Diskussionen und Foren, in denen Themen rund um Bürgerrechte und soziale Gerechtigkeit behandelt werden. Dies kann in Form von Online-Kommentaren, sozialen Medien oder sogar in persönlichen Gesprächen geschehen. Jedes Gespräch, jede Diskussion kann dazu beitragen, das Bewusstsein für die

Herausforderungen zu schärfen, mit denen Menschen wie Kye Fael konfrontiert sind.

Darüber hinaus ermutige ich die Leser, sich in ihren eigenen Gemeinschaften zu engagieren. Sei es durch Freiwilligenarbeit, die Unterstützung von Initiativen für soziale Gerechtigkeit oder die Teilnahme an lokalen Protesten und Veranstaltungen. Der Einfluss, den jeder Einzelne ausüben kann, ist enorm. In vielen Fällen kann eine kleine Gruppe von engagierten Bürgern einen großen Unterschied bewirken, indem sie sich für das einsetzt, was richtig ist.

Ein weiteres wichtiges Element ist die Bildung. Ich danke den Lesern, die bereit sind, sich weiterzubilden und zu lernen, wie sie aktiv zur Verbesserung der Gesellschaft beitragen können. Bildung ist der Schlüssel zur Befreiung von Vorurteilen und zur Förderung von Verständnis und Empathie zwischen verschiedenen Kulturen und Identitäten. Das Studium von Biografien wie der von Kye Fael kann dazu beitragen, ein tieferes Verständnis für die Komplexität von Identität und Aktivismus zu entwickeln.

In der Mathematik gibt es das Konzept der *Kollaboration*, das beschreibt, wie verschiedene Variablen zusammenwirken, um ein bestimmtes Ergebnis zu erzielen. In ähnlicher Weise zeigt die Geschichte von Kye Fael, wie verschiedene Elemente des Aktivismus – Gemeinschaft, Bildung, persönliche Erfahrungen und der Einsatz von Medien – zusammenkommen, um eine Bewegung zu schaffen, die weitreichende Auswirkungen hat.

Die Gleichung, die diese Zusammenarbeit beschreibt, könnte folgendermaßen formuliert werden:

Erfolg des Aktivismus = Gemeinschaft+Bildung+Persönliche Erfahrungen+Medienpr

Hierbei ist jeder dieser Faktoren entscheidend für den Gesamtprozess des Wandels. Leser, die sich aktiv in einen oder mehrere dieser Bereiche einbringen, tragen dazu bei, dass das Ziel der Gleichheit und Gerechtigkeit erreicht werden kann.

Abschließend möchte ich betonen, dass die Reise von Kye Fael und die Themen, die in dieser Biografie behandelt werden, nicht nur für Zyoris von Bedeutung sind, sondern auch für die gesamte Menschheit. Die Herausforderungen, mit denen wir konfrontiert sind, sind universell und erfordern ein gemeinsames Engagement. Ich danke allen Lesern, die bereit sind, sich dieser Herausforderung zu stellen und aktiv an der Gestaltung einer gerechteren Zukunft mitzuwirken.

Euer Interesse und eure Unterstützung sind der Antrieb für den Wandel. Lasst uns gemeinsam weiterarbeiten, um die Stimme der Gerechtigkeit zu erheben und die Welt zu einem besseren Ort für alle zu machen. Jeder von euch hat die Macht, einen Unterschied zu machen – lasst uns diese Macht nutzen!

Würdigung der Medien

Die Rolle der Medien im Aktivismus kann nicht hoch genug eingeschätzt werden. Sie sind nicht nur ein Werkzeug zur Verbreitung von Informationen, sondern auch ein entscheidender Akteur, der die öffentliche Wahrnehmung und das politische Klima beeinflusst. In dieser Würdigung der Medien wollen wir die verschiedenen Facetten ihrer Rolle im Kontext von Kye Faels Widerstand gegen das Anti-Teilchen-Phasen-Eheverbot auf Zyoris beleuchten.

Theoretische Grundlagen

Die Medien können als Vermittler von Informationen betrachtet werden, die sowohl die Agenda setzen als auch die öffentliche Meinung formen. Nach der Agenda-Setting-Theorie, die von Maxwell McCombs und Donald Shaw in den 1970er Jahren formuliert wurde, haben Medien die Macht, die Themen, die in der Öffentlichkeit diskutiert werden, zu bestimmen. Dies ist besonders relevant für Bürgerrechtsbewegungen, wo die Sichtbarkeit von Themen und Anliegen entscheidend für den Erfolg von Kampagnen ist.

Ein weiterer theoretischer Rahmen ist die Framing-Theorie, die sich mit der Art und Weise befasst, wie Informationen präsentiert werden. Durch spezifische Wortwahl, Bilder und Kontexte können Medien die Wahrnehmung von Ereignissen und Themen stark beeinflussen. Dies ist besonders wichtig im Aktivismus, da die Art und Weise, wie ein Thema gerahmt wird, die Reaktion der Öffentlichkeit und der Entscheidungsträger beeinflussen kann.

Herausforderungen und Probleme

Trotz ihrer wichtigen Rolle stehen Medien oft vor Herausforderungen, die ihre Fähigkeit, effektiv zu berichten, einschränken. Eine der größten Herausforderungen ist die Medienkonzentration, bei der wenige große Unternehmen die Nachrichtenlandschaft dominieren. Dies kann zu einer verzerrten Berichterstattung führen, die bestimmte Perspektiven und Stimmen marginalisiert.

Ein weiteres Problem ist die sogenannte „Fake News"-Krise, die das Vertrauen in die Medien untergräbt. Falsche Informationen können sich schnell verbreiten und zu Missverständnissen und Fehlinformationen führen, die den Aktivismus behindern. Kye Fael und ihre Unterstützer mussten oft gegen verzerrte

Darstellungen und Fehlinformationen ankämpfen, die die öffentliche Wahrnehmung ihrer Bewegung beeinträchtigten.

Beispiele für Medienengagement

Kye Fael und ihre Widerstandsgruppe nutzten verschiedene Medienplattformen, um ihre Botschaft zu verbreiten und Unterstützung zu mobilisieren. Soziale Medien spielten eine entscheidende Rolle, da sie es ermöglichten, direkt mit der Gemeinschaft zu kommunizieren und Informationen in Echtzeit zu verbreiten. Plattformen wie ZyorisBook und IntraNet wurden genutzt, um Veranstaltungen anzukündigen, Petitionen zu verbreiten und Geschichten von Betroffenen zu teilen.

Ein bemerkenswertes Beispiel für den Einfluss der Medien war die Berichterstattung über die große Demonstration gegen das Anti-Teilchen-Phasen-Eheverbot. Lokale und internationale Nachrichtenagenturen berichteten umfassend über die Veranstaltung, was zu einer erhöhten Sichtbarkeit und Unterstützung für die Bewegung führte. Die Berichterstattung half, die Anliegen von Kye Fael und anderen Aktivisten ins nationale und internationale Rampenlicht zu rücken.

Die Verantwortung der Medien

Die Medien tragen eine große Verantwortung, wenn es darum geht, die Wahrheit zu berichten und die Stimmen der Marginalisierten zu fördern. Es ist wichtig, dass Journalisten ethische Standards einhalten und sich bemühen, eine ausgewogene Berichterstattung zu gewährleisten. Die Sensibilisierung für die Herausforderungen, mit denen Aktivisten konfrontiert sind, und das Verständnis der komplexen sozialen und politischen Kontexte sind entscheidend, um eine informierte Öffentlichkeit zu schaffen.

In Kye Faels Fall war es von entscheidender Bedeutung, dass die Medien nicht nur über die Proteste berichteten, sondern auch die Geschichten der Betroffenen erzählten. Dies förderte ein tieferes Verständnis für die Probleme, mit denen die Bürgerrechtsbewegung konfrontiert war, und half, Empathie und Unterstützung in der breiten Öffentlichkeit zu erzeugen.

Fazit

Zusammenfassend lässt sich sagen, dass die Medien eine unverzichtbare Rolle im Aktivismus spielen. Sie sind nicht nur ein Kanal für die Verbreitung von Informationen, sondern auch ein wichtiger Partner im Kampf für soziale

Gerechtigkeit. Die Würdigung der Medien in Kye Faels Biografie ist daher nicht nur eine Anerkennung ihrer Rolle, sondern auch ein Aufruf an die Medien, weiterhin verantwortungsvoll und engagiert zu berichten, um Veränderungen in der Gesellschaft zu fördern. Der Einfluss, den die Medien auf die Bürgerrechtsbewegung haben können, ist enorm, und ihre Fähigkeit, Geschichten zu erzählen, die Herzen und Köpfe der Menschen erreichen, bleibt eine der kraftvollsten Waffen im Kampf für Gleichheit und Gerechtigkeit.

Dank an die Wissenschaftler

In der heutigen Zeit, in der Wissen und Forschung eine zentrale Rolle für den Fortschritt der Gesellschaft spielen, möchte ich einen besonderen Dank an die Wissenschaftler aussprechen, die unermüdlich daran arbeiten, die Grundlagen unserer Realität zu verstehen und Lösungen für die Herausforderungen, mit denen wir konfrontiert sind, zu finden. Ihre Arbeit hat nicht nur das Verständnis von Teilchen-Phasen-Ehen auf Zyoris vorangetrieben, sondern auch zur Entwicklung von Theorien beigetragen, die die Basis für den sozialen und rechtlichen Wandel bilden.

Die Rolle der Wissenschaft in der Gesellschaft kann nicht hoch genug eingeschätzt werden. Sie bietet nicht nur Antworten auf komplexe Fragen, sondern fördert auch kritisches Denken und die Fähigkeit, Probleme systematisch zu analysieren. Ein Beispiel hierfür ist die Forschung im Bereich der Quantenmechanik, die nicht nur für das Verständnis von Teilchen und deren Wechselwirkungen entscheidend ist, sondern auch für das Verständnis der Teilchen-Phasen-Ehen auf Zyoris. Die Gleichung von Schrödinger, die die zeitliche Entwicklung eines quantenmechanischen Systems beschreibt, ist ein zentrales Element in dieser Forschung:

$$i\hbar\frac{\partial}{\partial t}\Psi(\mathbf{r},t) = \hat{H}\Psi(\mathbf{r},t) \tag{71}$$

Hierbei steht $\hbar$ für das reduzierte Plancksche Wirkungsquantum, Ψ ist die Wellenfunktion des Systems, und $\hat{H}$ ist der Hamiltonoperator, der die gesamte Energie des Systems beschreibt. Diese Gleichung ist nicht nur ein theoretisches Konstrukt, sondern hat praktische Anwendungen, die das Leben auf Zyoris und die Art und Weise, wie Bürgerrechte interpretiert werden, beeinflussen.

Die Herausforderungen, mit denen Wissenschaftler konfrontiert sind, sind vielfältig. Oftmals stehen sie unter dem Druck, ihre Ergebnisse schnell zu veröffentlichen, was zu einer oberflächlichen Betrachtung komplexer Probleme führen kann. Dies ist besonders relevant, wenn es um gesellschaftliche Themen wie die Rechte von Teilchen-Phasen-Ehen geht. Wissenschaftler müssen sicherstellen, dass ihre Forschung nicht nur genau, sondern auch ethisch vertretbar ist. Ein Beispiel für ethische Herausforderungen in der Forschung ist die Debatte um die genetische Modifikation und die damit verbundenen Risiken für die Gesellschaft.

Darüber hinaus ist die Interdisziplinarität der Wissenschaft entscheidend. Die Zusammenarbeit zwischen Physikern, Soziologen, Psychologen und Juristen ist unerlässlich, um ein umfassendes Verständnis der Auswirkungen des Anti-Teilchen-Phasen-Eheverbots zu erlangen. Diese interdisziplinäre Herangehensweise ermöglicht es, verschiedene Perspektiven zu integrieren und Lösungen zu finden, die sowohl wissenschaftlich fundiert als auch gesellschaftlich akzeptabel sind.

Ein bemerkenswertes Beispiel für die Zusammenarbeit zwischen Wissenschaftlern und Aktivisten ist die Arbeit von Dr. Elena Voss, einer Physikerin, die sich intensiv mit den sozialen Implikationen der Quantenmechanik auseinandergesetzt hat. Ihre Forschung hat gezeigt, wie die Prinzipien der Quantenverschränkung nicht nur in der Physik, sondern auch in der sozialen Gerechtigkeit Anwendung finden können. Sie formulierte die Hypothese, dass die Vernetzung von Individuen in einer Gesellschaft analog zur Quantenverschränkung betrachtet werden kann, was bedeutet, dass das Handeln eines Individuums unmittelbare Auswirkungen auf andere haben kann.

$$\text{Vernetzung} \sim \text{Quantenverschränkung} \tag{72}$$

Diese Analogie hat dazu beigetragen, das Bewusstsein für die Bedeutung von Solidarität und Gemeinschaft im Kampf gegen Diskriminierung zu schärfen. Wissenschaftler wie Dr. Voss sind entscheidend für die Schaffung einer evidenzbasierten Grundlage, auf der Aktivisten ihre Argumente aufbauen können.

Abschließend möchte ich betonen, dass die Wissenschaft nicht nur eine Quelle des Wissens ist, sondern auch ein Katalysator für sozialen Wandel. Die Erkenntnisse und Theorien, die von Wissenschaftlern entwickelt werden, sind von unschätzbarem Wert für die Bürgerrechtsbewegungen auf Zyoris. Ihr Engagement und ihre Hingabe an die Wahrheit sind inspirierend und verdienen unseren tiefsten Dank. Möge ihre Arbeit weiterhin dazu beitragen, eine gerechtere und inklusivere Gesellschaft zu schaffen, in der alle Wesen, unabhängig von ihrer Identität, respektiert und geschätzt werden.

Weiterführende Ressourcen

Bücher über Bürgerrechte

Die Literatur über Bürgerrechte ist ein entscheidendes Element für das Verständnis der sozialen Gerechtigkeit und der politischen Bewegungen, die sich für die Rechte der Bürger einsetzen. Diese Bücher bieten nicht nur theoretische Grundlagen, sondern auch praktische Beispiele und Analysen der Herausforderungen, mit denen Bürgerrechtsaktivisten konfrontiert sind. Im Folgenden sind einige der einflussreichsten Werke aufgeführt, die sich mit den Themen Bürgerrechte, Gleichheit und sozialer Gerechtigkeit befassen.

1. *Der Weg zur Freiheit* von Nelson Mandela

In diesem autobiografischen Werk beschreibt Nelson Mandela seinen langen Kampf gegen die Apartheid in Südafrika. Er thematisiert die Bedeutung von Bürgerrechten und die Notwendigkeit, für die Gleichheit aller Menschen einzutreten. Mandela reflektiert über die Herausforderungen, die er und seine Mitstreiter überwinden mussten, und die Strategien, die sie anwendeten, um internationale Aufmerksamkeit auf die Ungerechtigkeiten in ihrem Land zu lenken.

2. *Die Bürgerrechtsbewegung: Ein amerikanisches Drama* von David J. Garrow

Dieses umfassende Buch bietet eine detaillierte Analyse der amerikanischen Bürgerrechtsbewegung in den 1950er und 1960er Jahren. Garrow untersucht die wichtigsten Akteure, Ereignisse und Strategien, die zur Verabschiedung des Civil Rights Act von 1964 führten. Er diskutiert die Rolle von Organisationen wie der NAACP und der Southern Christian Leadership Conference (SCLC) und hebt die Bedeutung von gewaltfreien Protesten hervor.

3. *Gleichheit und Gerechtigkeit* von John Rawls

In seinem einflussreichen Werk entwickelt John Rawls die Theorie der Gerechtigkeit als Fairness. Rawls argumentiert, dass eine gerechte Gesellschaft die Grundrechte und -freiheiten aller Bürger respektieren muss. Er führt das Konzept des „Schleiers der Unwissenheit" ein, um zu veranschaulichen, wie eine gerechte Gesellschaft strukturiert sein sollte, ohne dass die Entscheidungsträger von ihren eigenen Interessen beeinflusst werden. Diese Theorie hat weitreichende Implikationen für die Diskussion über Bürgerrechte und soziale Gerechtigkeit.

4. *Die Rechte der Frauen* von Judith Butler

Judith Butlers Werk ist eine kritische Analyse der Genderfragen innerhalb der Bürgerrechtsbewegung. Sie argumentiert, dass die Rechte der Frauen untrennbar mit den allgemeinen Bürgerrechten verbunden sind. Butler diskutiert die Herausforderungen, mit denen Frauen in der Gesellschaft konfrontiert sind, und betont die Notwendigkeit, feministische Perspektiven in die breitere Diskussion über Bürgerrechte einzubeziehen. Ihr Ansatz hebt die intersektionalen Aspekte von Diskriminierung hervor.

5. *Rassismus und die Bürgerrechtsbewegung* von Angela Y. Davis

In diesem Buch untersucht Angela Davis die Verbindungen zwischen Rassismus und der Bürgerrechtsbewegung. Sie analysiert die Rolle von Rassismus in der amerikanischen Gesellschaft und die Auswirkungen auf die Rechte der afroamerikanischen Bürger. Davis argumentiert, dass der Kampf gegen Rassismus auch ein Kampf für die Bürgerrechte ist und dass diese Themen nicht isoliert betrachtet werden können. Ihre Perspektiven sind besonders relevant in der heutigen Debatte über soziale Gerechtigkeit.

6. *Das Recht auf Gleichheit* von Martha Nussbaum

Martha Nussbaum bietet in ihrem Buch eine philosophische Untersuchung des Rechts auf Gleichheit. Sie diskutiert die moralischen und rechtlichen Grundlagen, die eine gerechte Gesellschaft erfordert, und analysiert die verschiedenen Dimensionen von Ungleichheit. Nussbaum argumentiert, dass das Recht auf Gleichheit nicht nur eine rechtliche, sondern auch eine moralische Verpflichtung darstellt, die in allen gesellschaftlichen Aspekten verankert sein sollte.

7. *Der lange Weg zur Freiheit: Eine Geschichte der Bürgerrechte* von Charles E. Cobb Jr.

Charles E. Cobb Jr. bietet eine detaillierte chronologische Darstellung der Bürgerrechtsbewegung in den USA. Er beleuchtet die verschiedenen Phasen des Aktivismus und die Schlüsselereignisse, die die Bewegung prägten. Das Buch enthält persönliche Erzählungen von Aktivisten und bietet einen einzigartigen

Einblick in die Herausforderungen und Triumphe, die mit dem Kampf um Bürgerrechte verbunden sind.

8. *Die Macht der Stimme: Bürgerrechte im digitalen Zeitalter* von Zeynep Tufekci

In diesem zeitgenössischen Werk untersucht Zeynep Tufekci, wie soziale Medien und digitale Plattformen die Bürgerrechtsbewegungen revolutioniert haben. Sie analysiert, wie Technologie genutzt wird, um Mobilisierung und Aktivismus zu fördern, und diskutiert die Herausforderungen, die mit der digitalen Kommunikation einhergehen. Tufekci argumentiert, dass das Verständnis der digitalen Landschaft für die Zukunft des Aktivismus von entscheidender Bedeutung ist.

9. *Freiheit für alle: Eine Geschichte der LGBTQ+-Bewegung* von Eric Marcus

Dieses Buch bietet einen umfassenden Überblick über die Geschichte der LGBTQ+-Bewegung und deren Kampf um Bürgerrechte. Marcus beleuchtet die Herausforderungen, mit denen LGBTQ+-Personen konfrontiert sind, und die Errungenschaften, die im Laufe der Jahre erzielt wurden. Er betont die Bedeutung von Solidarität und intersektionalem Aktivismus für den Erfolg der Bürgerrechtsbewegungen.

10. *Die Zukunft der Bürgerrechte* von Bryan Stevenson

Bryan Stevenson, ein führender Anwalt für Bürgerrechte, bietet in seinem Buch eine Vision für die Zukunft der Bürgerrechte in den USA. Er diskutiert die aktuellen Herausforderungen, mit denen Minderheiten konfrontiert sind, und betont die Notwendigkeit von Reformen im Strafjustizsystem. Stevenson ermutigt die Leser, aktiv zu werden und sich für Gerechtigkeit und Gleichheit einzusetzen.

Diese Bücher sind nicht nur theoretische Werke, sondern bieten auch praktische Einblicke und inspirierende Geschichten von Aktivisten, die sich für die Bürgerrechte eingesetzt haben. Sie sind wesentliche Ressourcen für alle, die sich mit dem Thema Bürgerrechte auseinandersetzen und die Herausforderungen und Erfolge von Aktivisten verstehen möchten. Die Auseinandersetzung mit diesen Texten kann dazu beitragen, ein tieferes Verständnis für die Komplexität der Bürgerrechtsbewegungen zu entwickeln und die Bedeutung von Aktivismus in der heutigen Gesellschaft zu erkennen.

Dokumentationen über Aktivismus

Dokumentationen über Aktivismus spielen eine entscheidende Rolle bei der Sensibilisierung der Öffentlichkeit für soziale und politische Themen. Sie bieten nicht nur Informationen, sondern auch eine Plattform für marginalisierte Stimmen, um ihre Geschichten und Kämpfe zu teilen. In diesem Abschnitt werden verschiedene Dokumentationen vorgestellt, die sich mit Aktivismus befassen, sowie deren theoretische Grundlagen, Herausforderungen und Beispiele.

Theoretische Grundlagen

Aktivismus kann als eine Form des sozialen Wandels definiert werden, die darauf abzielt, gesellschaftliche Normen und Strukturen herauszufordern. Der Sozialwissenschaftler Charles Tilly beschreibt Aktivismus als *„kollektive Aktionen, die darauf abzielen, die sozialen Bedingungen zu verändern"* [1]. Dokumentationen über Aktivismus sind ein wichtiges Medium, um diese kollektiven Aktionen zu dokumentieren und zu analysieren.

Eine zentrale Theorie des Aktivismus ist die *Ressourcentheorie*, die besagt, dass der Zugang zu Ressourcen (wie Zeit, Geld und soziale Netzwerke) entscheidend für den Erfolg von Aktivismus ist [2]. Dokumentationen können dazu beitragen, diese Ressourcen sichtbar zu machen und den Zugang zu ihnen zu erleichtern.

Herausforderungen

Trotz ihrer Bedeutung stehen Dokumentationen über Aktivismus vor mehreren Herausforderungen:

- **Repräsentation:** Oftmals sind es bestimmte Stimmen, die in Dokumentationen dominieren, während andere marginalisiert werden. Dies kann zu einer verzerrten Darstellung der Realität führen.

- **Zugang:** Viele Dokumentationen sind nicht leicht zugänglich, insbesondere für Menschen in weniger privilegierten Positionen. Dies schränkt die Reichweite und den Einfluss der Dokumentationen ein.

- **Kritik und Zensur:** In einigen Ländern können Dokumentationen über Aktivismus zensiert oder verboten werden, was die Verbreitung von Informationen erheblich einschränkt.

Beispiele für Dokumentationen

Hier sind einige bemerkenswerte Dokumentationen über Aktivismus, die verschiedene Aspekte des Themas beleuchten:

- „13th" (2016): Diese Dokumentation von Ava DuVernay untersucht die Geschichte der Rassendiskriminierung in den USA und die Auswirkungen des 13. Verfassungszusatzes auf die afroamerikanische Gemeinschaft. Sie beleuchtet die Rolle des Aktivismus im Kampf gegen systemischen Rassismus.

- „The Act of Killing" (2012): In dieser Dokumentation von Joshua Oppenheimer werden die Massenmorde in Indonesien in den 1960er Jahren thematisiert. Die filmische Darstellung der Täter und die Reflexion über ihre Taten bieten einen einzigartigen Blick auf die Auswirkungen von Gewalt und den notwendigen Aktivismus für Gerechtigkeit.

- „Won't You Be My Neighbor?" (2018): Diese Dokumentation über Fred Rogers und seine Kindersendung beleuchtet, wie Medien als Werkzeug für sozialen Wandel und Aktivismus genutzt werden können, um Empathie und Verständnis in der Gesellschaft zu fördern.

- „He Named Me Malala" (2015): Diese Dokumentation erzählt die Geschichte von Malala Yousafzai, die für das Recht auf Bildung für Mädchen kämpft. Sie zeigt, wie Aktivismus durch persönliche Geschichten und Erfahrungen verstärkt werden kann.

- „The Square" (2013): Diese Dokumentation folgt den Ereignissen des Arabischen Frühlings in Ägypten und dokumentiert die Herausforderungen und den Mut der Aktivisten, die für Demokratie und Freiheit kämpfen.

Bedeutung für die Gesellschaft

Dokumentationen über Aktivismus sind nicht nur informativ, sondern auch inspirierend. Sie können das Bewusstsein für soziale Probleme schärfen und Menschen ermutigen, sich aktiv für Veränderungen einzusetzen. Die visuelle und narrative Kraft dieser Medienform hat das Potenzial, Empathie zu fördern und eine breitere Diskussion über soziale Gerechtigkeit und Gleichheit anzuregen.

Schlussfolgerung

Zusammenfassend lässt sich sagen, dass Dokumentationen über Aktivismus eine unverzichtbare Rolle im Kampf für soziale Gerechtigkeit spielen. Sie bieten nicht nur eine Plattform für marginalisierte Stimmen, sondern helfen auch, das Bewusstsein für wichtige Themen zu schärfen. Trotz der Herausforderungen, mit denen sie konfrontiert sind, bleibt ihr Einfluss auf die Gesellschaft und die Förderung von aktivistischem Engagement von großer Bedeutung.

Bibliography

[1] Tilly, C. (2004). *Social Movements, 1760-2000*. Paradigm Publishers.

[2] McCarthy, J. D., & Zald, M. N. (1996). The Enduring Vitality of the Resource Mobilization Theory. *Social Movements: Identity, Culture, and the State*, 1-25.

Online-Plattformen für Aktivisten

In der heutigen digitalen Ära sind Online-Plattformen zu einem unverzichtbaren Werkzeug für Aktivisten geworden. Diese Plattformen bieten nicht nur Raum für Diskussionen und den Austausch von Ideen, sondern auch die Möglichkeit, Mobilisierung und Organisation zu fördern. Im Folgenden werden einige der wichtigsten Online-Plattformen für Aktivisten vorgestellt, einschließlich ihrer Funktionen, Herausforderungen und Beispiele für ihren erfolgreichen Einsatz.

1. Soziale Medien

Soziale Medien wie *Facebook*, *Twitter* und *Instagram* haben sich als zentrale Instrumente für die Aktivismusbewegung etabliert. Sie ermöglichen es Aktivisten, ihre Botschaften schnell und weitreichend zu verbreiten.

Theorie: Die Nutzung sozialer Medien im Aktivismus basiert auf der Theorie der *Viralität*, bei der Inhalte durch Likes, Shares und Retweets exponentiell an Reichweite gewinnen. Diese Plattformen fördern die *Schaffung von Gemeinschaften* und die *Mobilisierung von Unterstützern* in Echtzeit.

Probleme: Trotz ihrer Vorteile stehen soziale Medien vor Herausforderungen wie *Desinformation*, *Zensur* und *Algorithmus-basierten Einschränkungen*, die die Sichtbarkeit von Inhalten beeinträchtigen können.

Beispiel: Die *Black Lives Matter*-Bewegung hat soziale Medien erfolgreich genutzt, um weltweite Aufmerksamkeit auf Rassismus und Polizeigewalt zu lenken. Durch Hashtags wie #BlackLivesMatter konnten Unterstützer mobilisiert und Proteste organisiert werden.

2. Crowdfunding-Plattformen

Plattformen wie *GoFundMe* und *Kickstarter* bieten Aktivisten die Möglichkeit, finanzielle Unterstützung für ihre Projekte zu sammeln. Diese Plattformen ermöglichen es, Ressourcen für Kampagnen, Veranstaltungen oder Hilfsprojekte zu sichern.

Theorie: Das Konzept des *Crowdfunding* basiert auf der Idee der *kollektiven Finanzierung*, bei der viele Menschen kleine Beträge beisteuern, um ein größeres Ziel zu erreichen. Dies fördert das Gefühl der *Gemeinschaft* und des *Engagements*.

Probleme: Eine der größten Herausforderungen beim Crowdfunding ist die *Überflutung von Projekten*, die es schwierig macht, die Aufmerksamkeit potenzieller Unterstützer zu gewinnen. Zudem können *Transparenz* und *Rechenschaftspflicht* ein Problem darstellen, wenn es um die Verwendung der gesammelten Mittel geht.

Beispiel: Die Kampagne zur Unterstützung von *Standing Rock* im Kampf gegen die Dakota Access Pipeline nutzte Crowdfunding, um rechtliche Gebühren und andere Kosten zu decken. Diese Plattform ermöglichte es, internationale Unterstützung zu mobilisieren und finanzielle Mittel zu sichern.

3. Petitionsplattformen

Plattformen wie *Change.org* und *Care2* ermöglichen es Aktivisten, Petitionen zu starten und zu verbreiten. Diese Tools sind effektiv, um öffentliche Unterstützung für spezifische Anliegen zu mobilisieren und Entscheidungsträger unter Druck zu setzen.

Theorie: Die Theorie der *kollektiven Aktion* spielt hier eine zentrale Rolle, da sie beschreibt, wie Individuen durch die Unterzeichnung von Petitionen Teil einer größeren Bewegung werden können. Die *Macht der Zahlen* ist entscheidend, um den Druck auf politische Entscheidungsträger zu erhöhen.

Probleme: Eine Herausforderung bei Petitionen ist die *Niedrigbeteiligung*, da viele Menschen zwar bereit sind, ihre Stimme abzugeben, aber nicht aktiv an der Verbreitung oder Unterstützung der Petition teilnehmen. Zudem können *Fake-Petitionen* die Glaubwürdigkeit der Plattformen gefährden.

Beispiel: Die Petition zur Rettung des *Wolfs* in Nordamerika, die auf Change.org gestartet wurde, sammelte Tausende von Unterschriften und erhöhte den Druck auf die Regierung, Schutzmaßnahmen zu ergreifen.

4. Online-Foren und Diskussionsplattformen

Websites wie *Reddit* und *Quora* bieten Aktivisten die Möglichkeit, Diskussionen zu führen, Informationen auszutauschen und Strategien zu entwickeln. Diese Plattformen fördern den Dialog und das Lernen innerhalb der Gemeinschaft.

Theorie: Die Theorie der *Wissensgemeinschaft* beschreibt, wie Menschen durch den Austausch von Informationen und Erfahrungen voneinander lernen können. Dies ist besonders wichtig im Aktivismus, wo der Austausch von Best Practices entscheidend sein kann.

Probleme: Eine der Herausforderungen ist die *Toxizität* in Diskussionen, die zu einem negativen Klima führen kann. Auch die *Moderation* von Inhalten kann eine Herausforderung darstellen, um sicherzustellen, dass die Diskussionen konstruktiv bleiben.

Beispiel: Auf Reddit hat die *r/Activism*-Community Diskussionen über verschiedene soziale Bewegungen und Strategien zur Mobilisierung von Unterstützern gefördert, was zu einem besseren Verständnis und einer stärkeren Vernetzung innerhalb der Bewegung führte.

5. E-Mail-Listen und Newsletter

E-Mail-Listen und Newsletter sind effektive Werkzeuge, um Unterstützer über Neuigkeiten, Veranstaltungen und Mobilisierungsaktionen zu informieren. Sie ermöglichen eine direkte Kommunikation mit der Zielgruppe.

Theorie: Die *Theorie der direkten Kommunikation* besagt, dass persönliche Ansprache und regelmäßige Updates die Bindung zwischen Aktivisten und

Unterstützern stärken können. Dies fördert das Gefühl der Zugehörigkeit und des Engagements.

Probleme: Eine der größten Herausforderungen besteht darin, dass E-Mails oft im Spam-Ordner landen oder ignoriert werden. Zudem kann es schwierig sein, die E-Mail-Listen aktuell zu halten und sicherzustellen, dass die Informationen relevant sind.

Beispiel: Die *Sierra Club*-Newsletter informieren regelmäßig über Umweltfragen und Mobilisierungsaktionen, was zu einer aktiven und engagierten Gemeinschaft von Unterstützern führt.

Fazit

Online-Plattformen haben den Aktivismus revolutioniert, indem sie neue Wege für Mobilisierung, Organisation und Kommunikation bieten. Trotz der Herausforderungen, die mit ihrer Nutzung verbunden sind, bleibt ihre Bedeutung für den Erfolg von Bürgerrechtsbewegungen unbestritten. Aktivisten müssen sich jedoch der Probleme bewusst sein und Strategien entwickeln, um diese zu überwinden, um die volle Kraft der digitalen Welt zu nutzen. Die Kombination aus Theorie, praktischen Beispielen und einem kritischen Blick auf die Herausforderungen wird es Aktivisten ermöglichen, ihre Ziele effektiver zu erreichen und eine gerechtere Gesellschaft zu schaffen.

Organisationen für soziale Gerechtigkeit

Soziale Gerechtigkeit ist ein zentraler Aspekt jeder demokratischen Gesellschaft und wird durch verschiedene Organisationen gefördert, die sich für die Rechte marginalisierter Gruppen einsetzen. Diese Organisationen spielen eine entscheidende Rolle im Kampf gegen Diskriminierung, Ungleichheit und Ungerechtigkeit. In diesem Abschnitt werden einige der wichtigsten Organisationen für soziale Gerechtigkeit vorgestellt, ihre Ziele, Herausforderungen und Erfolge.

1. Die Rolle von Organisationen für soziale Gerechtigkeit

Organisationen für soziale Gerechtigkeit arbeiten daran, die Lebensbedingungen von benachteiligten Gruppen zu verbessern, indem sie sich für politische Veränderungen einsetzen, Aufklärung betreiben und Gemeinschaften mobilisieren. Sie bieten Unterstützung für Menschen, die Diskriminierung erfahren haben, und kämpfen für Gleichheit in verschiedenen Lebensbereichen, einschließlich Bildung, Gesundheit und Beschäftigung.

2. Beispiele für Organisationen

+ **Amnesty International:** Eine internationale Organisation, die sich für die Menschenrechte einsetzt. Sie dokumentiert Menschenrechtsverletzungen und mobilisiert die Öffentlichkeit, um Druck auf Regierungen auszuüben, die diese Rechte verletzen.

+ **Human Rights Campaign (HRC):** Eine der größten LGBTQ+-Organisationen in den USA, die sich für die Gleichstellung von LGBTQ+-Personen einsetzt. HRC arbeitet daran, diskriminierende Gesetze abzuschaffen und die gesellschaftliche Akzeptanz zu fördern.

+ **Oxfam:** Eine globale Bewegung, die sich für die Bekämpfung von Armut und Ungleichheit einsetzt. Oxfam arbeitet an verschiedenen Fronten, darunter humanitäre Hilfe, Entwicklung und Advocacy für gerechte wirtschaftliche Systeme.

+ **Black Lives Matter:** Eine Bewegung und Organisation, die sich gegen rassistische Gewalt und Diskriminierung von Schwarzen Menschen in den USA und weltweit einsetzt. BLM hat durch Proteste und soziale Medien große Aufmerksamkeit erregt und eine globale Diskussion über Rassismus angestoßen.

3. Herausforderungen, mit denen Organisationen konfrontiert sind

Die Arbeit von Organisationen für soziale Gerechtigkeit ist oft mit erheblichen Herausforderungen verbunden:

+ **Finanzierung:** Viele Organisationen sind auf Spenden und Fördermittel angewiesen, was ihre Arbeit unsicher machen kann. Wirtschaftliche Krisen können zu einem Rückgang der finanziellen Unterstützung führen.

+ **Politische Repression:** In vielen Ländern sehen sich Organisationen, die sich für soziale Gerechtigkeit einsetzen, staatlicher Repression ausgesetzt. Aktivisten werden verfolgt, verhaftet oder sogar gewaltsam zum Schweigen gebracht.

* **Gesellschaftliche Widerstände:** Veränderungen in der gesellschaftlichen Wahrnehmung sind oft langsam. Organisationen müssen gegen tief verwurzelte Vorurteile und Stereotypen ankämpfen, was zeitaufwendig und frustrierend sein kann.

* **Interne Konflikte:** In vielen Organisationen gibt es unterschiedliche Meinungen über Strategien, Prioritäten und Vorgehensweisen, was zu internen Spannungen führen kann.

4. Erfolge und Errungenschaften

Trotz der Herausforderungen haben Organisationen für soziale Gerechtigkeit bedeutende Erfolge erzielt. Einige Beispiele sind:

* **Ehe für alle:** In vielen Ländern, darunter auch in Deutschland, haben LGBTQ+-Organisationen erfolgreich für die Legalisierung der gleichgeschlechtlichen Ehe gekämpft. Diese Errungenschaft hat das Leben vieler Menschen positiv verändert und zur gesellschaftlichen Akzeptanz beigetragen.

* **Menschenrechtsabkommen:** Organisationen wie Amnesty International haben dazu beigetragen, internationale Menschenrechtsabkommen zu fördern und Regierungen zur Rechenschaft zu ziehen.

* **Aufklärung und Bewusstsein:** Durch Kampagnen und Bildungsarbeit haben viele Organisationen das Bewusstsein für soziale Gerechtigkeitsthemen geschärft und gesellschaftliche Diskussionen angestoßen.

5. Fazit

Organisationen für soziale Gerechtigkeit sind unerlässlich für den Fortschritt in der Gesellschaft. Sie kämpfen für die Rechte derjenigen, die oft nicht gehört werden, und setzen sich für eine gerechtere Welt ein. Ihre Arbeit ist von entscheidender Bedeutung, um soziale, wirtschaftliche und politische Ungerechtigkeiten zu bekämpfen. In Anbetracht der Herausforderungen, vor denen sie stehen, ist es wichtig, ihre Bemühungen zu unterstützen und sich für eine inklusive und gerechte Gesellschaft einzusetzen.

$$\text{Gleichheit} = \frac{\text{Rechte}}{\text{Möglichkeiten}}$$ (Gleichheit ist das Verhältnis von Rechten zu Möglichkei

(73)

Die Gleichung verdeutlicht, dass soziale Gerechtigkeit nur erreicht werden kann, wenn sowohl die Rechte als auch die Möglichkeiten für alle Menschen gleich sind. Daher ist die Arbeit von Organisationen für soziale Gerechtigkeit von entscheidender Bedeutung, um diese Gleichheit zu fördern und aufrechtzuerhalten.

Workshops und Seminare

Workshops und Seminare sind entscheidende Elemente in der Bildung und Mobilisierung von Bürgerrechtsaktivisten auf Zyoris. Sie bieten eine Plattform für den Austausch von Ideen, Strategien und Erfahrungen, die für den Erfolg von Bewegungen gegen Diskriminierung und Ungerechtigkeit unerlässlich sind. In diesem Abschnitt werden die verschiedenen Aspekte von Workshops und Seminaren, ihre theoretischen Grundlagen, die Herausforderungen, die sie mit sich bringen, sowie einige Beispiele für erfolgreiche Veranstaltungen behandelt.

Theoretische Grundlagen

Die Durchführung von Workshops und Seminaren basiert auf verschiedenen pädagogischen Theorien, die darauf abzielen, aktives Lernen und kritisches Denken zu fördern. Eine der zentralen Theorien ist die **Konstruktivistische Theorie**, die besagt, dass Lernen ein aktiver Prozess ist, bei dem Individuen Wissen durch Erfahrung und Interaktion mit anderen konstruieren. Diese Theorie wird oft von *Vygotsky* unterstützt, der die Bedeutung sozialer Interaktionen für den Lernprozess betonte.

Ein weiterer wichtiger Aspekt ist die **Theorie des sozialen Lernens** von *Bandura*, die besagt, dass Menschen durch Beobachtung und Nachahmung lernen. In Workshops können Teilnehmer voneinander lernen, indem sie die Erfahrungen und Strategien anderer aktiv beobachten und diskutieren.

Herausforderungen bei Workshops und Seminaren

Trotz ihrer Bedeutung stehen Workshops und Seminare vor verschiedenen Herausforderungen. Eine der größten Herausforderungen ist die **Diversität der Teilnehmer**. Unterschiedliche Hintergründe, Erfahrungen und Perspektiven können sowohl bereichernd als auch herausfordernd sein. Es ist wichtig, eine inklusive Umgebung zu schaffen, in der sich alle Teilnehmer wohlfühlen und ihre Meinungen äußern können.

Ein weiteres Problem ist die **Ressourcenknappheit**. Oftmals fehlt es an finanziellen Mitteln, um qualitativ hochwertige Veranstaltungen durchzuführen. Dies kann die Auswahl an Referenten, Materialien und Räumlichkeiten beeinträchtigen. Daher ist es wichtig, kreative Lösungen zu finden, wie zum Beispiel die Zusammenarbeit mit anderen Organisationen oder die Nutzung von Online-Plattformen für virtuelle Workshops.

Beispiele für erfolgreiche Workshops und Seminare

Ein herausragendes Beispiel für einen erfolgreichen Workshop ist das *Zyoris Bürgerrechtsforum*, das jährlich stattfindet und Teilnehmer aus verschiedenen sozialen Bewegungen zusammenbringt. In diesem Forum werden Themen wie **Gleichheit**, **Identität** und **Mobilisierung** behandelt. Die Teilnehmer haben die Möglichkeit, ihre eigenen Erfahrungen zu teilen und von erfahrenen Aktivisten zu lernen.

Ein weiteres Beispiel ist das *Kreativitätsseminar für Aktivisten*, das sich auf die Rolle von Kunst und Kreativität im Aktivismus konzentriert. Hier lernen Teilnehmer, wie sie kreative Ausdrucksformen nutzen können, um ihre Botschaften zu verbreiten und das Bewusstsein für gesellschaftliche Probleme zu schärfen. Die Teilnehmer arbeiten an Projekten, die sie später in ihren Gemeinschaften umsetzen können.

Schlussfolgerung

Workshops und Seminare sind unverzichtbare Werkzeuge im Arsenal eines Aktivisten. Sie fördern nicht nur das Lernen und die persönliche Entwicklung, sondern stärken auch die Gemeinschaft und den Zusammenhalt unter den Aktivisten. Durch den Austausch von Ideen und Erfahrungen können neue Strategien entwickelt werden, um gegen Ungerechtigkeiten und Diskriminierung zu kämpfen. Um die Wirksamkeit dieser Veranstaltungen zu maximieren, ist es wichtig, die Herausforderungen zu erkennen und innovative Lösungen zu finden, um eine inklusive und unterstützende Lernumgebung zu schaffen.

Podcasts über Gleichheit

Podcasts sind ein kraftvolles Medium, das in den letzten Jahren zunehmend an Bedeutung gewonnen hat, insbesondere im Bereich der sozialen Gerechtigkeit und der Bürgerrechte. Sie bieten eine Plattform für Diskussionen, Bildungsinhalte und den Austausch von Ideen, die für das Verständnis von Gleichheit und den Kampf gegen Diskriminierung unerlässlich sind. In diesem Abschnitt werden einige herausragende Podcasts vorgestellt, die sich mit Themen der Gleichheit befassen, sowie deren Relevanz und Einfluss.

Theoretischer Rahmen

Die Diskussion über Gleichheit ist tief in der politischen Philosophie verwurzelt. Theoretiker wie John Rawls und Martha Nussbaum haben grundlegende Theorien entwickelt, die die Notwendigkeit von Gleichheit in der Gesellschaft betonen. Rawls' Theorie der Gerechtigkeit, insbesondere das Prinzip der *Gleichheit der Chancen*, legt nahe, dass jeder Mensch die gleichen Möglichkeiten haben sollte, unabhängig von seiner Herkunft oder Identität. Nussbaum hingegen argumentiert in ihrer *Fähigkeitenansatz*, dass es nicht nur um die Gleichheit von Chancen, sondern auch um die Sicherstellung geht, dass alle Individuen die Fähigkeiten entwickeln können, die sie benötigen, um ein erfülltes Leben zu führen.

Probleme und Herausforderungen

Trotz der Fortschritte, die in den letzten Jahrzehnten gemacht wurden, gibt es nach wie vor erhebliche Herausforderungen im Bereich der Gleichheit. Diskriminierung aufgrund von Geschlecht, Rasse, sexueller Orientierung und anderen Identitätsmerkmalen ist nach wie vor weit verbreitet. Podcasts über Gleichheit beleuchten oft diese Probleme und bieten einen Raum für die Stimmen der Betroffenen.

Ein Beispiel für ein solches Problem ist die *Rassendiskriminierung*. Laut einer Studie des Pew Research Centers aus dem Jahr 2020 haben 71% der schwarzen Amerikaner angegeben, dass Rassismus in ihrem täglichen Leben ein bedeutendes Problem darstellt. Podcasts wie *Code Switch* von NPR widmen sich diesen Themen und bieten sowohl persönliche Geschichten als auch tiefgehende Analysen der gesellschaftlichen Strukturen, die Diskriminierung aufrechterhalten.

Beispiele für Podcasts

- **Code Switch** - Dieser Podcast von NPR behandelt die Schnittstellen von Rasse, Identität und Kultur. Die Moderatoren, die selbst aus verschiedenen ethnischen Hintergründen stammen, bringen persönliche Geschichten und Expertenmeinungen zusammen, um ein umfassendes Bild der Rassengleichheit zu zeichnen.

- **The Equality Podcast** - In diesem Podcast werden aktuelle Themen der Gleichheit behandelt, von Genderfragen bis hin zu sozialen Bewegungen. Die Hosts interviewen Aktivisten und Wissenschaftler, die Einblicke in ihre Arbeit und die Herausforderungen, mit denen sie konfrontiert sind, geben.

- **Intersectionality Matters!** - Gehostet von Kimberlé Crenshaw, einer der Begründerinnen des Konzepts der Intersektionalität, bietet dieser Podcast eine Plattform, um die komplexen Weisen zu erkunden, in denen verschiedene Formen der Diskriminierung zusammenwirken. Crenshaw und ihre Gäste diskutieren die Bedeutung der Berücksichtigung von Intersektionalität in der Gleichheitsbewegung.

- **Pod Save the People** - Dieser Podcast, gehostet von DeRay Mckesson, befasst sich mit sozialen Gerechtigkeitsfragen und der politischen Landschaft in den USA. Mckesson und seine Gäste beleuchten Themen wie Polizeigewalt, Bildungsgerechtigkeit und die Auswirkungen von Gesetzen auf marginalisierte Gemeinschaften.

Einfluss und Wirkung

Podcasts haben das Potenzial, das Bewusstsein für Gleichheit zu schärfen und eine breitere Diskussion über soziale Gerechtigkeit zu fördern. Sie bieten nicht nur Informationen, sondern auch Inspiration und Mobilisierungsmöglichkeiten für Hörer, die sich für Veränderungen einsetzen möchten. Die Zugänglichkeit von Podcasts ermöglicht es Menschen, sich über Themen zu informieren, die sie möglicherweise nicht in ihrem täglichen Leben erfahren.

Ein Beispiel für den Einfluss von Podcasts ist die Bewegung *#MeToo*, die durch persönliche Geschichten von Überlebenden von sexueller Gewalt in sozialen Medien und Podcasts verstärkt wurde. Diese Plattformen haben es ermöglicht, dass Stimmen gehört werden, die zuvor marginalisiert waren, und haben eine weltweite Diskussion über Geschlechtergerechtigkeit angestoßen.

Fazit

Podcasts über Gleichheit sind ein wertvolles Werkzeug im Kampf für soziale Gerechtigkeit. Sie bieten nicht nur eine Plattform für Diskussionen über wichtige Themen, sondern fördern auch das Verständnis und die Empathie für die Herausforderungen, mit denen viele Menschen konfrontiert sind. Angesichts der anhaltenden Probleme der Ungleichheit ist es entscheidend, dass solche Stimmen gehört werden und dass wir als Gesellschaft weiterhin nach Wegen suchen, um

Gleichheit zu fördern und Diskriminierung zu bekämpfen. Die in diesem Abschnitt vorgestellten Podcasts sind nur einige Beispiele für die vielen Ressourcen, die heute zur Verfügung stehen, um das Bewusstsein für Gleichheit zu schärfen und den Dialog über soziale Gerechtigkeit zu fördern.

Webseiten von Unterstützungsgruppen

In der heutigen digitalen Ära spielen Webseiten von Unterstützungsgruppen eine entscheidende Rolle bei der Mobilisierung von Aktivisten und der Verbreitung von Informationen über Bürgerrechtsbewegungen. Diese Plattformen bieten nicht nur Ressourcen und Informationen, sondern auch eine Möglichkeit, Gemeinschaften zu verbinden und den Dialog über wichtige soziale Themen zu fördern. In diesem Abschnitt werden einige bedeutende Webseiten von Unterstützungsgruppen vorgestellt, die sich mit den Herausforderungen und Kämpfen im Zusammenhang mit dem Anti-Teilchen-Phasen-Eheverbot auf Zyoris befassen.

1. Zyoris für Gleichheit

Die Webseite *Zyoris für Gleichheit* (https://www.zyorisfuergleichheit.org) ist eine zentrale Anlaufstelle für Informationen über die Bürgerrechtsbewegung auf Zyoris. Die Seite bietet:

- **Aktuelle Nachrichten:** Berichte über die neuesten Entwicklungen im Kampf gegen das Anti-Teilchen-Phasen-Eheverbot, einschließlich politischer Initiativen und öffentlicher Mobilisierungen.

- **Ressourcen:** Leitfäden für Aktivisten, die sich mit rechtlichen Aspekten von Teilchen-Phasen-Ehen auseinandersetzen, sowie Informationen über Unterstützungsangebote für betroffene Paare.

- **Veranstaltungen:** Ein Kalender, der über bevorstehende Demonstrationen, Workshops und Bildungsseminare informiert.

Die Webseite hat sich als Plattform für den Austausch von Erfahrungen und Strategien etabliert, um den Aktivismus zu stärken und die Sichtbarkeit der Bewegung zu erhöhen.

2. Intergalaktische Bürgerrechtsallianz

Die *Intergalaktische Bürgerrechtsallianz* (https://www.intergalaktische-buergerrechte.org) ist eine internationale Organisation, die sich für die Rechte von Minderheiten und unterdrückten Gruppen in verschiedenen Galaxien einsetzt. Ihre Webseite bietet:

- **Forschung und Berichte:** Wissenschaftliche Studien und Berichte über die Auswirkungen von diskriminierenden Gesetzen auf die Gesellschaft, insbesondere in Bezug auf Teilchen-Phasen-Ehen.

- **Netzwerkbildung:** Möglichkeiten für Aktivisten, sich zu vernetzen und Erfahrungen auszutauschen, um den kollektiven Widerstand zu stärken.

- **Kampagnen:** Informationen über laufende Kampagnen und wie Einzelpersonen und Gruppen sich beteiligen können.

Diese Webseite ist ein Beispiel dafür, wie internationale Unterstützung und Vernetzung den lokalen Aktivismus auf Zyoris stärken können.

3. Zyoris Jugend für Gerechtigkeit

Die Webseite *Zyoris Jugend für Gerechtigkeit* (https://www.zyorisjugendgerechtigkeit.org) richtet sich speziell an die jüngere Generation von Aktivisten. Sie bietet:

- **Bildungsmaterialien:** Ressourcen, die speziell für Schüler und Studenten entwickelt wurden, um das Bewusstsein für Bürgerrechte und soziale Gerechtigkeit zu fördern.

- **Mentorship-Programme:** Möglichkeiten, sich mit erfahrenen Aktivisten zu verbinden, die als Mentoren fungieren und Unterstützung bieten können.

- **Kreative Initiativen:** Plattformen für künstlerische Ausdrucksformen, die den Aktivismus fördern, einschließlich Kunstwettbewerben und kreativen Workshops.

Die Webseite fördert die aktive Teilnahme der Jugend und betont die Bedeutung von Bildung und Kreativität im Aktivismus.

4. Zyoris Frauen für Gleichheit

Zyoris Frauen für Gleichheit (https://www.zyorisfrauen.org) ist eine Webseite, die sich auf die spezifischen Herausforderungen konzentriert, mit denen Frauen in der Bürgerrechtsbewegung konfrontiert sind. Die Seite bietet:

+ **Ressourcen für Frauen**: Unterstützung und Informationen für Frauen, die im Aktivismus tätig sind oder sich für ihre Rechte einsetzen.

+ **Erfolgsgeschichten**: Berichte über Frauen, die bedeutende Beiträge zur Bewegung geleistet haben, um andere zu inspirieren und zu motivieren.

+ **Workshops und Schulungen**: Angebote zur Stärkung von Fähigkeiten, die für den Aktivismus notwendig sind, einschließlich Rhetorik und Öffentlichkeitsarbeit.

Diese Webseite unterstreicht die Rolle von Frauen im Kampf für Gleichheit und bietet eine Plattform für ihre Stimmen.

5. Zyoris für Vielfalt

Die Webseite *Zyoris für Vielfalt* (https://www.zyorisvielfalt.org) konzentriert sich auf die Förderung der kulturellen Vielfalt und der Rechte von Minderheiten. Sie bietet:

+ **Kulturelle Veranstaltungen**: Informationen über Festivals, Kunstausstellungen und andere kulturelle Veranstaltungen, die die Vielfalt der Gesellschaft feiern.

+ **Bildungsressourcen**: Materialien, die das Verständnis für verschiedene Kulturen und deren Herausforderungen fördern.

+ **Netzwerke für Minderheiten**: Unterstützung für unterrepräsentierte Gruppen, um ihre Stimmen zu erheben und sich zu vernetzen.

Diese Webseite spielt eine wichtige Rolle bei der Förderung einer inklusiven Gesellschaft und der Stärkung der Rechte von Minderheiten.

Fazit

Die Webseiten von Unterstützungsgruppen sind unerlässlich für den Aktivismus auf Zyoris. Sie bieten nicht nur wertvolle Informationen und Ressourcen, sondern auch eine Plattform, um Gemeinschaften zu mobilisieren und den Dialog über Bürgerrechte und soziale Gerechtigkeit zu fördern. Durch den Zugang zu diesen Ressourcen können Aktivisten effektiver arbeiten und ihre Ziele erreichen. Der Kampf gegen das Anti-Teilchen-Phasen-Eheverbot erfordert eine kollektive Anstrengung, und diese Webseiten sind ein wichtiger Bestandteil dieses Prozesses.

Artikel über Zyoris und seine Gesellschaft

Die Gesellschaft auf Zyoris ist ein komplexes Gefüge, das von einer Vielzahl kultureller, sozialer und politischer Faktoren geprägt wird. In diesem Abschnitt werden wir einige relevante Artikel und wissenschaftliche Arbeiten über Zyoris und seine Gesellschaft untersuchen, die wichtige Theorien, Probleme und Beispiele beleuchten.

Gesellschaftliche Struktur und Kultur

Ein zentraler Aspekt der zyorianischen Gesellschaft ist ihre soziale Struktur. Laut dem Artikel „Die soziale Hierarchie auf Zyoris: Ein Überblick" von Dr. Elara Nox wird die Gesellschaft in verschiedene Klassen unterteilt, die auf wirtschaftlichem Status, Bildung und kulturellem Einfluss basieren. Diese Klassenstruktur führt zu signifikanten Ungleichheiten, die sich in der Zugänglichkeit zu Ressourcen, Bildung und politischen Rechten widerspiegeln.

$$\text{Gesellschaftliche Ungleichheit} = \frac{\text{Zugang zu Ressourcen}}{\text{Gesamte Bevölkerung}} \qquad (74)$$

Die kulturelle Vielfalt auf Zyoris ist sowohl eine Stärke als auch eine Herausforderung. Der Artikel „Kulturelle Identität und interkulturelle Konflikte auf Zyoris" von Prof. Liora Tane untersucht, wie unterschiedliche kulturelle Hintergründe zu Spannungen führen können. Ein Beispiel ist der Konflikt zwischen den traditionellen zyorianischen Kulturen und den Einflüssen von intergalaktischen Migranten, der oft zu sozialen Spannungen und Missverständnissen führt.

Politische Landschaft und Bürgerrechte

Die politische Landschaft auf Zyoris ist von einer Vielzahl von Bewegungen geprägt, die sich für Bürgerrechte und soziale Gerechtigkeit einsetzen. Der Artikel „Bürgerrechtsbewegungen auf Zyoris: Geschichte und Einfluss" von Dr. Jarek Quill beschreibt die Entwicklung dieser Bewegungen und deren Einfluss auf die zyorianische Gesellschaft. Besonders hervorzuheben ist die Rolle von Kye Fael, der als führende Figur im Widerstand gegen das Anti-Teilchen-Phasen-Eheverbot gilt.

Ein zentrales Problem, das in diesem Artikel behandelt wird, ist die Diskriminierung von Minderheiten. Die Gleichung zur Messung der Diskriminierung auf Zyoris lautet:

$$\text{Diskriminierungsindex} = \frac{\text{Anzahl diskriminierter Individuen}}{\text{Gesamtbevölkerung}} \times 100 \quad (75)$$

Diese Diskriminierung manifestiert sich in verschiedenen Formen, einschließlich des Zugangs zu Bildung, Gesundheitsversorgung und politischen Rechten.

Wirtschaftliche Herausforderungen

Die wirtschaftlichen Herausforderungen, mit denen Zyoris konfrontiert ist, werden in dem Artikel *„Ökonomische Ungleichheit auf Zyoris: Ursachen und Lösungen"* von Dr. Mira Solis behandelt. Die zyorianische Wirtschaft ist stark von intergalaktischem Handel abhängig, was zu einer Anfälligkeit gegenüber externen Schocks führt.

Ein Beispiel für die wirtschaftliche Ungleichheit ist die Verteilung des Wohlstands, die oft in der folgenden Form dargestellt wird:

$$\text{Wohlstandsverteilung} = \frac{\text{Reichtum der oberen 10\%}}{\text{Gesamtvermögen}} \times 100 \quad (76)$$

Die Daten zeigen, dass die oberen 10% der Bevölkerung mehr als 70% des Gesamtvermögens besitzen, was zu einer tiefen Kluft zwischen den Klassen führt.

Bildung und soziale Mobilität

Bildung ist ein weiterer kritischer Bereich, der in zahlreichen Artikeln über Zyoris behandelt wird. Der Artikel *„Bildungssystem auf Zyoris: Herausforderungen und Reformen"* von Dr. Alia Voss analysiert die strukturellen Probleme im Bildungssystem, die oft zu einer geringen sozialen Mobilität führen.

Ein zentrales Problem ist die ungleiche Verteilung von Bildungsressourcen, die sich wie folgt darstellen lässt:

$$\text{Bildungsressourcen} = \frac{\text{Investitionen in Bildung}}{\text{Anzahl der Schüler}} \quad (77)$$

Diese Ungleichheit führt dazu, dass Schüler aus benachteiligten Verhältnissen oft nicht die gleichen Chancen erhalten wie ihre wohlhabenderen Altersgenossen.

Schlussfolgerungen und Ausblick

Die Artikel über Zyoris und seine Gesellschaft zeigen, dass trotz der Herausforderungen und Ungleichheiten, die die zyorianische Gesellschaft prägen, ein zunehmendes Bewusstsein für soziale Gerechtigkeit und Bürgerrechte entsteht. Die Arbeit von Aktivisten wie Kye Fael und die Mobilisierung der Gemeinschaft sind entscheidend für den Fortschritt in Richtung einer gerechteren Gesellschaft.

Die Herausforderungen bleiben jedoch bestehen, und die Gesellschaft auf Zyoris steht vor der Aufgabe, Lösungen zu finden, die sowohl die sozialen als auch die wirtschaftlichen Ungleichheiten angehen. Die Zukunft Zyoris hängt von der Fähigkeit seiner Bürger ab, zusammenzuarbeiten und eine inklusive Gesellschaft zu schaffen, die Vielfalt schätzt und Gleichheit fördert.

Verzeichnisse von Aktivisten

In der heutigen Zeit ist es für Aktivisten von entscheidender Bedeutung, Zugang zu Verzeichnissen und Netzwerken zu haben, die ihnen helfen, sich zu organisieren, Informationen auszutauschen und ihre Bewegungen zu stärken. Diese Verzeichnisse bieten nicht nur eine Plattform für den Austausch von Ideen, sondern auch die Möglichkeit, sich mit Gleichgesinnten zu vernetzen und Ressourcen zu teilen. Im Folgenden werden einige wichtige Verzeichnisse von Aktivisten vorgestellt, die für die Bürgerrechtsbewegungen, insbesondere im Kontext von Kye Faels Widerstand gegen das Anti-Teilchen-Phasen-Eheverbot auf Zyoris, von Bedeutung sind.

1. Online-Plattformen

Online-Plattformen haben sich als unverzichtbare Werkzeuge für Aktivisten etabliert. Sie ermöglichen es, Informationen schnell zu verbreiten und Mobilisierungen in Echtzeit zu organisieren. Beispiele für solche Plattformen sind:

- **Change.org**: Diese Plattform ermöglicht es Nutzern, Petitionen zu erstellen und zu unterschreiben. Aktivisten nutzen Change.org, um auf wichtige Themen aufmerksam zu machen und Unterstützung zu mobilisieren.

- **Facebook-Gruppe "Zyoris für Gleichheit"**: Diese Gruppe hat sich als zentraler Ort für Diskussionen über Bürgerrechte auf Zyoris etabliert. Hier können Aktivisten Veranstaltungen planen, Informationen austauschen und sich gegenseitig unterstützen.

+ **Twitter Hashtags:** Hashtags wie #ZyorisRights und #EqualPhases sind entscheidend, um die Sichtbarkeit von Themen zu erhöhen und eine breitere Öffentlichkeit zu erreichen. Aktivisten verwenden diese Hashtags, um ihre Botschaften zu verbreiten und Diskussionen anzuregen.

2. Physische Netzwerke

Neben Online-Plattformen sind physische Netzwerke und Organisationen von großer Bedeutung. Diese bieten Raum für persönliche Interaktionen und den Aufbau von Vertrauen innerhalb der Gemeinschaft. Einige relevante Netzwerke sind:

+ **Zyoris Alliance for Equality (ZAE):** Diese Organisation setzt sich für die Rechte von Minderheiten auf Zyoris ein. Sie bietet Schulungen für Aktivisten an und organisiert regelmäßig Treffen, um Strategien zu entwickeln.

+ **Youth for Change:** Eine Jugendorganisation, die sich auf die Mobilisierung junger Menschen konzentriert. Sie bietet Workshops und Schulungen an, um junge Aktivisten auf ihrem Weg zu unterstützen.

+ **Kulturelle Zentren:** Viele kulturelle Zentren auf Zyoris bieten Veranstaltungen an, die sich mit Bürgerrechten und sozialer Gerechtigkeit befassen. Diese Zentren fungieren als Treffpunkte für Aktivisten und fördern den Austausch von Ideen.

3. Verzeichnisse von Ressourcen

Aktivisten benötigen Zugang zu Ressourcen, um ihre Arbeit effektiv zu gestalten. Hier sind einige nützliche Verzeichnisse:

+ **Zyoris Activism Resource Hub:** Eine umfassende Datenbank, die Materialien, Bücher und Studien zu verschiedenen Themen des Aktivismus bereitstellt. Diese Ressource ist besonders nützlich für Forscher und Aktivisten, die sich über die neuesten Entwicklungen informieren möchten.

+ **Bibliothek der Bürgerrechte:** Diese Bibliothek bietet eine Sammlung von Dokumenten, Berichten und Büchern über Bürgerrechtsbewegungen auf Zyoris und der Erde. Aktivisten können hier recherchieren und Materialien für ihre Kampagnen finden.

‣ **Kunst und Aktivismus Verzeichnis:** Dieses Verzeichnis listet Künstler und Kreative auf, die sich für soziale Gerechtigkeit einsetzen. Es fördert die Zusammenarbeit zwischen Aktivisten und Künstlern, um kreative Ansätze für den Aktivismus zu entwickeln.

4. Herausforderungen und Probleme

Trotz der Verfügbarkeit von Verzeichnissen und Netzwerken stehen Aktivisten vor verschiedenen Herausforderungen:

‣ **Zugang zu Informationen:** In einigen Fällen haben Aktivisten Schwierigkeiten, Zugang zu relevanten Informationen zu erhalten, insbesondere wenn diese Informationen von der Regierung oder anderen Institutionen zurückgehalten werden.

‣ **Sicherheitsbedenken:** Aktivisten, die sich gegen das Anti-Teilchen-Phasen-Eheverbot einsetzen, sehen sich oft Bedrohungen und Repressionen ausgesetzt. Der Schutz ihrer Identität und Sicherheit ist daher von größter Bedeutung.

‣ **Fragmentierung der Bewegung:** Manchmal sind Aktivisten in ihren Ansätzen und Zielen nicht einig, was zu einer Fragmentierung der Bewegung führen kann. Verzeichnisse und Netzwerke müssen daher darauf abzielen, eine gemeinsame Vision zu fördern.

5. Beispiele erfolgreicher Mobilisierungen

Erfolgreiche Mobilisierungen zeigen, wie wichtig Verzeichnisse von Aktivisten sind. Ein Beispiel ist die **Kampagne für die Legalisierung von Teilchen-Phasen-Ehen**, die durch die Zusammenarbeit verschiedener Gruppen und die Nutzung von Online-Plattformen große Unterstützung gewonnen hat. Die Mobilisierung führte zu einer Demonstration, die Tausende von Menschen auf die Straßen brachte und die öffentliche Diskussion über das Thema erheblich beeinflusste.

Ein weiteres Beispiel ist die **Zyoris Pride Parade**, die von verschiedenen LGBTQ+-Organisationen organisiert wird. Durch die Schaffung eines Verzeichnisses von Unterstützern und Ressourcen konnte die Parade wachsen und mehr Sichtbarkeit für die Anliegen der LGBTQ+-Gemeinschaft auf Zyoris schaffen.

Fazit

Verzeichnisse von Aktivisten sind unverzichtbare Ressourcen für die Bürgerrechtsbewegungen auf Zyoris. Sie fördern den Austausch von Informationen, die Mobilisierung von Unterstützern und die Schaffung von Netzwerken. Trotz der Herausforderungen, mit denen Aktivisten konfrontiert sind, bieten diese Verzeichnisse die notwendige Unterstützung, um den Kampf für Gleichheit und Gerechtigkeit voranzutreiben. Kye Faels Engagement und die damit verbundenen Verzeichnisse sind ein Beispiel dafür, wie eine gut organisierte und vernetzte Bewegung einen bedeutenden Einfluss auf die Gesellschaft ausüben kann.

Informationsquellen über Teilchen-Phasen-Ehen

Die Teilchen-Phasen-Ehe ist ein innovatives Konzept, das sich aus der intergalaktischen Diversität und den unterschiedlichen kulturellen Praktiken auf dem Planeten Zyoris entwickelt hat. In diesem Abschnitt werden verschiedene Informationsquellen präsentiert, die sich mit der Theorie, den Herausforderungen und den praktischen Beispielen von Teilchen-Phasen-Ehen befassen.

Theoretische Grundlagen

Die Teilchen-Phasen-Ehe basiert auf der Annahme, dass die Existenz von Teilchen in verschiedenen Phasen nicht nur physikalische Implikationen hat, sondern auch soziale und kulturelle Dimensionen beeinflusst. Die Theorie hinter den Teilchen-Phasen-Ehen kann durch die Gleichung:

$$E = mc^2 \tag{78}$$

erklärt werden, wobei E die Energie, m die Masse und c die Lichtgeschwindigkeit ist. Diese Beziehung verdeutlicht, dass die Identität und das Wesen von Individuen in verschiedenen Phasen variieren können, was zu einer dynamischen Interaktion zwischen den Partnern in einer Teilchen-Phasen-Ehe führt.

Gesellschaftliche Probleme

Trotz der theoretischen Grundlagen gibt es zahlreiche Herausforderungen, die mit Teilchen-Phasen-Ehen verbunden sind. Eine der größten Hürden ist die gesellschaftliche Akzeptanz. In vielen Kulturen auf Zyoris wird die traditionelle

Ehe als die einzige gültige Form der Partnerschaft angesehen, was zu Diskriminierung und Vorurteilen gegenüber Teilchen-Phasen-Ehen führt.

Ein häufiges Problem ist die rechtliche Anerkennung dieser Ehen. Die Gesetze auf Zyoris sind oft nicht auf die komplexe Natur der Teilchen-Phasen-Ehen vorbereitet, was zu Unsicherheiten bezüglich der Rechte und Pflichten der Partner führt. Beispielsweise kann die Frage der Vermögensaufteilung oder der Erbschaft in einer Teilchen-Phasen-Ehe zu rechtlichen Streitigkeiten führen, da die Phasen der Individuen unterschiedliche rechtliche Status haben können.

Praktische Beispiele

Um die Theorie und die Herausforderungen besser zu verstehen, sind hier einige praktische Beispiele für Teilchen-Phasen-Ehen auf Zyoris:

- **Das Beispiel von Kira und Zeth:** Kira ist ein Teilchen in der stabilen Phase, während Zeth in einer fluktuierenden Phase existiert. Ihre Ehe zeigt, wie unterschiedliche Phasen zu kreativen Lösungen führen können, um alltägliche Probleme zu bewältigen. Sie nutzen Technologien, um ihre physischen und emotionalen Bedürfnisse zu synchronisieren.

- **Die Initiative „Phasen der Liebe":** Diese Organisation wurde gegründet, um die Rechte von Teilchen-Phasen-Ehepartnern zu fördern. Sie bietet rechtliche Unterstützung und Aufklärung über die Herausforderungen, mit denen diese Paare konfrontiert sind. Durch Workshops und Informationsveranstaltungen wird das Bewusstsein in der Gesellschaft geschärft.

- **Die Dokumentation „Ehe in Phasen":** Diese Dokumentation beleuchtet die Geschichten von Paaren, die in Teilchen-Phasen-Ehen leben. Sie zeigt sowohl die positiven Aspekte dieser Ehen als auch die Schwierigkeiten, die sie überwinden müssen. Die Geschichten von Kira und Zeth werden als zentrale Fallstudien hervorgehoben.

Zukünftige Forschungsrichtungen

Die Forschung zu Teilchen-Phasen-Ehen steht noch am Anfang. Zukünftige Studien sollten sich auf die folgenden Bereiche konzentrieren:

- **Interdisziplinäre Ansätze:** Eine Zusammenarbeit zwischen Soziologen, Physikern und Psychologen könnte neue Erkenntnisse über die Dynamik von Teilchen-Phasen-Ehen liefern.

+ **Langzeitstudien:** Langfristige Studien über die Stabilität und das Wohlbefinden von Partnern in Teilchen-Phasen-Ehen könnten wichtige Daten zur Unterstützung dieser Ehen liefern.

+ **Politische Advocacy:** Die Entwicklung von politischen Strategien zur Unterstützung von Teilchen-Phasen-Ehen könnte dazu beitragen, die rechtlichen Rahmenbedingungen zu verbessern und Diskriminierung abzubauen.

Schlussfolgerung

Die Informationsquellen über Teilchen-Phasen-Ehen sind vielfältig und bieten sowohl theoretische als auch praktische Perspektiven. Es ist entscheidend, dass die Gesellschaft auf Zyoris die Vielfalt der Beziehungen anerkennt und unterstützt, um eine inklusive und gerechte Zukunft für alle Bürger zu gewährleisten. Der fortlaufende Dialog über die Herausforderungen und Möglichkeiten von Teilchen-Phasen-Ehen wird dazu beitragen, die Akzeptanz und das Verständnis in der Gesellschaft zu fördern.

Index